福建警察学院“服务海西建设”重点项目之一

警务沟通

林 强 编著

中国人民公安大学出版社
·北 京·

图书在版编目（CIP）数据

警务沟通/林强编著．—北京：中国人民公安大学出版社，2011. 1
ISBN 978－7－5653－0216－9

Ⅰ. ①警… Ⅱ. ①林… Ⅲ. ①警察—工作—中国 Ⅳ. ①D631

中国版本图书馆 CIP 数据核字（2010）第 200770 号

警务沟通
JING WU GOU TONG
林 强 编著

出版发行：中国人民公安大学出版社
地　　址：北京市西城区木樨地南里
邮政编码：100038
经　　销：新华书店
印　　刷：天津嘉恒印务有限公司

版　　次：2011 年 1 月第 1 版
印　　次：2025 年 1 月第 5 次
印　　张：16. 5
开　　本：787 毫米×1092 毫米 1/16
字　　数：258 千字

书　　号：ISBN 978－7－5653－0216－9
定　　价：56.00 元

网　　址：www. cppsup. com. cn　www. porclub. com. cn
电子邮箱：zbs@ cppsup. com　zbs@ cppsu. edu. cn

营销中心电话：（010）83903254
读者服务部电话（门市）：（010）83903257
警官读者俱乐部电话（网购、邮购）：（010）83903253
教材分社电话：（010）83903259
公安图书分社电话：（010）83905672
法律图书分社电话：（010）83905745
公安文艺分社电话：（010）83903973
杂志分社电话：（010）83903239
电子音像与数字出版分社电话：（010）83905727

目　　录

上篇　沟通理论

下篇　沟通能力

上篇　沟通理论

第一章
沟通与警务沟通

世界需要沟通，行业需要沟通，人与人之间更需要沟通。没有沟通，就没有了解，就没有信任，更谈不上和谐与发展。人与人之间如果不能进行正常的沟通，就会导致相互间信息链条的中断，人际关系的疏远，人心也会涣散，矛盾势必产生，那样到处都是误解、提防、对抗、冲突。面对日益复杂的社会关系，我们越来越渴望能够建立起和谐、融洽、真诚的家庭关系、朋友关系、同事关系以及上下级关系，而建立这些关系的关键就是实现人与人之间的良性沟通。

第一节　沟通述要

一、沟通的含义

如今人们动辄就使用“沟通”这个词，它已成为当下最流行的词语之一，但却很少有人仔细考虑这个词的含义。对于什么是沟通则众说纷纭，据不完全统计，人们给“沟通”下的定义就有150种之多，但到目前为止还没有一个被公众普遍认可的定义。

“沟通”一词，最早见于我国古代春秋时期的史书《左传·哀公九年》：“秋，吴城邗，沟通江淮。”该词在汉语中的原意是指两水通过挖沟开渠使其相互流通畅达。之后，沟通的含义逐渐演变为泛指人们声气相通、信息相通、思想交流与分享等。

在英文中，“沟通”（Communication）一词既可以译作沟通，又可以译作交流、交往、通信、传播等。这些词在中文中的含义尽管有所差异，但它们在本质上都涉及了信息的传递或交换，其基本含义是交换或分享彼此的信息。

本书将沟通定义为：为了达到既定目标，把信息、思想和情感在人与人之间进行传递的活动。

二、沟通的要素

了解沟通要素，有助于我们正确有效地进行沟通，从而以更快捷的方式实现我们的沟通目的。沟通包括以下四大要素：

（一）主体与客体

发送信息的一方是主体，接收信息的一方是客体。在沟通的过程中，主体与客体是相互联系的，但二者的地位不是一成不变的，而是经常处于相互转换中的。例如，警务人员向知情者了解事情的真相，警务人员是主体，知情者是客体；知情者对警务人员所要了解的问题做出反应，这时知情者变成主体，警务人员就变成了客体。

（二）沟通内容

沟通双方是通过对方传递来的内容来理解其真正意图与感受的。沟通所传递的内容包括信息、思想和感情。要想使沟通双方的意见达成一致，仅仅靠传送信息是不够的，许多无效的沟通大都是由于双方思想和感情的不一致所造成的。沟通过程中需要传递更多的是彼此间的思想和感情。

（三）沟通渠道

沟通渠道是指传递信息所借助的媒介物。面对面的沟通，传递信息的渠道是口头语言和肢体语言；书面沟通的渠道是纸张和文字；网络沟通的渠道是互联网。在沟通中，选择恰当的信息传递渠道是十分重要的，如传达上级命令应采用正式文件作为传递渠道，若采用口头表达的形式就会失去其严肃性和权威性；调查案件时，应尽量采用面对面的信息传递渠道，因为这样沟通双方才能直接感受到对方对信息的态度和情感。

（四）沟通效果

沟通的效果是指沟通双方对信息的反馈。接收信息者对沟通内容做出反馈是沟通的重要组成部分。通过反馈，沟通变成一种双向的动态过程，也只有通过发送反馈信息对应才能真正了解沟通效果的好坏。一般情况下，反馈分为积极反馈、消极反馈和没有反馈三种。积极反馈表明沟通有效，消极反馈或没有反馈则表明沟通失败。

三、沟通的类型和方式

了解沟通的类型，有助于我们更好地把握沟通的具体情况，并根据具体情况采取相应的沟通方式。

（一）沟通的类型

沟通是一个动态过程，具有普遍性和复杂性。我们可以根据不同的标准对沟通进行分类。归纳起来，理论界对沟通有以下几种分类：

1. 正式沟通与非正式沟通。根据沟通的组织渠道、方式的不同，可将沟通分为正式沟通与非正式沟通两种类型。

（1）正式沟通。正式沟通是指由组织明文规定所进行的信息传递与交流，如会议制度、汇报制度、文件下达与呈送等。正式沟通是沟通的主要形式，其优点是正规、严肃、信息可靠、约束力强，并有一定的连续性和稳定性；不足是速度慢、刻板、不易沟通感情。

在正式沟通中，按照信息流向的不同，又可将其分为下行沟通、上行沟通、平行沟通三种。以公文为例，上级机关向下级机关发布命令、指示是下行沟通；下级机关通过正式途径向上级机关递交请示、建议、申请、报告等是上行沟通；平级机关之间的公函来往是平行沟通。

（2）非正式沟通。非正式沟通是指在正式沟通渠道之外进行的信息传递与交流，如警务人员之间的私人往来、日常社交、个人友谊，非正式的聚会和闲谈等。其优点是不受组织层级、职位的限制，可以任意地和任何人进行信息交流，信息的传递面比正式沟通要宽，传递的速度也比正式沟通快；不足是信息可靠性差，容易失真。

2. 语言沟通与非语言沟通。根据沟通时是否采用了语言形式，可将沟通分为语言沟通与非语言沟通两种类型。

（1）语言沟通。语言沟通是指采用语言形式所进行的信息传递与交流。由于语言有口头语言和文字语言两种形式，所以语言沟通又分为口头沟通和书面沟通。一般情况下，口头与书面混合起来沟通其效果最好，口头沟通次之，书面沟通稍差。

（2）非语言沟通。非语言沟通是指不使用任何词语的信息沟通，如表情、手势、红绿灯等。非语言沟通的内涵十分丰富，包括副语言沟通、身体语言沟通和物体的操纵等多种形式。

3. 直接沟通与间接沟通。根据沟通时发送信息者和接收信息者是否直接面对，可将沟通分为直接沟通与间接沟通两种类型。

（1）直接沟通。直接沟通是指沟通双方直接进行信息的传递和交流，如面对面谈话、演说、授课等。其优点是沟通双方可以充分交换意见，不但能够听懂语意，还能从多方面感知对方流露出的情感，并获得准确的信息；不足是有时会受时间、地点等条件的限制，且受个人情绪的影响较大。

（2）间接沟通。间接沟通是指信息通过第三者所进行的传递和交流，如通过传话、书信、电子邮件等方式进行的沟通。其优点是不受时间、地点的限制，应用面广；不足是浪费的人力和时间多，缺少情感交流，信息在传递的过程中容易受损或失真。

4. 单向沟通与双向沟通。根据沟通是否有反馈，可将沟通分为单向沟通与双向沟通两种类型。

（1）单向沟通。单向沟通是指接收信息者只单纯地接收信息而不向发送信息者反馈信息的沟通，如作报告、下达命令等。其优点是信息传递速度快，发送信息者不会受到接收信息者的影响；不足是沟通形式比较严肃、呆板，信息的准确性较差，且接收信息者容易产生对抗情绪。

（2）双向沟通。双向沟通是指沟通双方之间进行的双向反馈信息的沟通，如讨论、谈判、案件分析会等。其优点是信息准确性较高，沟通双方容易产生平等感和参与感；不足是信息传递速度慢且逻辑性和条理性差，容易受干扰。

5. 自我沟通、人际沟通、组织沟通与跨文化沟通。根据沟通的主客体不同，可将沟通分为自我沟通、人际沟通、组织沟通与跨文化沟通等不同类型。

（1）自我沟通。自我沟通是指发生在自身内部的沟通，它包括思想、情感和看待自己的方式。要想跟别人沟通得好，必须先得学会如何与自己沟通。

（2）人际沟通。人际沟通是指人与人之间所进行的信息、思想和情感的传递与交流。它是组织沟通、管理沟通以及警务沟通的基础。

（3）组织沟通。组织沟通是指涉及组织特质的各种类型的沟通。

一般情况下，组织沟通可分为组织内部沟通和组织外部沟通。其中，组织内部沟通又可细分为组织与个体和个体与个体之间的沟通；组织外部沟通则可分为组织与其他个体、组织与其他组织之间的沟通。

（4）跨文化沟通。跨文化沟通是指发生在不同文化背景下的人们彼此之间的信息、思想和情感的交流活动。它是同文化沟通的变体，相对于同文化沟通而言，跨文化沟通要逾越更多的障碍。

（二）沟通的方式

不同的沟通方式在信息、思想和情感的传递上有不同的特性。选择正确、合适的沟通方式，有助于信息的传递、思想的交流、情感的融汇以及沟通目标的实现。沟通的基本方式主要有以下几种：

1. 面对面沟通。面对面沟通是沟通中最常用的，也是最有效的一种沟通方式。面对面沟通与其他沟通方式相比，能更客观地收集到关于沟通对象的态度、性格、动机、品质等带有主观色彩的信息，能洞察到沟通对象的内心世界。见面三分礼，面对面沟通，更能打动对方的心，更能拉近彼此之间的心理距离，使沟通变得更坦诚，并且传递更多的信息。

【相关链接】

自2008年12月25日起，在公安部统一部署下，全国190多万公安民警进村入户，正式启动了为期三个月的“全国公安民警大走访”爱民实践活动。

从国务委员、公安部部长孟建柱及公安部党委班子成员，到各级公安机关主要负责同志，均深入一线亲自参加“大走访”。“大走访”开始以来，广大公安民警走出机关所队、走到社区村屯、走进百姓家中，与广大群众面对面、心贴心、交朋友、攀亲戚，向他们伸出一双双温暖的手、捧出一颗颗关爱的心、献上一份份真挚的情。

公安部党委决定，在总结和发扬这三个月的良好经验和做法的基础上，将“大走访”爱民实践活动变成每个民警的自觉行为，并作为一项长效机制长期坚持下去，走出一片保稳定、保平安的新天地。

启示：公安民警深入基层、深入群众，与群众面对面、心贴心，这样更能拉近与群众之间的心理距离，赢得群众的支持和拥护。

2. 书面沟通。书面沟通是指以书面或电子作为载体，运用书面文字、图表等形式所进行的信息传递与交流。书面沟通可以较为全面地阐述想要表达的观点、建议和方法，在传递信息、表达思想、交流感情等方面具有其他沟通方式所不能替代的作用。书面沟通具有规范性、准确性、广泛性、严谨性和证据性强等优点。因此，当需要传递重要的、复杂的、严肃的或需要长期保存的信息时，宜采用书面沟通形式，如命令、传唤、讯问笔录、会议纪要等。

【相关链接】

张×是××财经大学的高材生，1988 年大学毕业后，分配到一事业单位财务科工作。由于张×为人老实，工作勤勤恳恳，1996 年就被提拔为财务科科长。

1997 年，该单位的领导要升迁，离任前该领导要张×把一笔“小金库”的账本处理掉，于是张×就偷偷把这本账本给烧掉。不久，上级单位来对该领导作离任审计，当晚该单位财务室就发生了一场莫名其妙的火灾，所有账本都化为灰烬。

公安机关介入侦查后发现，这场火灾是由张×一手制造的。原因是他现在无法说明这笔“小金库”账目的来龙去脉，而该领导又矢口否认要张×处理掉这些账本的事实。张×走投无路只好演了这场“火烧财务室”的戏。

启示：没有记录就等于没有发生，所谓的“领导口头交办”，可能会发生“空口无凭”的事后抵赖。若要付诸行动，就要做好最后由自己承担责任的准备。

3. 电话沟通。电话沟通是一种常见的、简便的、经济的沟通方式。正确使用电话沟通可以让对方感受到我们的热情友好，给对方留下诚实可信的良好形象。如果掌握不好电话沟通的技巧和礼仪规范，就会影响到沟通效果，甚至还会损害自己的形象。

4. 网络沟通。网络沟通是指以计算机网络为工具，以文字、声音、图像及其他多媒体设备为媒介的沟通方式。网络沟通具有全球性、高速性、互动性、共享性、平等性和虚拟性等特征。目前，网络沟通已成为警务沟通的一个非常重要的新途径。

【相关链接】

近年来，各国各级政府官员纷纷开始“触网”，重视通过网络与网民沟通交流，拉近政府与人民之间的距离。

2008 年 6 月 20 日，胡锦涛总书记到人民网直面网民，与网友在线交流，作为“中国第一网民”被载入史册。

2009 年 3 月 1 日，全国“两会”召开前夕，国务院总理温家宝在中国政府网和新华网，与网友在线交流。这是中国总理首次与全球网民进行实时交流。整个在线交流，温家宝一共回答了 29 个问题。这些问题既有宏观政策、热点话题，也涉及个人生活。

启示：“知政失者在草野，知屋漏者在宇下。”意思是：房屋是否漏雨，在屋宇下的人最清楚；政策的得失，老百姓的心里最清楚。网络沟通显然是一种省却诸多程序的便捷途径。

5. 会议沟通。会议是组织内部常见的一种沟通方式。会议虽然带来了资源、人力、物力的巨大耗费，但人们不得不承认，会议沟通可以传递更多的信息。当组织中需要统一思想、集思广益、协调工作、上传下达、收集信息时，会议就起到很好的协调沟通作用。

第二节　警务沟通的定义及作用

警务沟通是指警务人员在警务活动中与他人交流或分享信息，相互了解，达成共识，团结合作，实现警务目标的活动。沟通贯穿于警务活动的全过程，警务活动实际上是警务人员与警务活动相关人进行接触、交流与沟通的过程。

警务沟通中，“沟”是手段，“通”是目的。警务沟通在警务工作中的作用是多方面的，突出表现在以下几个方面：

一、有利于集思广益，作出正确决策

在警务活动中，由于一方或双方误解了对方的意图或没弄清事实真相，从而产生认知偏差的情况时有发生。沟通可以集思广益，收集、获取、共享和综合利用各种情报信息，并在此基础上对情报信息进行充分的分析，去伪存真，纠正认知偏差，提高执法办案水平。

【相关链接】

2010 年 3 月 19 日，福清市公安局龙江派出所接到群众报案：在观音埔天宝坡水管站旁有一辆摩托车倒在路旁，地上有血。龙江派出所所长林立带领民警迅速赶到现场。这看似一起普通的交通肇事案，可民警发现有很多的疑点，于是立即报告指挥中心，并对中心现场和

外围现场进行有效保护。

分管刑侦副局长林心淦、刑侦大队长吕贤辉第一时间赶到现场，了解案情后，指令刑侦大队出动警犬协助在案发现场附近寻找被害人。经过三个多小时的搜索，终于在龙江五马山下的龙江边上发现了被害人的尸体。

福清市公安局启动命案侦破工作机制，并迅速成立“3·19”专案组。在案情分析会上专案组初步认定这是一起抢劫摩的司机杀人案。于是专案组一方面加大了系列抢劫摩的司机串并案工作的力度，另一方面从被害人生前的社会关系、家庭关系及生活等方面入手寻找案件突破口。

3月20日晚，专案组召开侦查情况汇总会，各侦查小组汇报收集到的情报时，碰撞出一名与被害人长期保持不正常男女关系的神秘女子。专案组民警迅速在福清通往福州的高速大巴车上抓获该女子夏×迎。通过突击预审，该女子承认了与该案件有关系，并供认出其他犯罪嫌疑人已逃往广州。在广州警方的大力配合下，很快将犯罪团伙成员袁×、廖×、陈×文及朱×（犯罪嫌疑人夏×迎的丈夫）一举抓获。

经审讯查明：该案件系一起有预谋的雇凶抢劫杀人案件。3月12日，朱×因其老婆夏×迎与本案被害人毛×强勾搭，为了报复毛×强，便伙同夏×迎指使袁×、廖×、陈×文到福清将毛×强杀害。3月15日，犯罪嫌疑人夏×迎带着袁×、廖×、陈×文从广州乘车到福清伺机作案。次日，四人到观音埔、佳源超市进行踩点并购买了作案工具菜刀、匕首等。3月19日晚上，廖×、陈×文持菜刀在观音埔守候，袁×则到佳源超市门口乘坐毛×强的摩托车将毛×强骗到观音埔天宝坡水管站旁持匕首将毛×强捅死，后逃离现场。

启示：侦查民警对情报信息的充分分析实现了专案组对该案的正确定性，也为本案的成功侦破打下了坚实的基础。

二、有利于联络感情，密切警民关系

建立和谐警民关系，离不开沟通。沟通是人类社会交往的重要手段，离开了这一手段，人们就无法达到交流感情、相互了解、共享思想的目的。警务人员经常与群众进行有效的沟通，可以联络警民感情，改善警民关系，促进警民合作，构建和谐警民关系。

【相关链接】

近年来，全国各地公安机关均统一开展“警营开放日”活动。活动内容不仅丰富，而且互动性强，不仅有防暴队员的演练、交警手势操、消防搜救表演、排爆演示和高科技装备展示，同时还通过警民互动开展法律、业务等咨询，带领群众到公交车体验反扒活动，开展“当一日巡警”、“当一日交警”等活动。将公安业务展示给群众，使群众一方面解除对公安工作既神秘又畏惧的认知，另一方面让其体会民警工作的辛劳，从而对公安工作多一分理解和支持。

启示：开展“警营开放日”活动，是公安机关实现与群众良性沟通的有效手段。

三、有利于统一思想，营造团队氛围

团队建设离不开沟通。一个团队如果沟通不好，就无法做到协调一致，形成团队合力。沟通可以增进团队所有成员间的相互理解、相互信任、相互支持，可以明确各自的任务和职责，达成统一共识、默契协作，增强团队的凝聚力和战斗力。

【相关链接】

2007 年上半年，福州海关缉私局报送互联网信息采用率不高，形势比较严峻，原因是全关区多个单位均在已有的十几家知名大型网站搜寻某种类型信息，最先报送该信息的单位得分，后面报送信息的单位均不得分。十几名同志每天一上班就在相同的网站上各选各的题，各做各的题，没有进行沟通交流，结果在选题时经常会重复，但是只有最先报送该信息的单位能得分，其余单位基本上就白费工夫了。该项制度造成大量人力浪费，并出现重复劳动的现象，许多信息员对此项得分制度均提出过异议，并要求将得分制度更改为：凡是报送信息被总署采用了，各报送此信息的单位均能得分。主管信息的部门在再三考虑后认为，如果被总署采用的信息其他报送单位都得分，这会造成各单位之间相互通气和抄袭，可能会影响信息选材的质量，因此不予采纳。

在试图改变信息得分制度失败后，福州海关缉私局民警张婕转而从沟通上找原因，认为造成大家重复劳动的原因是每个信息员之间没有进行及时沟通，如果大家在选报信息题材的时候能及时告知其他信

息员自己所选题材，那么，其他信息员就不会再选取该题材进行编辑，也就不会出现重复选题并重复劳动的问题。因此，张婕向总关信息主管部门提出建议，在QQ群上建立互联网信息工作群，将各信息员纳入群内，每天及时到群上发布选题信息。该建议提出后得到总关的批复，并由张婕组建了该群。事实证明，该群建立后，福州关区的各个地区的信息员避免了重复劳动，提高了选题编辑质量和总署采用率；同时也加强了信息员之间的沟通交流，增进了同事之间的感情。

启示：沟通是生产力。沟通能避免重复劳动，避免资源浪费，避免因盲目竞争而带来的消极影响。

四、有利于化解矛盾，维护社会稳定

沟通是化解矛盾的“金钥匙”。许多矛盾之所以难以解决，就是由于当事人陷入其中。真诚的沟通可以使当事人跳出原来矛盾的框架，站在一个新高度去重新审视和思考问题，从而消除误解、分歧和隔阂，化解矛盾和冲突。

【相关链接】

每年临近年终，一些工地被欠薪农民工“讨薪”事件所引发的警情都让基层民警头痛不已。然而，2009年3月以来，江苏省南京市公安局雨花经济开发区派出所至今未接到一起因“讨薪”而引发的警情。

雨花经济开发区是省级经济开发区，开发区内有大量在建企业，外来建筑工众多。2008年年底以来，由于农民工讨要工资而引发的群体性事件和堵门堵路、爬吊塔警情都让民警疲于奔忙。为此，该所首先走访了相关劳动监管部门，了解规范的发薪制度和出现问题的原因，发现造成问题的环节——并不是企业故意欠薪，而是工程款到了承包方手中后没有及时发放到工人手中。警方经过调研发现用银行卡发工资的办法不错，随即与企业进行沟通，实行由企业为工人办理银行卡，每天的工作量由专人考核，企业根据记录的工作量按照工程进度将工资直接打入，从而杜绝了由第三方经手却不负责任、拖欠工资的情况。

启示：雨花经济开发区派出所通过沟通了解到本辖区历年拖欠农民工工资案件的原因，并通过有力手段，有效地避免了因“讨薪”而引发的警情。

五、有利于团结协作，提高工作绩效

各级公安机关、公安机关各部门和各岗位之间是相互依存的，依存性越大，对协同合作的要求就越高。彼此间良好的协同合作只有通过沟通才能实现。通过沟通，上级与下级、单位与单位之间可以达到信息共享、资源共享的理想状态，从而提高工作效率。

【相关链接】

2008年9月至10月间，三明市连续发生27起“购车退税”电信诈骗案件。三明市公安局组织专案组开展侦查，辖区各县也抽调精干警力成立相应机构协调侦破。三明市警方与各地公安机关积极沟通，经过两个多月的专案侦查发现，该涉案团伙主要聚集在深圳实施异地操控跨区域作案，具有较强的反侦查意识。同年12月，福建省警方在深圳、汕头、广州和泉州警方的大力配合下，抓获张×等49名犯罪嫌疑人，缴获手机、手机卡、终端网关等一大批作案工具。

警方查明，该犯罪团伙组建多个电信诈骗平台，购买全国各地车主资料48万余份，以“购车退税”为由，利用网络电话等先进通信工具实施诈骗，得逞500余起，涉案金额达1500万之多，受害者遍布福建、广州、浙江、上海、广西等16个省市区。破获该案的成功之处在于各地警方加强沟通协作，如果按传统破案模式，由各单位各自侦查，估计案件难以进展得如此顺利。

启示：沟通是精诚协作，实现全国公安“一盘棋”的基础。

第三节 警务沟通的原则

警务沟通的原则，是指警务人员与他人沟通的出发点以及应遵从的指导思想，是保证沟通顺利进行并达到预期目标的基本条件。警务沟通要遵循以下几个原则，由于它们同等重要，不可或缺，因此警务人员在实际操作中不可厚此薄彼。

一、平等尊重

心理学家研究表明，人都有友爱和受人尊敬的需要。每个人都希望能得到别人的平等对待和尊重，只有满足沟通对象平等、尊重的需

要，才算为沟通开了个好头。尊重他人的人格和自尊，尊重他人的思想感情和言行方式，尊重他人的风俗习惯，以及沟通时所表现出的礼貌、平等、友善等优良品质都是实现有效沟通的基础。

【相关链接】

老李要为退休干部去外地旅游的事去找政委理论。"我们都是退休干部，为什么××公安局都会组织退休干部去外地旅游，而我们局却以经费紧张为由而拒绝？"老李出发之前，义愤填膺地对其他退休干部说："我要好好训训那个自以为了不得的政委。"

"我是老李，我和政委电话约好的。"老李对办公室小邱说。

"是的，是的。政委在等您，不过不巧，政委在会议室临时接待一批外地客人，麻烦您稍等一下。"小邱客气地把老李带进会客室，请老李坐，又堆上一脸笑，"您是喝咖啡还是喝茶？"

"我什么都不喝。"老李小心地坐下。

"政委特别交代，如果您喝茶，一定要泡上好的铁观音。"

"那就茶吧！"

不一会儿，小邱端进泡好的茶，又送上一碟点心："您慢用，政委马上就到。"

"我是老李。"老李接过茶，抬头盯着小邱，"你没弄错吧！我是原拘留所的老李。"

"当然没弄错，您是我们局的元老，老同事了。政委常说你们最辛苦了，没日没夜地工作，连正常的休假都没有，心里实在过意不去。"

正说着，政委已经大跨步地走进来，跟老李握手："听说您有急事？"

"也……也……也，其实也没什么，几位退休同事叫我来看看您……"不知为什么，老李憋的那一肚子不吐不快的怨气，一下子全不见了。临走，还不断对政委说："您辛苦、您辛苦，大家都辛苦，打扰了！"

启示：政委还没出现，问题就已经化解了一大半。人都需要被别人尊重，这是人之常情。满足了对方平等、尊重的需要，再刁蛮的人也会被我们融化。

二、诚实守信

诚实守信原则，是指要有一颗正直、诚实的心，要有开放、坦诚的态度，实事求是，诚信守约。诚实守信最根本的要求是心正、意诚、遵纪守法、做事正派、表里如一。实践证明，诚信是人生的命脉。做人如果失去诚信，不仅会失去别人的信任，还会失去自信。

要树立公安机关和警务人员诚信的形象。首先，要求公安机关和警务人员的行为必须有法可依、有法必依，做到履行诺言、恪守信用，不轻易许诺，不开空头支票。其次，依法规定和公开公安机关和警务人员的权力范围、办事程序，防止出现某些特权。最后，公安机关和警务人员要坚持真理、襟怀坦诚，敢于正视错误，并能及时改正错误。

【相关链接】

2005 年 3 月 5 日，在公安部的统一指挥协调下，福建省公安机关实施“啄木”抓捕行动，在福建省福安市成功抓获潜逃 5 年之久、公安部公开悬赏 20 万元通缉的大毒贩刘招华等 5 名犯罪嫌疑人。至此，以谭晓林和刘招华、陈炳锡为首的特大跨境制贩毒集团被彻底摧毁。本案缴获海洛因 550 多千克、冰毒 12.36 吨，不仅创造了个案缴获晶体冰毒的世界之最，而且成为我国打击跨国毒品犯罪的经典之作。

3 月 10 日，公安部在北京举行隆重的奖金兑现仪式，为抓获公安部悬赏缉拿的大毒贩刘招华提供线索的两名广西群众分别兑现 10 万元奖金。

启示：公安机关及时给予奖金，这不仅是对提供线索群众积极性的一种肯定，也能对今后调动群众与犯罪行为作斗争起到示范作用。

三、宽容大度

宽容大度原则，是指要有容忍的雅量和多替他人考虑的品德。要想让他人原谅我们的错误与过失，我们首先要做一个大度之人，做到心胸开阔、宽宏大量，多理解他人、体谅他人，多看到他人的优点与长处，多站在他人的立场来考虑问题，容忍他人的缺点与不足，不计较和不追究他人的一些非原则性的错误和缺陷。

【相关链接】

清康熙年间，在安徽桐城有个著名的家族，父子张英、张廷玉两代为相，权势显赫。当时张英在朝廷当文华殿大学士、礼部尚书。老家桐城的老宅与吴家为邻，两家府邸之间有块空地，供双方来往使用。后来吴家建房，要占用这个通道，张家不同意，双方将官司打到县衙。县官考虑纠纷双方都是官位显赫的名门望族，不敢轻易了断。张家人就写了一封信给在京城当大官的张英，要求张英出面干涉。张英收到信件后，认为应当谦让邻里，在给家人的回信中写了四句话：千里来书只为墙，让他三尺又何妨？万里长城今犹在，不见当年秦始皇。家人阅罢，主动让出三尺空地。吴家见状深受感动，也主动让出三尺房基地，这样就形成了一个宽六尺的巷子。这就是安徽桐城十分有名的旅游景点六尺巷。

启示：互相让步从眼前利益看，双方似乎都损失了一定的利益，但从长远看，却实现了两家世世代代的和睦相处。

四、善于倾听

会沟通的人，必善于听。积极倾听不仅能获取信息、获得反馈、拓宽视野，还能理解对方的想法，找到有利于双方解决问题的办法，最终也会赢得对方的友谊。倾听也是对他人表达尊重的一种重要方式。倾听会给他人以鼓励，让他们对自己所说的话产生自信，并认识到其作用和价值。

【相关链接】

2007 年夏季的一天，××县公安局林业公安分局林局长在家中正要吃午饭，接到县公安局局长打来的一个电话，局长的语气有些愤怒："林××，你长本事了啊，马上跑步来我办公室！"林分局长还没问清是什么事情，局长那头电话就已挂了。这可把林分局长给搞糊涂了："最近各项工作都开展得很好啊，也没发生什么错误啊！"

林分局长一路小跑到了局长办公室，局长一见林分局长就是劈头盖脸的一顿批评："林××，你现在长本事了，你还以为你是局长了啊……"林分局长听完局长的批评就忍不住问："局长你好歹也要跟我说说是因为什么事情。"

经局长一说，林分局长明白是什么事了。前几天的一场大雨把搭建在某景区的舞台给冲走了，而景区旅游文化节又召开在即，工程队临时购买了一批木材用于搭建舞台，但由于该木材未办手续被林业公安分局扣押了。

林分局长想这事情已经处理好了啊，不但处罚了违法人员，旅游文化节的筹办组也得到了足够的木材使用，为此县领导还专门打电话对他进行表扬。局长进一步说明，那位县领导也给他打了个电话，县领导对他说："你局里的林××也太牛了，扣了我们的木材，处置得也太好了。"很明显，局长认为县领导是告状来的。

就在此时，该县领导也来到局长的办公室，三人一沟通才发现这是一个误会，三人哈哈大笑。

启示：最有价值的人，不一定是最能言善辩的人。不善于倾听，在生活中经常会闹出一些误会或笑话，善于倾听，才是成熟的人最基本的素质。

五、避免无谓的争论

无谓的争论，不仅会使沟通不畅，还会白白浪费大量的时间。无谓的争论并不会产生胜者，天底下只有一种办法能在这种争论中获胜，那就是避免争论。正如卡耐基所说："争论的结果使双方比以前更加相信自己绝对正确。要是输了，当然我们就输了，如果赢了，我们还是输了，因为争论赢不了他的心。"我们宁愿在一些非原则问题上作出让步，也要避免无谓的争论，更要避免对他人进行人身攻击。

【相关链接】

战国时代，赵惠文王因蔺相如外交有功，拜蔺相如为上卿，官位在廉颇大将之上。廉颇因此心中不快，居功自傲，很不服气，扬言要当面侮辱蔺相如。蔺相如知道后，不愿意和廉颇争位次，便处处留意，避让廉颇，上朝时假称有病，以便回避。有一次，蔺相如乘车外出，远远望见廉颇的车子迎面而来，便急忙叫手下人把车赶到小巷里避开。蔺相如的门客便以为相如害怕廉颇，非常气愤。蔺相如向他们解释说："依你们看来，是廉将军厉害呢，还是秦王厉害呢？"门客们说："当然是秦王厉害了。"蔺相如说："对了，秦王这样威焰万丈，我却在朝堂上斥责他，侮辱他的臣子们，难道我就单独害怕一个廉将军吗？不过我想，强暴的秦国之所以不敢对赵国用兵，正是因为有廉将军和我两个人在啊。如果两个老虎搏斗起来，那情势发展下去，一定不能一起生存，这正合秦国的心意，我对廉将军一再退让，正是以国家利益为重，把私人恩怨抛在脑后啊!”

蔺相如这番话，传到了廉颇的耳中，廉颇为蔺相如有如此宽大的胸怀所深深感动，觉得自己十分惭愧。于是脱掉上衣，在背上绑了一根荆杖，请人领到蔺相如家请罪。

启示：避免争论才能取得双赢。如果蔺相如和廉颇一味地争论下去就不可能出现“将相和”的良好局面，这小则为自己招灾惹祸，大则削弱赵国的力量。

六、互利双赢

沟通本身就是双方互相影响的过程，双方通过沟通进行思想、情感、心灵以及价值观念的交流，其结果必须使双方都成为受益者。警务沟通的互利双赢原则，不能简单地理解为等价交换或物质、经济上的相互给予，而应当理解为双方相互支持、相互帮助。这里既有物质上的相互扶持，更有心理及情感上的相互慰藉和满足。

【相关链接】

整合社会资源，通过校企联建模式来解决学校安保力量不足这一瓶颈问题，是建立平安校园的一项新尝试。晋江市第二实验小学只有两名保安员，而与第二实验小学只有一墙之隔的晋江新世纪物业管理服务公司有保安人员二十多名，晋江市青阳派出所分管校园安全的副所长朱良克酝酿着说服该物业公司积极参与这项出工出力却又不讨好的联建活动。

物业公司负责人杨总，受过高等教育且有强烈的社会责任感。朱副所长想：应当站在杨总的立场上分析联建模式对物业公司的益处才是说服他的最好办法。见面后，朱副所长说明了联建模式对物业公司的实际影响有：第一，物业公司只需在白天学校上下课时的人员高峰期派出保安人员协助学校维护校园秩序，以及学校发生突发事件时增援一下即可，可以说联建行为对物业公司自身安保工作影响不大。第二，第二实验小学的学生家长有很多本身就是该小区的住户，如果物业的安全保卫范围延伸到校门口，他们肯定是非常赞赏的。

正是由于摸清了沟通对象的思想特点并站在对方的立场上思考问题，朱副所长才和杨总在平安校园联建问题上达成了一致意见，最终促成此事。后来朱副所长又联系媒体宣传该联建模式，通过媒体的力量将第二实验小学与物业公司的平安校园联建模式确立下来并保障其长久运行。

启示：与人沟通首先应当考虑对方的利益，不能只为自己着想，站在对方的立场上想事情，结果更容易被对方所接受。

第二章

警务沟通障碍

在警务活动中，沟通并非一件容易的事情。由于各种因素的影响和彼此利益的冲突，沟通不可避免地存在一些障碍，其中既有信息发送者与接收者之间的问题，也有沟通的内容与沟通渠道的问题。探讨分析这些影响有效沟通的障碍，有助于我们避免或克服这些障碍，从而实现有效而顺畅的沟通。

第一节　沟通主体障碍

沟通主体障碍即发送信息者一方存在的障碍，是指阻碍发送信息者把所传递的信息清楚地表达出来，致使所传递的信息不能被接收信息者全部正确地接收或理解的各种因素。能否实现有效而顺畅的沟通，发送信息者起着关键而重要的作用，其自身存在的障碍主要有以下四个方面：

一、表达能力障碍

发送信息者表达能力上存在的障碍主要体现在口头表达能力、书面写作能力、非语言信息表达能力上的不足。良好的表达能力是警务人员必须具备的条件之一，它作为一种沟通艺术正日益引起人们的重视。

【相关链接】

一男子因嫖娼被××派出所抓获，在审查期间该男子拆下自己夹克衣上的拉链上吊自杀身亡。派出所一位民警在做该男子家属工作时说："我们公安局都不敢叫自己的法医来做尸检，而是叫检察院的法医来帮忙做尸检……"该男子的家属马上斥责说："如果你们公安局没有问题，为什么不叫自己的法医来做尸检，而要请检察院的法医来帮忙？"

启示：如果不能完整、有效地表达自己的思想，再好的想法也只能像脑中的海市蜃楼一样模糊不清，让听者也无可名状。

沟通并不是人的一种本能，而是一种能力。沟通理论者认为，没有哪一个人天生就是沟通大师，也没有哪一个人天生注定无法成为沟通大师。良好的表达能力是可以在工作实践中不断积累或培养训练出来的。

【相关链接】

有一次，爱因斯坦领完奖后刚刚出来，就碰到一个老太太，老太太说："你就是那个写了什么相对论拿了诺贝尔奖的人啊！我想问一下什么是相对论啊？"我们试着想一下，你要是跟一个老太太讲什么方程式，什么三维四维啊，你说她知道不？但是，爱因斯坦就用了一个很好的比喻来说明什么是相对论。他说："亲爱的老太太，您如果晚上一个人在家里着急地等待您孙女回来，那么十分钟是不是很久啊？"老太太说："是啊！"爱因斯坦继续说："那您如果是在大歌剧院听卡门，那么十分钟是不是很快啊？"老太太说："是啊！"爱因斯坦说"这个就是相对论！"老太太说："我明白了！"

启示：表达能力好的人，遇到抽象问题时善于运用多种方法将其形象化，如比喻、举例等，这样既通俗易懂，又不容易使人产生歧义。

二、语言障碍

语言是最重要却又是最难掌握的沟通工具。我国是一个拥有五十六个民族的大家庭，不同的民族具有不同的语言，即使是同一个民族，由于地域的不同，语音、语义也有很大的差异。由于语言上存在的差异，容易使人不明白表述者的语义，由此引起的沟通麻烦到处可见。例如，广东人说"郊区"，我们常常会听成"娇妻"，闽南人说"四"，我们会听成“戏”等。日常生活中，不少的误会、冲突和笑话都是由于不能明确表达自己的意思而引起的。

【相关链接】

2009年7月8日，××特警根据公安部统一部署跨区域调动进入新疆乌鲁木齐执行维稳任务。初到新疆，当地政府提供车辆给特警支队使用以方便他们日常执勤。有一天，夜里临时执行一项抓捕任务，由一名当地群众担任向导开赴任务区。担任向导的当地群众操一口浓重的新疆口音，驾驶员听起来特别不习惯，一路上沟通有些困难。当车辆开到山上时（路况不佳、无灯光），突然向导员大喊：“GO！GO！GO！”驾驶员一听乐了，这老兄普通话不咋地，改用英语了，还真难为这老兄了。于是猛加油门前进，说时迟那时快，车辆一下陷入一个深坑里，动弹不得。驾驶员一下急了：“老兄，这么大一个坑你怎么叫我往前冲呢？”向导也大声嚷了起来：“我拼命跟你说‘沟、沟、沟’地提醒你，你还猛加油门前进，能怪我吗？”“晕！”原来是一场因语言沟通问题而引起的事故。

启示：语言是沟通的工具，使用对方能够接受的语言是沟通顺畅的重要前提。

三、情绪障碍

情绪是指客观环境中的事物是否符合人的需求而产生的内心体验。情绪分为积极的情绪和消极的情绪。沟通在很大程度上受个人情绪因素的制约，情绪不仅影响个人感受，还会影响沟通者的认知能力、思考方式、行为表现。一个人在不同情绪的影响下，对同一信息会有不同的甚至截然相反的反应。一般情况下，当情绪好的时候，不管对方如何唐突、冒犯、无礼，一般人都能够心平气和地合理应对，冷静处理；当情绪不好的时候，就无法客观而理性地思考问题，自我抑制力和挫折忍受力下降，行为容易失控，其言行举止就难为一般人所接受。

【相关链接】

2006年3月9日晚，南昌市东湖区交警大队某民警大开“情绪罚单”，仅5分钟就开出17张罚单，罚金达2550元。交警大队领导事后调查发现，该民警性格内向，近两三年一直上中、晚班，由于无法照顾好家，和妻子发生了一些摩擦，执勤时心情不好。警务人员因家庭问题所产生的不良情绪，由于找不到排解渠道，在执法过程中发泄的现象时有发生。

启示：不良情绪是有效沟通的天敌，不良情绪一旦产生，就会导致行为过激，影响人们与他人的正常沟通。

四、态度障碍

态度通常是指个体对事物的看法和采取行动的心理倾向。态度对人的行为会产生重要影响，持不同的态度进行沟通其结果也会有所不同。如果沟通双方的态度不端正，或存有偏见，或歧视对方，或各怀疑心，或消极悲观，都很难收到良好的沟通效果。

【相关链接】

美国影片《维多利亚女王》中有这样一个片段：

维多利亚女王很晚才结束工作。当她走回卧房门前时，发现房门紧闭，于是抬手敲门。

卧房内，她的丈夫阿尔伯特公爵问道："是谁?"

"快开门吧，除了维多利亚女王还能有谁!"女王没好气地回答。

里边没有反应。女王接着又敲，阿尔伯特公爵又问："请再说一遍，你到底是谁?"

"维多利亚!"女王依然高傲地回答。

里边还是没有反应。女王稍等了片刻，再次轻轻地敲门。

"谁呀?"

这次，维多利亚女王轻声回答道："我是你的妻子，给我开门好吗，阿尔伯特?"

结果门开了。

启示：维多利亚三次不同的称谓表现了三种不同的态度。第一种回答表现了国王对待臣民的态度。第二种回答虽然看起来平起平坐，然而没有第三种回答那样亲切而又准确地反映夫妻关系。端正、良好的态度是获得理想沟通效果的基础。

第二节　沟通客体障碍

沟通客体障碍即接收信息者一方存在的障碍，是指沟通过程中由于接收信息者自身的原因而影响正确接收信息的因素。沟通不是单向的，而是有来有往的，接收信息者的反应和表现会直接影响到沟通的有效性。一个巴掌拍不响，沟通是否有效，取决于沟通双方的行为，因此沟通双方都要努力。接收信息者一方容易出现的障碍主要有以下五个方面：

一、认知障碍

认知障碍是指由于人们对同一信息的不同理解而产生的沟通障碍。个人的认知水平、个性特点、价值标准、权力地位、文化修养等都将直接影响到对信息的正确认识。人们在沟通过程中，往往带着浓厚的主观色彩，喜欢用自己的知识体系、思维习惯作为认知标准，这样难免会出现沟通障碍。

【相关链接】

公交车上，坐着一对母女。

小女孩忽然对妈妈说："妈妈，我给你猜一个谜语好吗？"

"好啊，说吧。"

"上边毛，下边毛，晚上睡觉毛对……""毛"字还没出口，妈妈就把女孩的嘴捂住，并厉声问道："是谁教你这个坏谜语的？"

小女孩先是一愣，继而就哭了起来……

一旁坐着一位老大爷，看到小女孩那张受委屈的小脸哭得通红，马上就说："不哭，老伯伯猜出来了，'上边毛，下边毛，晚上睡觉毛对毛'，谜底是'眼睛'，对吗？"

"是啊，是啊。"小女孩一下不哭了，望着老大爷说，"是幼儿园老师教的嘛。"

"轰"的一声，周围的乘客全都笑了。那位妈妈的脸一下就红到耳根了！

启示：这位母亲从她的"认知"出发，即刻作出了那根本不在女儿"认知"范围之内的理解。我们应尽量避免以自己的感情和认知为准则而惯性地思考问题。

认知障碍在警务沟通过程中具体表现有下述几种：

（一）第一印象

第一印象是指与陌生人初次见面所得到的有关对方的印象。第一印象并非都是正确的，但却是最根深蒂固的，因此以后要改变这些印象往往不太容易。第一印象容易使人际认知具有片面性，所以警务人员既要重视留给对方的第一印象，又要尽量避免因第一印象而造成认识上和用人上的错误。

【相关链接】

美国心理学家洛钦斯于1957年做了一个很有名的实验：洛钦斯设计了四篇不同的短文，分别描写一位名叫杰姆的人。第一篇文章整篇都把杰姆描述成一个开朗而友好的人；第二篇文章前半段把杰姆描述得开朗友好，后半段则描述得孤僻而不友好；第三篇与第二篇相反，前半段说杰姆孤僻不友好，后半段却说他开朗友好；第四篇文章全篇将杰姆描述得孤僻而不友好。洛钦斯请四个组的被试者分别读这四篇文章，然后在一个量表上评估杰姆的为人到底友好不友好。

结果表明，篇幅的前后是至关重要的，开朗友好在先，评估为友好者为78%，开朗友好在后，则降至18%。

启示：第一印象对人们交往印象的形成起着决定性的作用，警务人员塑造良好的第一印象是警务活动获得成功的第一步。

（二）刻板印象

刻板印象是指人们对某个群体所产生的比较固定、概括而笼统的看法，这也是我们在认识他人时经常出现的一种相当普遍的现象。例如，美国人给人的印象是不拘小节，犹太人是会做生意等。刻板印象的形成，主要是由于我们在人际交往过程中，没有时间和精力去和某个群体中的每一位成员都进行深入的交往，而只能与其中的一部分成员交往，于是我们容易根据自己所接触到的个体，以偏概全地去推知这个群体的全貌。刻板印象一经形成就很难改变，因此警务人员在日常工作中一定要避免刻板印象，莫以个体代群体。

（三）近因效应

近因效应是指我们对他人最近、最新的认识占有主体地位，掩盖了以往形成的对他人的评价。例如，多年不见的朋友，在自己脑海中印象最深的，其实就是临别时的情景。因此，警务人员要避免受近因效应的影响，做到客观、全面地看待他人，不要轻易改变对他人原有的看法而作出片面、错误的判断。

【相关链接】

三国时期，东吴大将吕蒙原来是个大老粗，只懂厮杀，不爱读书，鲁肃因此看不起他。后来孙权说服吕蒙多读书，鲁肃再去看吕蒙，吕蒙密献对付关羽的计策，鲁肃大喜，说："吾谓大弟但有武略耳，至于今者，学识英博，非复吴下阿蒙。"吕蒙答道："士别三日，即更刮目相看！"从此二人结为好友。这就是成语"士别三日，当刮目相看"的出处。在此，鲁肃对吕蒙的刮目相看，就是近因效应的作用。

启示：与人交往初期，第一印象的影响极为重要；而在交往后期，近因效应的影响则更重要一些。

（四）晕轮效应

晕轮效应又称"光环效应"，是指人们对他人的认知判断首先是根据个人的好恶得出的，然后再由这个判断推导出认知对象其他品质优劣的现象。如果认知对象被标明是"好"的，他就会被"好"的光环笼罩着，并被赋予一切好的品质；如果认知对象被标明是"坏"的，他就会被"坏"的光环笼罩着，他所有的品质都会被认为是坏的。例如，在现实生活中，只要是权威人物说的话，人们就很容易深信不疑，而一般人说的话则人微言轻，这就是晕轮效应在起作用。

【相关链接】

社会心理学家戴昂等人曾于1972年做过这样一项实验：他们分别让被试者看一些很有吸引力的人、没有吸引力的人以及一般人的照片，然后让他们评价这些人的特点，而这些特点和有没有吸引力无关。最后的测试结果发现，有吸引力的人获得了非常高的评价，而无吸引力的人则获得了比较低的评价。

启示：在人际交往的过程中应该时刻告诫自己不要被别人的晕轮效应所影响，以避免陷入晕轮效应的误区。

（五）投射效应

投射效应是指是指一个人将内在生命中的价值观与情感好恶影射到外在世界的人、事、物上的心理现象。投射效应是以己度人，把自己的感情、意志等投射到他人身上并强加于人的一种认知障碍。例如，贪婪的人，总是认为别人也都嗜钱如命；自己经常说谎，就认为别人也总是在骗自己；自我感觉良好，就认为别人也都认为自己很出色。

【相关链接】

心理学家希芬鲍尔在1974年曾经做过这样一个实验：他请一些大学生来接受测试，将他们分为两组，给其中一组大学生放映喜剧电影，让他们心情愉快；而给另外一组人放映恐怖电影，让他们产生害怕的情绪。然后，他又给这两组大学生看相同的一组照片，让他们判断照片上人的面部表情。结果，他们大部分人将照片上人物的面部表情视为自己的情绪体验，也就是说，看了喜剧电影心情愉快的那组大学生判断照片上的人也是开心的表情，而看了恐怖电影心情紧张的那组大学生则判断照片上的人是紧张害怕的表情。

启示：投射效应会导致人们的认知缺乏客观性，因此承认和尊重差异，多角度、全方位地认识他人，才能避免以小人之心度君子之腹。

（六）定势效应

定势效应是指以前的心理活动会对以后的心理活动形成一种准备状态或心理倾向，并影响以后的心理活动。当我们认识他人时，常常会以一种有准备的心理状态按照这一群体的外部特征对他们进行归类，从而产生定势效应。定势效应普遍存在于人类生活的各个方面。

【相关链接】

前苏联心理学家鲍达列夫曾经做过一个试验：他向两组大学生出示了同一个人的照片。在出示之前，向第一组说，将要出示的照片上的人是个十恶不赦的罪犯；向另一组说他是位大科学家。然后让两组被试者用文字描绘照片上的人的相貌。

第一组的评价是：深陷的双眼证明内心的仇恨，突出的下巴证明沿犯罪的道路走到底的决心……

第二组的评价是：深陷的双眼表明思想的深度，突出的下巴表明在知识道路上克服困难的意志力……

启示：对一个人的评价仅仅是因为先前得到的提示不同，描述的结果竟然有如霄壤之别。

二、心理障碍

心理障碍是指由于不同个性倾向和个性心理对沟通造成的障碍。在警务沟通的各种障碍因素中，心理障碍产生的影响最大，也最直接。

例如，如果沟通对象对自己的知识、能力、才华等作出过低的估价，就会否定自我，进而产生自卑心理。自卑的人对自己没有信心，总是害怕受到别人的轻视和拒绝。有自卑感的人在沟通中往往会过分地自尊，为了保护自己，常表现得非常强硬，让人难以接近。另外，妒忌心理、羞怯心理、自负心理、恐惧心理、猜疑心理和孤僻心理等，在警务沟通中也会产生沟通障碍。

【相关链接】

两个关系不错的年轻派出所副所长林×和王×同时参加基层领导职务竞聘。林×毕业于公安院校，业务能力很强，他一直认为自己胜算非常大，志在必得，结果却是王×担任了领导职务。

因此，林×感觉很失落，认为是领导和其他同事对他有偏见，并且怀疑王×在竞聘中可能做了手脚。工作中故意不服从王×的领导，工作懈怠，导致多次工作失误；在生活中酗酒，沉迷网络游戏。结果把多年来形成的良好工作作风和威信都丢失了。

启示：林×在领导职务竞聘上岗中存有较强的自负心理，并且对自己的失败不从自身寻找原因，最终毁掉了自己的前程。

三、经验障碍

人们往往会把以往所积累的信息视为经验，在与人沟通的时候，就会自觉或不自觉地用过去的经验“过滤”所收到的信息，其结果往往是沟通双方对相同信息却解读出不同的含义和意图，最终导致沟通失败。

【相关链接】

××市公安局局长交代他的秘书说：“你帮我查查我们××分局目前民警有多少人，下周一我向市委汇报工作时要用到。”这位秘书接到任务后心想：“如果到时候局长再问这分局副局长有几位，××派出所所长是谁等问题怎么办？”于是他打电话给这一分局政治部主任说：“局长需要一份你们分局所有民警的详细名单和人员岗位情况。你准备一下，两天内交给我。”政治部主任心想：“局长要详细名单和人员岗位情况干什么？是不是要了解个别人员简历或具体表现？”于是他又告诉具体办事员说：“市局需要一份我们分局全体工作人员的名单、档案和其他相关材料，需要尽快送到。”结果第二天上午，两大铁皮柜的材料送到市局大楼。

启示：局长要的是一个具体的数字，只要一句话即可。秘书和政治部主任都用自己的经验过滤收到的信息，结果从只要“一句话”的数字信息，过滤加工到“两大铁皮柜”的材料，造成极大的浪费。

四、信任障碍

信任是有效沟通的基础。有了信任才能互相理解，有了理解才能顺利沟通。如果沟通双方缺乏信任，或心存疑虑、怀有敌意，就不可能用积极的态度进行沟通，沟通自然会中途夭折。

【相关链接】

周朝有个周幽王，他有个爱妃名叫褒姒，长得非常美丽，褒姒虽然很美，但是“从未开颜一笑”。为此，周幽王下令：“谁要能叫娘娘一笑，就赏他一千斤金子。”于是有人想出了一个点起烽火戏诸侯的办法。

一天傍晚，周幽王带着爱妃褒姒登上城楼，命令点起烽火。临近的诸侯看到了烽火，以为西戎（当时西方的一个部族）来犯，便领兵赶到城下救援，但见灯火辉煌，鼓乐喧天。一打听才知是周幽王为了取乐于娘娘而干的荒唐事，各诸侯汗流浃背，狼狈不堪，敢怒不敢言，只好气愤地收兵回营。褒姒见状，果然大笑。但事隔不久，西戎果真来犯，虽然点起了烽火，却无援兵赶到。原来各诸侯以为周幽王又是故技重演。结果都城被西戎攻下，周幽王也被杀死了，从此西周灭亡了。

启示：信任是对对方品质、能力的充分肯定。只有播撒真诚和信任的种子，才能收获别人尊重和热情的果实。

五、无反馈障碍

反馈是指接收信息者给发送信息者回复信息，告知信息已收到，并表明对信息理解的程度，以及是否愿意对信息付之行动。沟通的最大障碍在于接收信息者对信息的误解或理解得不准确。为了避免这种问题的发生，发送信息者可以让对方对自己的信息作出反馈。反馈的方法主要有：重复原来的信息，回答自己理解的信息，用表情或身体语言来做出反馈。

【相关链接】

心理学家赫洛克做过这样一个经典反馈试验。被试者是106名小学生，他们被心理学家分成四组，四组被试者的任务相同，都是每天练习15分钟难度相同的加法，一共练习五天。每一次练习之后，心理学家对四组被试者的评价方式却是完全不同的。

第一组被试者每次练习后都会受到表扬，称为受表扬组；第二组被试者每次练习后都会受到批评，称为受批评组；第三组被试者每次练习后都不会被给予评价，只是让其静听其他两组受表扬和挨批评，称为被忽视组；第四组被试者每次练习后不但不会给予任何评价，而且连听其他两组受表扬和挨批评的机会也没有，称为隔离组。

五天过后，心理学家对他们的学习效果进行了测试。测试结果表明：前三组的成绩均优于隔离组，并且受表扬组的成绩最好，批评组次之。

启示：不给予任何评价和隔离都是没有反馈。有反馈的组比没有反馈的组成绩要好，这个结论推广到人际关系中即为：成功的沟通是一个互动反馈的过程，即使是批评别人也比置之不理的态度要好。

沟通过程中发送信息者必须努力获得反馈，而接收信息者必须经常反馈。尤其是关于重要信息的沟通一定要及时反馈，以确保信息的及时传递。例如，分配任务后，指挥员可以问："你明白我的意思了吗？"同时要求他们把任务复述一遍。如果复述内容与指挥员的意图一致，说明沟通是有效的；如果对指挥员的意图领会出现差错，可以及时纠正。如果没有反馈可能会产生以下问题：

第一，发送信息者可能会发第二次信息。由于发送信息者没有收到反馈信息，他不知道接收信息者是否接收到或理解了信息，因此他往往会发第二次相同信息以确保对方能收到信息。

第二，接收信息者可能会按不确定的信息行动。如果接收信息者对信息的理解正确，就不会产生不良后果；一旦接收信息者对信息的理解出现错误，那么其后果有可能不堪设想。

第三，发送信息者误认为接收信息者不付之实际行动。沟通的目的是实现既定的目标，接收信息者付之行动后如果不予以反馈，发送信息者怎么能知道对方已付之行动，或目标的实现是否属于接收信息者的行动所为呢？

【相关链接】

2006年10月2日23时6分，网民“heima95××”在××网站发帖反映：××海鲜美食城经常营业至深夜，噪音扰民，而负责该片区治安的××派出所民警对居民的求助置之不理，执法机关不作为。

据查询110，××海鲜美食城噪音扰民报警仅有一起，即9月13日凌晨0时23分接到报警称：该店客人因中秋节搏饼，狂欢的吵闹声很大，影响群众休息，要求出警处理。据当日××派出所值班民警黄××说，当时他正在接另一群众的报警电话，于是，此电话由协勤人员钟××接听，钟××告知报警人说：我们马上出警。同时劝道：中秋佳节搏饼狂欢，请你们互相体谅。并说：噪音扰民系城管部门主管。因此，引起群众误解。

0时26分，民警黄××接完群众电话后，根据钟××的陈述，指令主班民警周××出警。0时31分，周××赶到现场劝导、制止，责令美食城的客人不要大声喧哗，以免影响他人休息，随后离开现场回到派出所，但出警民警没有向报警人许××（网民“heima95××”）反馈处警情况，造成许××误解，以为民警没有出警。10月2日，许××上网反映××派出所执法不作为。

启示：接受群众报警求助时不应让协警接听电话，且向报案人解释工作时表达得不到位；处警情况没有及时向报警人反馈，造成群众误解，影响了公安机关的形象。

第三节　信息内容的障碍

信息内容的障碍是指沟通过程中所传递的信息本身所导致的障碍。沟通过程中所传递的信息包括以下两种：一是认知的信息；二是思想与情感的信息。这两种不同性质的信息都会因多种因素的影响而产生障碍，而且思想与情感方面的信息更容易产生障碍。其容易出现的障碍主要有以下几个方面：

一、文化障碍

不同国家、民族和地域由于历史的沉淀形成了各具特色的文化，从而使人们具有不同的文化习俗和文化心理，且在一定程度上影响并制约着人们的言语行为，也为警务沟通设置了一道无形的屏障。在沟通过程中，沟通双方要主动了解和适应对方的文化，否则就会形成文化障碍进而影响沟通的进行。

【相关链接】

世界各民族的人体语言多种多样，内涵也不尽相同。例如点头，世界大多数民族的共同意思是同意、赞同、肯定，但在希腊、南斯拉夫和保加利亚等国家，则表示否定、不同意。又如，伸出大拇指，在世界大多数国家表示赞赏、夸奖，有“好”、“真行”、“太棒了”之意，而在希腊，竖起大拇指则表示“滚开”。再如，OK 手势在中国、英美等国，一般相当于英语中的“OK”，在荷兰表示“顺利进行”，在巴西则认为是对女性的引诱或对男性的侮辱，在日本这种手势则表示“钱”，在北美一些国家这种动作则表示寻找同性恋伴侣。

启示：警务人员在工作中应注意工作对象的文化习俗差异，要尊重对方的风俗习惯和民族文化。

二、信息过量障碍

信息过量障碍，是指在警务沟通中由于发送信息者传递了大量的信息致使接收信息者无法分清主次，从而导致沟通失败。信息并非越多越好，接收信息者对待过量的信息往往采取不予理睬而将其搁置起来的办法。

【相关链接】

1942 年，美国总统罗斯福在他的档案里突然发现一份情报，这是一份来自中国的重要情报，情报具体地指出：日军将在 1941 年 12 月 8 日这天派遣××部队突袭美军太平洋舰队的重要基地珍珠港。

就在日本发动偷袭前一个星期中国情报机构就破解了日军的偷袭密码，只可惜这份机密资料交到美方并没有获得重视，这么重要的一条情报信息却淹没在了一大堆的档案里面。等到罗斯福在第二年四月看到的时候，距珍珠港事件已有五个月，美国已来不及改写这页惨烈的历史。

启示：有价值的信息，如果淹没在大量的信息之中就可能不会引起对方的重视，所以最好单独传递有价值的信息以示其重要性。

三、情感性信息障碍

情感性信息以态度、表情、动机、感情的宣示为主。在警务沟通过程中，如果是要传递情感性的信息，沟通双方的世界观、价值观和情绪状态就不能差别过大，否则就会产生沟通障碍。

【相关链接】

2008年11月12日上午，××村村民许×因为建房与邻居发生纠纷。当日19时许，许×携带木工锯和斧头到邻居家争吵，邻居报警。接警后，派出所杨副所长一个人前往处理。

杨副所长了解完纠纷原因后，要求双方到派出所调解，这一要求遭到许×的拒绝。杨副所长耐心劝说许×，并想用手去拍拍许×的肩膀，没想到这一动作被许×误认为杨副所长要抓他，于是许×拿出斧头乱舞，慌乱中斧头劈中杨副所长颈动脉，杨副所长当场牺牲。

启示：一般人看来，拍拍对方肩膀传递的是安慰、关怀之情感，可对于情绪激动的人来说，这种动作是挑衅与威胁。

第四节 传递渠道障碍

沟通最核心的问题是沟通双方如何实现信息交换与共享的问题，信息交换与共享必须有相应的载体才能实现，这种载体就是传递渠道。沟通的传递渠道是否畅通，对沟通的效率与效果有着非常重要的影响。适宜的沟通渠道是有效沟通的外在条件，传递渠道容易出现的障碍主要有以下几个方面：

一、层次障碍

层次障碍是指信息传播过程中经历的层次愈多，愈容易使信息被过滤而失真，从而形成沟通障碍。

【相关链接】

一则传播在美国西点军校的笑话：

团长下命令给指挥官：明天晚上大约8点，本地区可以观察到哈雷彗星，这是每76年才会有一次的天文现象，你组织全团在集合场观看，我要向他们介绍。如果下雨，就到礼堂去，观看关于哈雷彗星的影片。

传令官告诉连长：团长命令，明晚8点，非凡的哈雷彗星将出现在大礼堂，如果下雨，团长另有命令，会发生76年才出现一次的事情。

连长向排长下命令：明晚8点，哈雷彗星和团长将同时出现在礼堂，这时隔76年才有的事，如果下雨，团长命令哈雷彗星到集合场去。

排长对士兵说：明晚8点，团长将陪伴76岁的哈雷将军，乘坐他的彗星轿车通过集合场，要求全体人员到礼堂去。

启示：信息传递的层次不宜太多，否则信息就有可能被增多或减少或误传，从而导致信息失真。

管理学中有一个著名的沟通漏斗原理（见图2－1）：如果我所知道的是100%，那么我想说的占90%，我所说出来的占70%，对方想听的60%，他真正听到的占50%，他所理解的占40%，他所能够接收的占30%，他真正能记住的只有的10%～20%。这个原理告诉我们，沟通中信息从发送到接收，有很多重要信息都被过滤掉了。

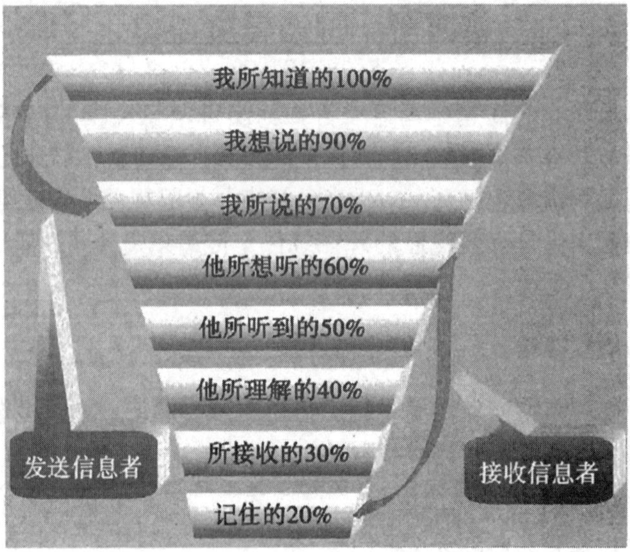

图2－1

二、方式障碍

方式障碍是指发送信息者由于采用不恰当的沟通方式而引起的沟通障碍。例如，有的接收信息者喜欢以阅读的方式接收信息，但发送信息者却滔滔不绝地向他宣传演讲；有的接收信息者喜欢采用倾听方式接收信息，但发送信息者却用文字写成书面的东西给他看；有的领导喜欢数据材料，下属却送去文字分析的报告。这些都有可能增加接收信息者对信息理解的困难，并产生错误的理解，从而使信息失真。

三、物理障碍

物理障碍是指由于噪音、机械故障等因素而引起的沟通障碍。噪音通常是指那些难听的、令人厌烦的声音。这里的噪音是广义的噪音，是指任何会妨碍信息被正确理解的干扰声音。研究发现，噪音超过85分贝时，人会感到心烦意乱、坐卧不安，根本无法集中注意力；而安静的环境能让人排除各种杂念，身心放松，从而激发灵感和激情，调动自己的潜能，有助于沟通的顺利进行。

媒介的机械化、电子化和数字化使现代沟通在形式上表现为“人—机”沟通形式。无论是电话、电视、广播还是互联网都会发生机械故障，媒介的使用者也会因操作失误而发生沟通障碍。

四、距离障碍

距离障碍可分为空间距离、时间距离和地位距离障碍。

（一）空间距离

在不能与他人面对面沟通的情况下，空间距离也会成为一种障碍。如果沟通双方距离较远，就应当考虑选择合适的沟通媒介，否则沟通效果就会大打折扣。例如，在礼堂开会，就要有扩音设备，否则距离主席台较远的与会人员就无法听清会议的内容。

（二）时间距离

现在很多人看不懂古代的书籍，是因为时代不同；两代人之间产生“代沟”，即父母与子女之间产生分歧、误解、抱怨甚至对立，也是因为由于两代人的价值观念、心理状态、生活习惯等产生的差异。

【相关链接】

古时候有一位秀才被人控告偷了邻居的凉席。县令问：“堂下所跪何人？所犯何罪？”秀才如实报了姓名，并称见墙角有一芦席破烂不堪，以为主家弃之不要，便将之取回家中。秀才还没说完，县令便判决道：“子曰：朝闻盗席，死可矣。推出去斩了！”

秀才急中生智为自己辩解说：“启禀老爷，小人也曾听圣人说过，‘夫子之盗钟，恕而已矣’。夫子盗钟尚可饶恕，我被诬告盗席怎么就要杀头呢！”县令一听，觉得有理，便把秀才给放了。

启示：《论语》中“朝闻道，夕死可矣”的意思是：当你获得了道理后，就把以前错误的东西去掉（曾仕强先生的解释）。不学无术的县令弄错了两个字，且又点错了一个标点，秀才以其人之道，还治其人之身，也故意把“夫子之道，忠恕而已矣”弄错两个字，点错一个标点，成功地解救了自己。

（三）地位距离

地位距离是指职位、级别距离。地位、级别不同的人通常具有不同的思想意识、价值观念和道德标准。所谓“在其位谋其政”，因地位、级别不同常常会导致双方看问题的角度不同，对问题的理解、认识也就不尽相同，从而产生沟通障碍，即“位沟”。

【相关链接】

某厅长到××市特警支队视察，刚迈进训练场，就见一中队长立即指挥特警队员停止训练，集合整队，然后向厅长跑来报告。该中队长神色紧张，敬礼动作僵硬，没等厅长回礼便报告道：“报告厅长，特警支队一大队三中队正在战术训练，报告完毕，请稍息。”

启示：人与人沟通时，往往会把对方的职位、级别高低看得很重。当遇见职位、级别比自己高很多的上司时，便会产生紧张或恐慌心理。

第三章

非语言沟通

非语言沟通是指不使用任何词语所进行的信息沟通，如通过肢体、语调、眼神、空间距离等。由于非语言沟通大多是通过身体语言得以实现的，所以通常它也被称为身体语言沟通。20 世纪 50 年代，美国肢体语言专家艾伯特·赫拉宾经研究发现：在进行面对面的沟通时，一条信息对人所产生的全部影响力中的 7% 来自语言（仅指词语），38% 来自于声音（其中包括语音、音调以及其他声音），剩下的 55% 则完全来自无声的肢体语言，也就是说，高达 93% 的影响力是来自非语言的。被称为“动作学倡导者”的人类学家雷·博威斯特经研究也有类似的发现：在一次面对面的沟通中，语言所传递的信息量在总信息量中所占的份额还不到 35%，剩下的超过 65% 的信息量传递都是通过非语言沟通方式来完成的。因此，我们要理解它是如何发挥作用的以及如何才能更好地运用它去与人沟通，就显得非常必要了。

【相关链接】

我国新闻界前辈徐铸成先生有一次谈到他早年采访的一段经历。1928 年阎锡山和冯玉祥曾经酝酿联合反对蒋介石，可是当冯玉祥到达太原时，阎锡山却把他软禁起来，借此行动向蒋介石要钱要枪。后来冯玉祥的部下做了一番努力，才逐步扭转危局。那天徐铸成到冯玉祥驻太原的办事处采访，看到几个秘书正在打麻将，心里一动，估计冯玉祥已经脱身出走了，因为冯玉祥治军甚严，如果他在家的话部下是不敢打牌的。徐铸成赶紧跑到冯玉祥的总参议刘治洲家采访，见面就问："冯玉祥离开太原了？"对方大吃一惊，神色紧张地反问："啊？你怎么知道？"这个简短的对答，完全证实了徐铸成的判断。徐铸成就这样通过一桌麻将和采访对象的神色语气，获得了冯玉祥脱身出走的重要信息。

启示：身体语言是由人们内心感受所发出的信号，每个看似无足轻重的表情、眼神、手势和体态，都透露着他的情感、智慧、修养和心思。

第一节　非语言沟通述要

一、非语言沟通的特点

非语言沟通包含着十分丰富的内容和信息，一个眼神、一个微笑、一个手势，甚至沉默都能达到相互交流的目的，这表明非语言沟通与语言沟通相比具有十分突出的特点。一般来说，各种形式的非语言沟通都具有以下四个共同的特点：

（一）非语言沟通受文化背景影响

非语言沟通具有一定的通用性，不同国家、地区、民族的人可以借助肢体语言发出信号以实现他们之间的沟通，如人们表达痛苦悲伤几乎都用哭的形式，表达高兴喜悦几乎都用笑的形式。但非语言沟通在很大程度上受到文化、风俗习惯等的影响，存在着一定的地域差异性。例如，当人们第一次相遇时，美国人把目光接触看得很重要，身体接触被限制在有力的握手上；阿拉伯人并不介意谈话中的噪音或被人打断；太平洋的麦可尼西亚群岛人相遇时，他们既不说话也无身体接触，相反，他们通过挑起眉毛或点头来问候对方。因此，非语言沟通也是文化、风俗习惯的体现，我们必须结合多方面的内容来对非语言信息进行综合解读。

【相关链接】

非语言沟通专家经研究发现：如果一女子全身赤裸坐在浴缸里，突然浴室的门被人打开。如果这位女子是英国人或美国人，她第一时间可能会用一只手遮住胸部，另一手遮住自己的私处；如果她是中国人，她最有可能双手遮住胸部；如果她是瑞典人，那她的第一反应就是遮住私处。而在同样的情况下，穆斯林女子则会在第一时间内遮住自己的脸；苏门答腊人会马上捂住自己的膝盖；萨摩亚人则会遮住自己的肚脐。

启示：不同地域的人们都是在特定的文化背景下成长起来的，他们的非语言行为不可避免地受到特定的文化环境、风俗习惯、思维方式、价值观念以及宗教信仰的影响。

（二）非语言信息可能与语言信息相矛盾

语言信息通常是经过精心加工而传达出来的，而非语言信息大都是根深蒂固而又无意识的，是人们内心情感的自然流露，所以有时候一个人的语言和非语言信息所传达出来的内容是矛盾的。一个人很容易学会操纵语言进行沟通，但却很难控制自己的非语言行为。例如，情侣中的一方说："我恨死你，你走，我不想再见到你！"但是说得有点不情愿，又有点犹豫，从渴望的眼神和前倾的姿态看，其分明是在说："别走！你伤了我的心，让我们好好谈谈吧！"正确判断一个人的真实思想和心理活动，更多的是要通过观察他的非语言信息，而不是有声语言。因此，非语言信息所传递的内容常常可以印证语言所传递信息的真实性。

【相关链接】

加利福尼亚州生物研究院细菌研究所的特里斯已经设计出一种电脑程序，这种程序可以通过分析一闪而过的面部表情来测谎。

人类表达愤怒、厌恶、满足、恐惧、惊讶、快乐和悲伤的表情是与生俱来的，是跨文化、跨领域、全球皆准的。无论哪种语言与文化，这七种基本情绪引发的面部肌肉变化大致都是一样的。而且，情绪的表达是下意识的，基本上难以抑制或隐瞒。当人撒谎时，强烈情绪引发的微表情会快速从面部飞掠而过，人们根本来不及阻止它们。

利用电脑程序，分析人根本察觉不到的表情，可以被测出甚至连自己还没意识到的谎言。经联邦调查局、中央情报局、美国交通安全局、移民局等单位实践，这种电脑程序揭穿谎言的概率是99.3%。

启示：在混杂的信息中，非语言沟通所传达的信息通常比语言信息更可信。有声语言往往会掩饰真实的情况，而倾听非语言的声音，能敏锐捕捉对方内心情感的律动，看清事情的本质。

（三）非语言信息的发出在很大程度上是无意识的

心理学家认为非语言信息的产生源于大脑，当一个人的大脑进行某些思维活动时，它会支配身体的某些部位发出一些细微信号，这是人们不能控制且难以意识到的。这些非语言信息是发自内心深处的，极难压抑和掩盖，甚至是无意识的。例如，与自己不喜欢的人站在一起时保持的距离要比与自己喜欢的人站在一起时保持的距离远；当反对某些意见时，可能会把双臂交叉在胸前；而对某话题感兴趣时，会把身体倾向对方；当别人身体感到不舒服时，可以通过他的姿态、声音和脸色等感觉到。因此，当语言信息和非语言信息不一致时，人们更相信的是非语言信息所代表的意义。

【相关链接】

1996 年，北京某高校的教工宿舍发生了一起恶性杀人案件，被害人是该校一名王姓老教授及其老伴。杀人者非常狡猾，把室内现金、存折、照相机、珠宝等洗劫一空之后，放火毁坏了现场，这为侦破此案增加了不少难度。

刑侦人员经走访发现曾经给老夫妇装修过房子的几个外地民工有重大嫌疑。很快刑侦人员就抓获了曾参与施工的一个民工。刑侦人员为迅速确定他是不是犯罪嫌疑人，有意用车拉着他从发生血案的公寓楼前经过，并安排人密切关注民工的一举一动。结果发现这个民工在经过发生血案的公寓楼时，竟然在低头之间，用目光斜扫了那栋公寓一眼。

就这一动作，刑侦人员更坚信这个民工有重大嫌疑。经过审问，他果然是杀害王姓老教授及其老伴的凶手。

启示：人们可以通过语言来隐藏自己内心的真实想法，但非语言信息常常会泄露人们内心的真情实感。所以，绝大部分人的谎言常常会被自己的非语言信息所揭穿。

（四）非语言信息真实地表明人的情感和态度

人的一举一动，都流露出内心的秘密；一颦一笑，都透露着隐藏的深意。由于非语言信息在很大程度上是无意识的，因而它能更真实地反映人的情感和态度。面部表情、手势、点头和眼神等，都向他人传递着自己的思想和情感，他人也能从对方的面部表情上发现愉快、悲伤、恐惧、愤怒或是否感兴趣等信息，绝大多数人也能通过说话的速度、语调等准确地识别对方的情绪和态度。

【相关链接】

2007年11月30日上午，中共中央总书记、国家主席、中央军委主席胡锦涛，在第二十个世界艾滋病日到来之际来到北京市朝阳区疾病预防控制中心考察艾滋病防治工作。

在自愿咨询检测门诊，一名艾滋病感染者正向工作人员咨询有关问题，胡锦涛微笑着向她伸出手去，这位感染者激动地握住总书记的手。

总书记零距离接触患者，使患者深深感受到党和政府的温暖，给患者战胜顽症树立了信心，鼓舞了志气。同时，这也是一种召唤：全社会都应关爱艾滋病患者这一弱势群体，应当消除对艾滋病病人的偏见和恐惧心理。胡锦涛总书记的态度和情感在握手这一小小的动作中得到充分体现。

启示：总书记握住艾滋病患者的手，身体力行地为全社会消除对艾滋病患者的歧视做出了表率。

二、非语言信息的作用

“此时无声胜有声”就是对非语言信息作用十分恰当的描述。体育学的创始者伯德惠斯特尔发现，人类有70万种肢体语言，其中脸部就可做出大约25万种不同的表情。非语言信息不仅能反映一个人的心灵世界，也可以反映一个人的为人处世及道德水准，还可以体现一个人的精神气质。口头语言我们只能听到，书面语言我们只能看到，而非语言信息则可以被看到、听到、闻到、触摸到。可见，非语言信息在实际沟通过程中起着非常重要的作用。概括起来，非语言信息的作用主要表现如下：

（一）非语言信息能够验证语言信息

人类用语言表达的意思大多数属于理性层面，这种经过理性加工后表达出来的语言往往不能真实地表露一个人的真正意向，甚至还会出现“口是心非”的现象。正如人们常说的：“不仅要听你说什么，更重要的是看你怎么说。”非语言信息所表现出的真实性和可靠性要比语言强得多，特别是在情感的表达、态度的表明、气质的表现等方面，非语言信息更能显示出它所独有的特性和作用。所以，要揣摩说话人的深层心理，单凭听其语言是不够的，还必须依靠非语言信息来验证其语言信息的真伪。

（二）非语言信息能够替代语言信息

语言主要是被用来传递信息的，而非语言信息则通常被用来沟通人与人之间的思想和情感，并且在某些情况下可以取代语言。例如，我们常用点头表示肯定、摇头表示否定、瞋目裂眦意味愤怒、笑容满面代表愉快等。同时，非语言信息作为一种特定的形象语言，它还可以有效地传递许多用语言都不能传递的信息。

（三）非语言信息能够补充语言信息

非语言信息可以在语言信息之外增加信息来补充语言信息的意义。例如，向他人道歉时可能会说："真对不起！"甚至还会拍着对方的肩膀或主动与对方握手来增加自己道歉的诚意。

（四）非语言信息能够强化语言信息

人们为了使自己的语言所表达的信息更容易被他人理解和接受，往往在说话的同时还伴随着与意思相同的非语言信息。例如，交警在指挥车辆要其快速通行时，可能会喊："快，快，快！"同时不断做出手势来强化语言信息。

三、非语言沟通的类型

根据非语言信息存在的状态，可将非语言沟通分为身体语言沟通、副语言沟通、环境语言沟通三种类型。

（一）身体语言沟通

身体语言沟通是指在沟通过程中通过身体的某些固有特征或动作所进行的信息传递与交流，它既包括身体动作，如做表情、打手势、眼神示意以及点头或摇头等，也包括静态无声的身体姿势和着装打扮等。

（二）副语言沟通

副语言沟通是指人们通过音质、音量、语速、语调等所进行的信息传递与交流。副语言虽然有声音，但却是非语言的。例如，在沟通过程中，哈哈大笑、苦笑、冷笑、假笑、叹息、呻吟以及各种叫声等都在表情达意，有时甚至胜似说话。

（三）环境语言沟通

环境语言沟通是指通过环境因素所进行的信息传递与交流，它不仅包括自然环境，如办公场所、公共卫生、色彩搭配、噪音污染等；还包括空间环境，如空间的利用方式、座位布置、空间距离等；同时还包括时间环境，如准时、迟到或早到等。

第二节　正确解读非语言信息

言不由衷、话里有话是某些中国人的说话习惯，这些都可能导致人们不能及时地捕捉到他人的言外之意，也抓不住他人说话的重点与真实含义。为了使沟通更有效，掌握与语言信息配套的非语言信息的真实含义是非常有必要的。

一、正确解读非语言信息的四大准则

（一）连贯地理解

我们要想说好一句话，至少需要组织两个词语才能清楚地表达出自己想要表达的思想。与说话一样，非语言信息也有词语、句子和标点符号之分，每一个表情或动作就好比一个词语，而每一个词语的含义也不是单一的。要想获取准确的信息，就应当连贯地观察他人所流露出的非语言信息，不能忽视其他与之相联系的表情、动作以及大环境而孤立、片面地把他人的表情或动作分离开来理解。

图3－1

当人们对说话者的话不感兴趣时，常常会摆出这样的一个姿势（见图3－1）：将手移至脸旁，用拇指支撑下巴，食指向上紧贴在脸颊上，剩下的三个手指将嘴巴挡住。另外，双腿紧紧交叉，单臂环抱于胸前（一种防御的状态），头和下巴均保持一种下垂的姿势（一种否定或不友善的态度）。这一连串的肢体语言都表明了该听众对说话者的表述做出了自己的评价：“我对你的话不感兴趣”、“我不同意你说的话”或“虽然我对你的话很

不满意，但是我还在努力克制着自己的不满情绪”。

（二）寻找与语言信息的一致性

当一个人的有声话语与他的非语言信息所表达的意思完全一致时，应当相信他说的是真话；当一个人的有声话语与他的非语言信息所表达的内容相冲突时，他就很可能在撒谎。例如，当两个人发生冲突时，其中一个人说："请您不要生气。"另一个人迅速回答说："我才不会生气呢！"不过声音是高亢的，带着不屑的眼神，甚至嘴角紧绷，握着拳头，由此可见，他说不生气是假的。因此，当有声话语与非语言信息相冲突时，最常被人接受的是非语言信息的含义，可以说非语言信息揭露了事件的真相。

（三）结合环境理解

对所有非语言信息的理解都应当在其发生的大环境下来完成。在寒冷的冬天，一个人双臂紧紧环抱于胸前，两脚在不断地走动（见图3-2），我们可以推断出，她之所以会有如此举动，是因为她很冷，而不是因为害怕而急于想保护自己。

图3-2

交警在交通肇事者面前双臂环抱于胸前，眼睛直视对方（见图3-3），交警的这种姿势是在向对方显示权力和地位以震慑对方，而不是一种防御姿态。

图3-3

（四）全面细致地理解

有些人由于身体的不适易于做出某些肢体动作，或由于服饰与自己的身材不合而无法做出某些动作，这些都会引起人们对非语言信息的误读。例如，心理学家经研究发现：一个人遇到难以答复的问题时，为了掩饰自己内心的混乱，手会很自然地放在鼻子上，摸它、揉它、捏它，好像内心的冲突会给自己的鼻子造成压力，从而产生一种不为人知的瘙痒感。但人一旦感冒，也常常有此类似的动作。因此，我们只有彻底地理解他人的个人特征及其身体的局限性对非语言信息的影响，才能正确地领悟非语言信息背后的含义。

二、解读身体语言

身体语言是指一切具有示意性的身体姿势、面部表情以及对时间和空间的利用。身体语言能直接显示人们内心的真实意图，一个动作、一个表情、一个姿势都可以向对方传递某种信息，而且同一个身体语言会有多种含义，不同的身体语言也会有同样的内容指向。

【相关链接】

清朝的曾国藩在任吏部左侍郎时，擅长通过人的身体语言来判断对方的品质、性格、情绪，并能对其前途作出准确的预言。有一次，李鸿章带了三个人去拜见曾国藩，请曾国藩给他们分派职务。不巧，曾国藩出去散步了，李鸿章示意那三人在厅外等候。不久，曾国藩散步回来，李鸿章说明来意。曾国藩接着就说："面向厅门，站在左边的是个忠厚人，办事小心，让人放心，可分派他去做后勤供应工作；

中间那位是个阳奉阴违、两面三刀的人，不值得信任，只应分派一些无足轻重的工作，担不得大任；右边那位是个将才，可独当一面，以后作为不小，应予重用。相信吗？以后这人官职在我们俩之上。”李鸿章很吃惊，问：“还没有用他们，您是如何看出来的呢？”曾国藩说：“刚才散步回来，看见厅外站着三个人，我走过他们身边的时候，左边的那位低头不敢仰视，可见是个老实、小心谨慎的人，因此适合做一些后勤供应之类只需要踏实、不需要多少开创精神和机变的事情；中间那位，表面上恭敬，可等我走了之后，就左顾右盼，可见是个阳奉阴违之人，因此不可重用；右边那位，始终挺拔而立，如一根栋梁，双目正视前方，不卑不亢，是大将之才。”右边这位，就是后来成为台湾第一任巡抚的刘铭传。

启示：分析对方的身体语言，可以帮助我们窥探到对方的秉性和情操，也可以帮助我们去洞察他人内心的秘密。

在沟通过程中，人们最常用的身体语言主要有肢体语言、面部表情、姿态语言以及着装打扮等。

（一）肢体语言

肢体语言主要是指通过四肢的动作变化来表情达意的一种语言。它包括头部语言、手部语言、肩部语言、腿部语言以及脚部语言等。

1. 头部语言。头部集中了所有的表情器官，是人们关注、观察身体语言的起点；头部也是人体最突出的部位，它表达情感、传递信息的作用非常明显。头如何动，对说话者来说，是态度、情感的自然流露；对接收者来说，则可由此捕捉对方内心的真实想法。头部的基本姿势有：

（1）点头。在大多数国家的文化中，点头都用来表示肯定或赞成。在阿拉伯国家，单一的点头动作是用来表示否定；保加利亚人点头则用来表示否定，摇头则表示肯定。

点头所代表的意义十分广泛，除表示肯定、赞成外，还可以表示问候、致意、满意、尊敬、理解等意思。点头也有技巧，恰当的点头是相当具有说服力的。研究显示，如果倾听者每隔一段时间便向说话者做出三次点头动作，就会大大激发说话者的表达欲望，甚至能够让说话者比平时健谈三至四倍。另外，点头频率也能够显示倾听者的耐心程度。缓慢地点头表示倾听者对对方所谈内容很感兴趣；快速地点头等于告诉说话者自己已经不耐烦了，并催促说话者马上结束发言。

所以当沟通对象在陈述自己的观点时，我们应当向对方缓缓地点三次头，表示自己在认真倾听并深思其中的含义。

（2）摇头。摇头一般表示否定、拒绝、反对。生物进化学家认为，摇头是人们降临人世后学会的第一个动作。当新生儿吮吸了足够的奶水后，他就会左右摇摆脑袋，以此来抗拒母亲的喂乳。在特定的情况下，轻微地摇头还有沉思、不知道、不可以的意思。例如，当一个人被他人问及某问题时，摇头有可能表示否定、拒绝、反对，也有可能表示不知道或此时不宜回答。这需要沟通双方根据现场的情况及自己的经验来作出正确的判断。

（3）抬头。抬头并用手触摸脸颊的姿势表示自己在认真思考（见图3-4）。抬头并且下巴向外突出，目视远方或俯视他人，表示的是强势、无畏或傲慢的态度（见图3-5）。

图3-4

图3-5

（4）歪头。人类和动物（尤其是狗）一样，在对某件事情感兴趣时就会把头歪向一侧。女性常常使用这个姿势向心仪的男士表达自己对他感兴趣（见图3-6）。歪头是一种顺从的表示，因为这个姿势袒露出自己的喉咙和脖子，会让自己显得更加弱小和缺乏攻击性。动作学家指出这个姿势很有可能起源于婴儿时期把头靠在父母的肩膀或胸脯休息的动作。

在会议上陈述自己的观点或发表演说时，假如看到有听众歪着头，身体前倾，做出用手触摸脸颊的思考动作，那么就可以确信自己的发言相当具有说服力。当倾听他人的发言时，自己也不妨做出头部倾斜或频繁点头的动作，这样发言人就会对自己的发言更有信心。

图 3-6

（5）低头。低头表示顺从、羞怯、内疚、沮丧的意思，同时也有可能表示对沟通对象的谈话不感兴趣或持否定的态度。低头具有潜在的攻击性，人们在低头的时候往往表明自己对对方持有一种批评性的态度。所以在倾听他人的说话时，应尽量避免摆出低头的姿势。

2. 手部语言。手部语言是指运用手指、手掌和手臂的动作变化来表情达意的一种语言，也称手势语或手语。由于手部语言具有动作自由灵活、形态变化多样、语意明确等特点，所以在肢体语言中手部语言所表达出的信息最为丰富，它能充分地表达出人们的任何思想。正因为如此，有人将手部语言称为仅次于口语的第二语言。

（1）手指。人们利用自己的十根手指可以向他人传递出丰富的信息。它可以单独使用以表示某种信息，如竖大拇指表示真棒；竖食指表示“1”；在南方一些省份竖中指表示对他人的侮辱；竖小指表示最小或最差。也可以组合起来使用表达某种信息，如五指向上伸直，然后将食指和大拇指搭成圆圈表示“OK”；竖大拇指和小指表示“6”；只伸直并张开食指和中指表示胜利；两个食指交叉表示“加”或“十”。

①尖塔势（见图 3-7）。双手手指张开，然后做出合掌姿势，十指不交叉，手掌不接触。这个手势说明一个人十分自信。尖塔势手势的位置一定要靠上。许多时候女性会在桌子下面或是十分低的位置上做出这种手势，这就大大降低了她们本身的自信。

②十指交叉势（见图 3-8）。当人们的自信发生动摇或产生怀疑时，他们搭成尖塔的手指就会交织在一起。这是一种常见的在压力、焦虑或沮丧状态下摆出的动作。

图3－7

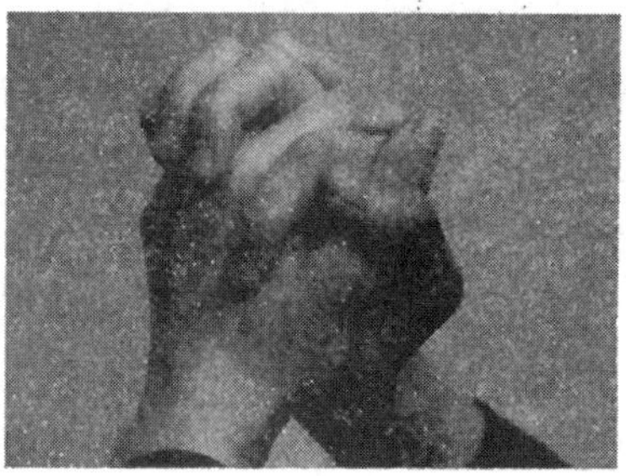

图3－8

③十指下按势（见图3－9）手指张开且指尖按于桌面是一种彰显自信和权威的动作。

（2）手掌。掌心向上，摊开双手表示真诚坦率；掌心向下，双手上下摆动表示压抑或控制；单手下按表示坐下；掌心向前，伸直单臂表示停；招手表示友好或再见；双手击掌表示欢迎或感谢；与他人击掌表示预祝胜利；用拳击掌表示准备攻击；冬天时搓手掌表示寒冷；平时搓手掌表示急切期待某种结果的心情。

通过手掌能判断出一个人的职业或经常参加的运动。从事体力劳动的人手掌会比较粗糙僵硬，站立时双手放在两侧且手指并拢的人可能接受过军事训练（见图3－10）。

图3－9

图3－10

（3）手臂。张开双臂表示热情和友好，高举双臂表示投降。交叉双臂抱于胸前，自己会感觉很舒服自在，但是这种姿势可能会给自身带来不利的影响。因为每当我们遇到危险或棘手的事情时，我们都会下意识地将一只或两只手臂交叉抱于胸前，使自己的肢体形成一道防线以抵抗外来的危险，从而达到保护自己的目的。这一动作是人类天生的本能，传达出的却是否定的态度和消极的思想。无论出于何种目的，在他人面前做出交叉双臂的动作都在暗示对方自己难以接近，或自己不愿意接受对方的观点和意见，从而大大降低自己的可信度和亲和力。交叉双臂的姿势主要有以下几种：

①轻松式交叉双臂姿势（见图 3－11）。交叉双臂抱于胸前的人，不会轻易走出属于她自己的世界，而他人也很难融入其中。

②握拳式交叉双臂姿势（见图 3－12）。在交叉双臂抱于胸前的同时，两只手也紧紧地握成拳头夹于腋下，表示此时的他除了具有强烈的防御意识之外，还带有十分明显的敌意。

图 3－11

图 3－12

③抓握式交叉双臂姿势（见图 3－13）。在交叉双臂抱于胸前的同时，两只手都紧紧地抓住另一只手的上臂，表示此人消极、不安和紧张。在法庭上，原告很可能摆出握拳式交叉双臂姿势，而被告则可能摆出抓握式交叉双臂姿势。

④自信式交叉双臂姿势（见图 3－14）。在交叉双臂抱于胸前的同时，露出向上竖立的大拇指，表示此人自我感觉良好，觉得自己很棒，一切尽在掌控之中。

图 3－13

图 3－14

⑤交叉单臂抱于胸前姿势（见图 3－15）。一只手臂在身体前部弯曲后抓住另一只手臂，从而在自己与对方之间形成一道防线，以拒绝对方进入，这表示此人内心紧张不安或恐慌。女性多用这种姿势来取代交叉双臂抱于胸前的姿势。

⑥交叉双臂置于胸前姿势（见图 3－16）。倾听者交叉双臂置于胸前的桌面上，在身体前形成一道防御工事，其在暗示对方：我在抵御你的进攻。说话者亦如此则表示没有把握用自己的观点和意见说服听众，并怕受到对方的反驳。

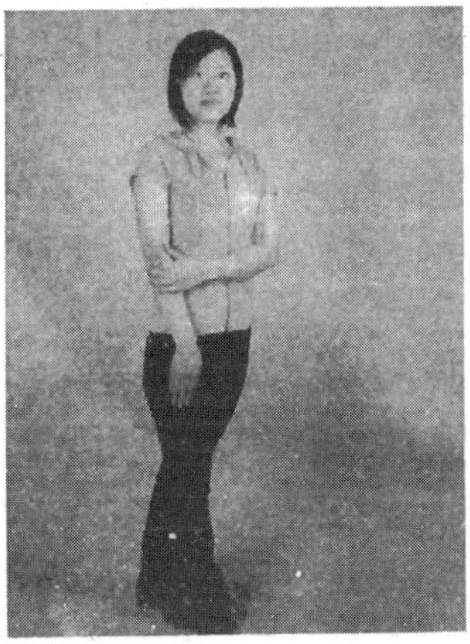

图 3－15

图 3－16

⑦以细微动作来充当防御姿势。最常见的一种是用双手握住茶杯（见图 3－17）。想要端起茶杯，一只手就足够了，可是他用两只手捧住茶杯，很自然是想在胸前形成一道自我保护的屏障，把那些他觉得

不安全的人全部拒绝在双手之外。

⑧开放式的姿势（见图3－18）。开放式的姿势是在告诉对方：我愿意接受你的观点和请求。

图3－17

图3－18

（4）撒谎时最常见的几种手势。美国加利福尼亚大学的心理学家一项最新的研究发现，即使最常撒谎的人，当他的大脑转换成假装模式时，也会有下意识的信号。

①用手遮住嘴巴（见图3－19）。下意识地用手遮住嘴巴，或用几根手指或者紧握的拳头遮着嘴，表示撒谎者试图抑制自己说出那些谎话。有的人会假装咳嗽来掩饰自己遮住嘴巴的手势。

如果一个人在说话的时候遮住自己的嘴，那么他很可能是在撒谎。如果在我们说话的时候，其他人遮着自己的嘴，那就表示他们认为我们可能隐瞒了某些真相。

②触摸鼻子（见图3－20）。触摸鼻子的手势一般是用手在鼻子的下沿快速地摩擦几下，有时甚至只是略微轻触。和遮住嘴巴的手势一样，说话者触摸鼻子意味着他在掩饰自己的谎话，聆听者做出这个手势则说明他对说话者的话语表示怀疑。

图 3－19

图 3－20

美国芝加哥嗅觉与味觉治疗与研究基金会的科学家们发现，当人们撒谎的时候，一种名为儿茶酚胺的化学物质就会被释放出来，从而引起鼻腔内部的细胞肿胀。科学家们还可以通过显示身体内部血液流量的特殊成像仪器揭示出血压也会因为撒谎而上升。这项技术显示人们的鼻子在撒谎过程中会因为血液流量的上升而增大，科学家们将这种现象命名为皮诺基奥效应。血压增强导致鼻子膨胀，从而引起鼻腔的神经末梢传送出刺痒的感觉，于是人们只能频繁地用手摩擦鼻子以减轻发痒的症状。

【相关链接】

美国的神经学者阿兰·赫希和精神病学者查尔斯·沃尔夫深入研究了比尔·克林顿就莫妮卡·莱温斯基性丑闻事件向陪审团陈述的证词。他们发现克林顿说真话时很少触摸自己的鼻子，但是，只要克林顿一撒谎，他的眉头就会在谎言出口之前不经意地微微一皱，而且每4分钟触摸一次鼻子，在陈述证词期间触摸鼻子的总数达到26次之多。两位科学家分析道，与频繁触摸鼻子的情况相反，只要克林顿诚实地回答提问，他就完全不会触摸自己的鼻子。

启示：当人们说谎时，肢体动作、面部表情以及肢体所传递的信息和话语这三者之间必定无法达成一致。

③摩擦眼睛（见图 3－21）。当一个小孩不想看某样东西时，他会用手遮住自己的眼睛。当一个成年人看到某件令人倒胃口的事情时，他很可能会做出摩擦眼睛的手势。

男人在做这个手势时往往会使劲揉搓眼睛；相比而言，女人较少做出摩擦眼睛的手势，她们一般只是用手在眼睛下方温柔地轻轻一碰。

④抓挠耳朵（见图3－22）。小孩为了逃避父母的责骂会用两只手堵住自己的耳朵，抓挠耳朵的手势则是这一肢体语言的成人版本。

图3－21

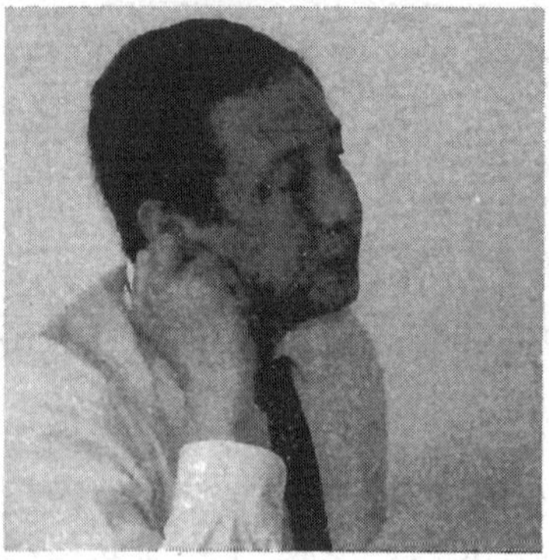

图3－22

当人们觉得自己已经听得够多了，或者想要开口说话时也可能会做出抓挠耳朵的动作。和触摸鼻子的手势一样，抓挠耳朵也意味着当事人正处在焦灼的状态中。但是，在意大利，抓挠耳朵的动作通常被人们视为女性化的表现，甚至被当做同性恋的象征。

⑤抓挠脖子（见图3－23）。抓挠脖子的手势是：用食指抓挠脖子侧面位于耳垂下方的那块区域。撒谎者每次做这个手势，食指抓挠的次数很少会少于五次。这个手势是疑惑和不确定的表现，等同于当事人在说："我不能确定是否认同你的意见。"当口头语言和这个手势不一致时，谎言会显得格外明显。

⑥拉拽衣领（见图3－24）。撒谎会使敏感的面部与颈部神经组织产生刺痒的感觉，于是人们不得不通过摩擦或者抓挠的动作消除这种不适。这是因为撒谎者一旦感觉到对方的怀疑，增强的血压就会使脖子不断冒汗。

图 3－23

图 3－24

⑦手指放在嘴唇之间（见图 3－25）。大部分用手接触嘴唇的动作都与撒谎和欺骗有关，但是将手指放在嘴唇之间的手势却只是内心需要安全感的一种外在表现。

图 3－25

（5）使用手部语言时应注意的问题。

①宜少不宜多。与人沟通时，切不可过多地使用手语，更不要使用令人无法理解的手语。手语在很多场合要与有声语言相互配合、补充，烦琐与无意义的手语，只会分散沟通对象的注意力，并肢解自己的整体美。

②动作范围要适度。与人沟通时，手部动作范围要适度。太大，会给人以做作的感觉；太小，又使人觉得很拘谨。一般来说，手语的上界不要超过对方的视线；下界不要低于自己的腰部；左右摆动的范围也不要太宽，应在自己的胸前或右方进行。

③文明使用。不要使用没有必要的手语，切不可做一些无意识或下意识的手语，尤其是在与人谈话时不要用手指指点对方，这样做很不雅观，是一种很不礼貌的行为，也是一种粗野的表现，会使对方产生厌恶心理（见图 3－26）。

图 3－26

④注意文化差异。在不同民族之间或同一民族的不同群体之间，手语存在着巨大的文化差异。在涉外交往中，如果随便使用自己所处文化圈中的手语，往往会产生始料不及的不良后果。

【相关链接】

1990 年 7 月，在孟加拉国的新一届议会召开期间，立法者疯狂地谴责航运部长阿布杜·罗布做出的一个手势。孟加拉民族主义政党的议员领袖巴德鲁多扎·乔德呼利愤慨地说："这不仅是对议会的侮辱，更是对整个国家的侮辱。"

阿布杜·罗布只是做了一个"竖起大拇指"的手势，为什么会引起如此强烈的愤慨呢？在美国，这个手势意味着进展顺利，在中国，很多人用这个手势表示真棒，在希腊，则表示滚开，但是，在孟加拉国，它对人是一种侮辱。

启示：我们要想在涉外交往中挥洒自如而又不犯忌讳，就必须掌握一些手势语言的文化差异。

3. 肩部语言。肩部语言的含义虽然不多，但如果在人际沟通中不加以注意，可能也会带给对方意外的伤害。肩部常被看做是象征男性尊严的敏感部位，一个人的肩部是绝对不肯轻易让他人侵犯的，但如果两人肩部相依或手与肩相互接触，则表示两人的关系十分亲密。

古代武将穿戴盔甲、警务人员佩戴肩章以及现代的西装在肩部填入垫肩，都在有意强调肩部，以彰显自己的威严。所以，要想树立自身良好的形象，请注意不要缩起肩头来。

美国身体语言专家劳温博士分析说，当人们在心中积压了满腔的不平、不满而愤怒异常时，会把双肩往后缩；感到自己的精神有沉重压力时，则会无意识地把双肩向前挺出。舒展肩部表示有决心和责任感；缩起肩膀表示不愉快或疑虑；耸肩并举起双臂表示不知道、不理解或无可奈何（见图3－27）。

图3－27

4. 腿部语言。腿部语言是表露人们潜在情感的重要之处。

双腿并拢的姿势表示谦恭有礼与温顺服从（见图3－28）。

双腿张开的姿势展现出开放或支配他人的态度（见图3－29）。

图3－28

图3－29

双腿交叉的姿势则显示出保守或戒备的态度（见图3－30）。

两腿交缠这一姿势是女性的专利，表示羞怯和胆小（见图3－31）。

图 3－30

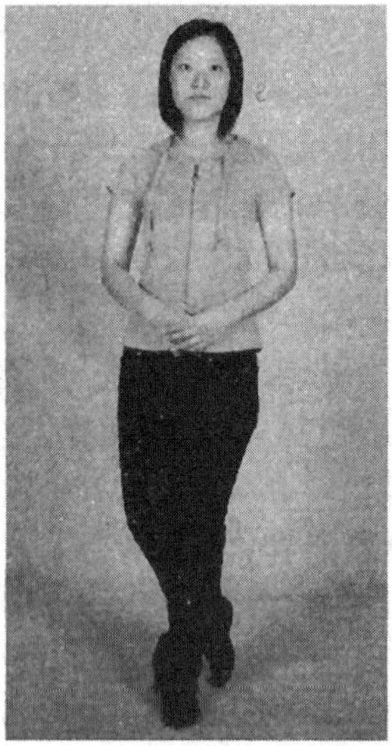

图 3－31

当我们对沟通对象或交谈的话题感兴趣时，会自然地把腿伸向前方，缩短与沟通对象之间的距离（见图 3－32）。

如果不感兴趣或不想发言时，就会缩回自己的腿，甚至把脚缩到椅子底下（见图 3－33）。

图 3－32

图 3－33

5. 脚部语言。英国心理学家莫里斯（Maurice）经研究发现：人体中越是远离大脑的部位所流露的信息可信度往往越高；离大脑中枢越近的部位，大脑的控制意识越强，可信度越低。例如，脸部距离大脑中枢最近，它所表达的各种内容也最容易受人控制，所以可信度最低；而脚远离大脑，脚所表达的信息更接近人的意识，所以它所泄露的信息可信度较高。

最典型的是脚尖的方向。从脚尖所指的方向，不仅可以推断出沟通对象心中的真实想法，还可以窥探出他所感兴趣的人或物。

图3－34所示的是三位正在密切交谈的男子和一位女子。看起来，这次谈话的主角是这三位男子，而那名女子则一直在旁边静静地倾听，这三名男子谁也没有理会这位漂亮的女子。但其实不是这么回事，这三位男子每人都有一只脚是对着她的。通过这一简单的无声信号，我们可以明确这三位男子的心迹：他们都对这位姑娘感兴趣。这位女子一开始可能会选择两脚并拢（中立的态度）的站姿，不过，最终她将一只脚悄悄地指向她最感兴趣的那位男子（见图3－35）。

图3－34

图3－35

脚尖往往是朝着人们心中所惦念或追求的事物的方向。图3－36中这名男子身体前倾，正在侃侃而谈，可他没有注意到，对面这名女子始终保持着双腿交叉、身体后倾的姿势，并且脚尖正指向最近的一个出口。

图3－36

脚尖和脚踝发出的信息可以直接表达出人们的情感和心理感受。例如，人们生气时会产生踢门或踢墙的念头；焦急、不安、不耐烦时会很自然地抖动脚后跟，或用脚尖去敲打地板；心情舒畅时会晃动悬在半空中的脚；兴奋或愤怒时会跺脚；紧张或压抑时会紧紧交叠脚踝。

英国身体语言专家亚伦·皮斯研究发现，大部分接受讯问的嫌疑人都会做出脚踝交叉的动作，这是由于害怕（见图3－37）。大部分应聘者在面试过程中，也会做出脚踝交叉的动作。在等候法庭宣判时，被告做出脚踝交叉这一动作的几率是原告的三倍，因为这样做有助于他们控制自己的情绪。88%的牙科患者一坐上牙科治疗椅，就会做出脚踝交叉的动作。如果只是进行常规的牙科检查，那么只有68%的患者会脚踝交叉；但只要是接受牙医的注射，98%的患者都会紧扣脚踝。

图3－37

（二）面部表情

面部表情语言是指运用面部器官（包括眼、嘴、舌、鼻等）所做出的一些表情，这些表情可以向沟通对象传达一定的信息，并表达自己的感情。在面对面的沟通中，沟通双方最容易被观察到的部位就是面部。面部表情可以把我们易变的内心世界以最灵敏、最生动、最形象的方式展现出来，如高兴、生气、痛苦、愤怒、恐惧、关心、不满等思想情感。面部表情能传递多种情感，同时也能轻易地隐藏情感，面部还经常会迅速闪现几种感情的组合，所以解读面部表情是一个复杂而又艰难的过程。

1. 眼睛。眼睛是心灵的窗户。在人体的各种器官中，眼睛一直是神秘力量的源泉，它能够生动、准确地表达出一个人的内心感情，具有很强的交流功能和感染力。

（1）眼珠的动作。在沟通中，如果我们不适度地注视对方，或有意回避对方的视线，都会很明显地传递出一些负面的信息，如不诚恳、有所隐瞒、不够自信、没有把握、不感兴趣甚至厌恶等。如果注视的时间太短（注视时间不超过谈话时间的1/3），会使对方认为我们对他所谈内容不感兴趣；太长（注视时间超过谈话时间的2/3），一般情况下，它表达两种意思：一种是我们对沟通对象本身比谈话内容更感兴趣；另一种是有意向对方挑衅或施加某种压力，以起到震慑作用。因此，在与人交谈的过程中，最好保持注视时间占谈话时间的30%～60%。

视线的角度和目光停留的部位也要根据不同的场合传递出不同的含义。例如，如果想显示权威和居高临下的态势，就可以采用视线向下，并用眼睛看着对方面部双眼到前额之间的三角形区域（见图3－38）。

如果我们想要营造平等的谈话气氛，就可以采用平视，用眼睛看着对方脸上双眼到嘴之间的三角形区域（这是标准的社交注视）（见图3－39）；如果想对对方表示尊重、敬畏，视线应当向上。

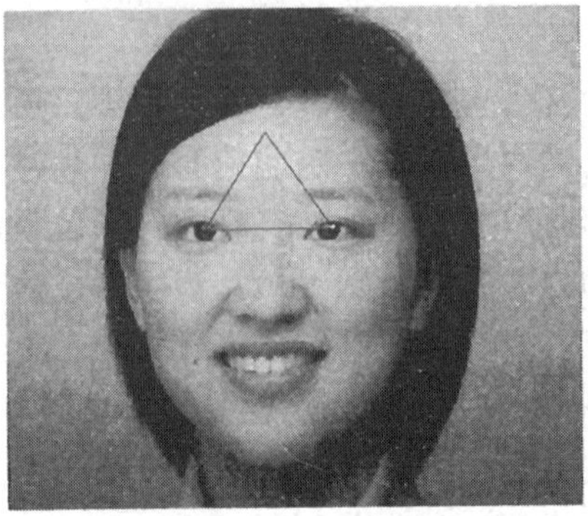

图 3－38

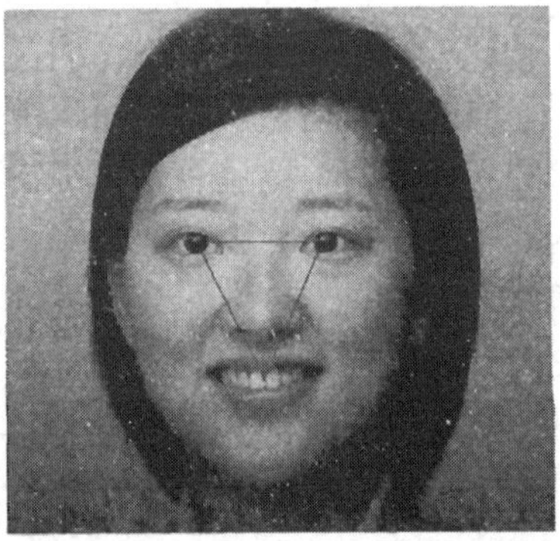

图 3－39

（2）眼睑的动作。眼睑的动作也是不容忽视的，例如，我们平视时的眨眼，它除了具有保护眼睛的作用外，也能表情达意。在交谈过程中，我们可以通过对方眨眼的频率和次数，判断对方是否处于紧张、焦虑或惶恐不安的状态中，因为在这些状态中，眨眼一般会比正常情况下更频繁。

（3）瞳孔的变化。瞳孔的变化虽然很难察觉，但它也是我们体悟对方情感的重要途径。美国心理学家爱德华·H. 赫斯博士经研究发现：瞳孔的放大与收缩，不仅与光线的强弱有关，也与人们的心理活动有关，而且瞳孔的变化是无法自觉地、有意识地加以控制的。在相同的光线下，瞳孔的放大与收缩能分别传达出正面和负面的信息，我们可以根据对方的瞳孔因何放大去判断其爱慕什么、喜欢什么或对什么感到兴奋；而根据瞳孔因何收缩，可以判断出对方厌恶、戒备或愤怒的对象。与他人沟通时，要认真地看着对方的瞳孔，因为瞳孔会把沟通对象最真实的感受告诉我们。

（4）眼神。眼神又被称为目光语，是运用眼睛的神态来表达感情、传递信息的一种无声语言。一个人目光游移不定，说明这个人也许心怀鬼胎，也许神志恍惚，也许性格怯懦，缺乏自信，怀有自卑感；目光坚定有神，则显示出这个人良好的自信心和饱满的精神状态；突然睁大眼睛，则可能是有什么东西或所谈论的话题激起了他的兴趣、好奇；眯起眼睛成一条线，说明有什么东西引起了他的思考或警惕；斜斜地、快速地一扫，说明他对眼前的某事或某人并不在意甚至瞧不起。

【相关链接】

美国电影《胜利大逃亡》讲述第二次世界大战末期，傲慢的德军为了打击同盟国的士气，在巴黎举行一场足球赛，比赛两方为训练有素的德国国家队和盟军的战俘队。

上半场，德国人在裁判的偏袒下，连进四球。下半场，盟军的战俘队把比分扳成4比4平。关键时刻，盟军战俘队的一名队员一记漂亮的倒钩射门反超比分。可临近比赛结束时裁判却无中生有地判罚给了德国人一个点球。当轮到德军足球队罚点球时，那名盟军的守门员一语不发，却用一种愤怒、仇恨、无坚不摧的目光直盯着对方（见图3-40），盯得德军主罚队员丧魂落魄、胆战心惊，因此踢出的球疲软无力，被守门员轻易接到。盟军胜利，全场欢呼，球迷们涌入场内，簇拥着他们的英雄，人浪最终冲破了体育场的大门，盟军队员们以英雄般的方式实现了大逃亡。

图3-40

启示：眼神有时会有摄人魂魄的力量，使心虚的人望之丧胆。

2. 眉毛。眉毛的运动可以传递问候、兴奋、愤怒、惊讶、恐惧等情感。例如，当人们表示感兴趣或有疑问时，眉毛会上挑；表示赞同、兴奋、激动时，眉毛会迅速地上下跳动；表示不愉快、不赞成或关注、思索时，会皱眉；处于惊恐或惊喜之中时，眉毛会上扬；心生愤怒、不满或懊恼时，眉毛会倒竖。

俗话说：眉目传情。眉毛的动作是对眼睛表情的补充和配合，所以我们不能把眉毛和眼睛隔离开来加以分析。例如，对方眯起双眼时，如果眉毛稍稍向下，表示对方可能已陷入沉思当中；如果眉毛扬起，则可能是一种怀疑的表情，也可能是心情兴奋。

3. 嘴部。相对于以眉与眼为代表的上半部分面部表情，嘴、唇、舌则是整个面部下半部分中最富表情的部位。俗话说：嘴不出声也会“说话”，可见嘴不仅可以表达有声语言，它同样也可以表达丰富的非语言信息。

人在不同的感情中会有不同的口型变化：疑问、奇怪、惊讶时嘴唇会半开或全开；善意、礼貌、喜悦时嘴角会向上；忍耐时会紧咬下唇；痛苦、悲伤、无可奈何时嘴角会向下；气急时嘴唇会发抖；愤怒、对抗或决心已定时嘴唇会紧绷；发出咳嗽声并借势用手遮掩嘴巴，大多是因为心里有鬼，有说谎之嫌。

（三）姿态语言

姿态语言是指由肢体的不同动作相组合构成的复杂身体语言。一个人所摆出的姿态往往反映着他对他人所持的态度。通过对姿态语言的解读，我们可以对他人的内心有所洞察，并及时掌握他人的思想动态。

1. 坐姿。在沟通过程中，人们的坐姿会对沟通的结果产生很重要的影响，因为沟通大多是坐着进行的。文雅的坐姿是个人良好素质的体现，不雅的坐姿会给人以缺少教养的感觉。坐姿可分为严肃坐姿、随意坐姿和不雅坐姿三种。

（1）严肃坐姿（见图3－41）。上身挺直，双肩正平，双手自然放在扶手或桌面上，两腿间距与肩大致相等（女性双膝并拢），小腿垂直落于地面。此坐姿适用于严肃、隆重的场合。

（2）随意坐姿（见图3－42）。背靠座椅，双腿自然落地或一条腿架在另一条腿上（女性双腿斜放，即双腿并拢后同时向右侧或左侧斜放），两手自然放在扶手上或十指交叉置于体侧。此坐姿适用于交谈、接待、联谊会等场合。

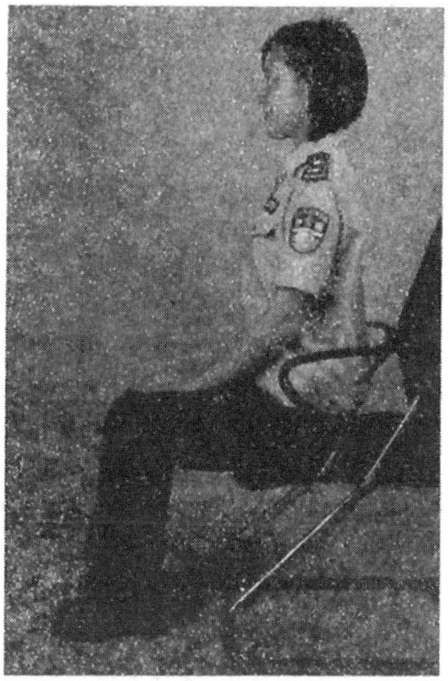

图 3－41

图 3－42

（3）不雅坐姿。公共场合常见的不雅或有碍沟通的坐姿有以下几种：

①抱头交腿式（见图 3－43）。身体后仰，双臂抱头，一条腿架在另一条腿上，这种姿势是傲慢、冷酷、自信的表现。在工作场合，女性最讨厌男性摆出这种坐姿。

②交臂交腿式（见图 3－44）。身体后仰，双臂和双腿都做出互相交叉的姿势，有时还抖动架在另一条腿上的足部。这种姿势说明此人具有消极心理，且对眼前的事不感兴趣。

图 3－43

图 3－44

或许有人会认为他们做出抱头交腿式或交臂交腿式动作仅仅是因为这样做会觉得很舒服，并没有别的含义，但心理学家认为只有当人们处在消极状态时，这种姿势才会使他们觉得舒服。

③骑跨椅子式（见图3－45）。双腿分开面向椅子背倒坐在椅子上，双手交叉放在椅背上。摆出这种姿势的人支配欲和控制欲很强。与这种坐姿的人沟通可以站着发表自己的见解，让自己的目光俯视他，并逐渐绕到其身后，使他改变坐姿。

④横跨椅子式（见图3－46）。坐在椅子上并将一条腿跷起来横跨在椅子扶手上。摆出这种姿势的人对事对人漠不关心，甚至还有挑衅的态度。遇到这种坐姿的人很难与之沟通，空中小姐对此深有体会，凡是采用这种坐姿的男乘客经常都是很难侍候的。

图3－45

图3－46

⑤4字腿式（见图3－47）。一只脚的脚踝放置在另一条腿的膝盖上，两条腿形成4字的形状。这种姿势表现出的是争辩或争胜的态度。在中东和亚洲的一些国家，这种坐姿被视为对他人的一种侮辱，因为这种姿势会将鞋底展示在众人面前。

如果一个人在做出4字腿姿势的同时，还用一只手或双手抓住处于上方的那条腿（见图3－48），这表明此人是一个特别有主见甚至刚愎自用的人，他不会认同任何人的观点，只相信自己。

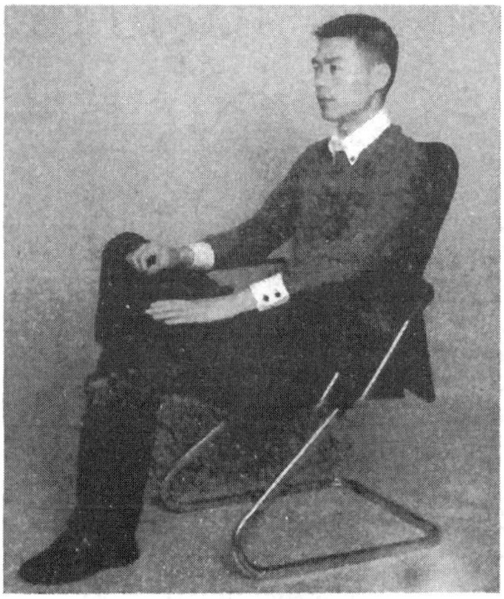

图 3－47

图 3－48

一个消极的身体姿势会增强或延续其消极的态度，其他人也会因此认为他是一个忧心忡忡、消极或傲慢之人，所以，警务人员在公共场合应当避免摆出这些姿势。在沟通过程中如果遇到一个身体摆出上述某一姿势的人，要想说服他接受自己的观点，最好先试着让他改变身体姿势，然后再进行劝说。

2. 站姿。站姿，又称立姿、站相，是站立时所呈现出来的具体姿态。站姿可以反映出一个人的性格特征，也能体现出一个人的道德修养、文化水平以及是否有诚意与人沟通。站姿也可分为严肃站姿、随意站姿和不雅站姿三种。

（1）严肃站姿。警务人员严肃站姿包括立正式和跨立式两种姿势，一般适用于严肃、隆重场合。

①立正式（见图 3－49）。立正是警务人员的基本姿势。立正时，身体重心落在两腿之间；上体正直，微向前倾，头要正，颈要直，口要闭，下颌微收，面部庄重，两眼向前平视；收腹收臀，直腰挺胸；两肩要平，稍向后张；两腿并直，脚跟并拢，脚掌分开呈 V 字形，两脚尖向外分开约 45°；两臂自然垂放在腿部两侧，手指稍微弯曲呈半握拳状，拇指尖贴于食指第二节，中指贴于裤腿外侧中缝。

②跨立式（见图 3－50）。跨立可以与立正互换。跨立时，两腿挺直，左脚向左跨出约一脚之长，与肩同宽，两脚平行，上体保持立正姿势，身体重心落于两脚之间；双手背后轻握，放在后腰处，左手握

右手腕，拇指根部与外腰带下沿（内腰带上沿）同高；右手手指并拢自然弯曲，手心向后。

图3-49

图3-50

（2）随意站姿。随意站姿包括侧放式、前腹式和丁字式三种，一般适用于交谈、接待等场合。

①侧放式（见图3-51）。身体直立，双手放在身体两侧，双腿自然并拢，脚跟靠紧，脚掌分开呈V字形。

②前腹式（见图3-52）。身体直立，右手搭在左手上，轻轻地贴于腹部，两腿并拢，脚掌分开呈V字形或双腿分开与肩同宽。

③丁字式（见图3-53）。一脚在前，将脚跟靠于另一脚内侧，两脚尖展开接近90°，呈斜向丁字形，身体重心落于双脚间，双手轻握，放在腹前（此式限女性）。

图3-51

图3-52

图3-53

（3）不雅站姿。公共场合常见的不雅或有碍沟通的站姿有以下几种：

①背手式。双手紧握着背放在身后（见图3-54）。居于高位、具有一定权威的人在工作或面对下属时，通常都会习惯性地摆出这一姿势。这一姿势显示出权威、自信和力量。

观察发现，喜欢摆出这一姿势的多为那些没有佩戴武器的警务人员，而且他们大都会挺直腰板，让自己看起来显得更加高大。而佩枪的警务人员则很少采用这一姿势，他们更喜欢将双臂自然地下垂于身体两侧，或是用大拇指扣住手枪套。随身佩戴枪支已经充分地体现了自身的权威性，所以他们根本不需要借助将手背放在身后这一姿势来体现自身的权威。

如果背放在身后的双手不是握在一起，而是一只手抓住另一只手的手腕（见图3-55），那所表达的意思就与双手握在身后的姿势大不一样了。这一姿势说明此人内心充满了挫败感，希望能借此动作来控制自己的情绪。

图 3－54

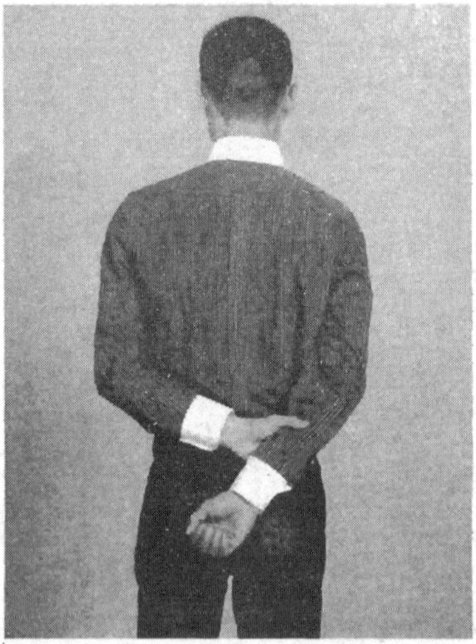

图 3－55

一只手抓握另一只手的位置越高，说明此人心中的挫败感或愤怒情绪就越强烈（见图 3－56）。这个人此时心中的自控欲望要比图 3－55 更加强烈。

②叉腰式（见图 3－57）。两手叉腰的站姿是人们为了使自己的身躯显得更加强壮而做出的无意识举动。当看到一个人两手叉腰站立时，我们应当结合具体情境以及他在此之前的肢体语言来综合判断此姿态的含义。

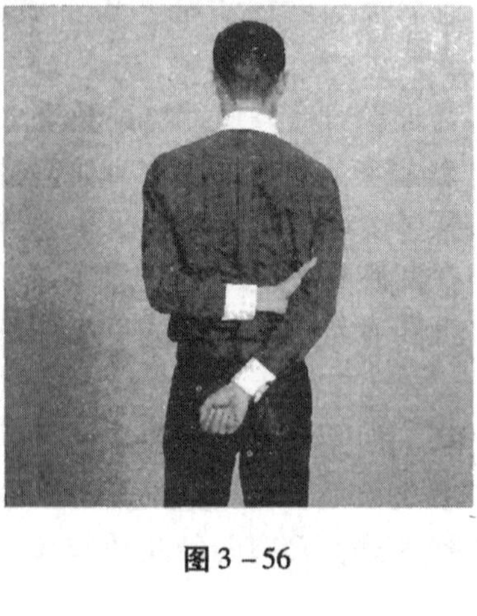

图 3－56

图 3－57

例如，小孩子向父母辩解时或者运动员等待比赛开始时做出两手叉腰的姿态，所传递出的是准备发起攻击的信号；模特做出两手叉腰的姿态所传递出的是自信的信号，其目的是想吸引观众的注意力；男人如果衣服敞开，抬头挺胸，且在叉腰的时候还把衣服下摆拉到臀部，此时所传递出的是挑衅、傲慢的态度和无知无畏的心理（见图3－58）。

③双臂双腿交叉式（见图3－59）。两脚交叉使重心落在一只脚上，同时双臂交叉抱于胸前。这种站姿传递出两个信息：一是她会继续待在原地，没有打算离开。二是缺乏自信，并持消极、戒备的态度。

图3－58

图3－59

④双手插口袋式。在法国和日本等国家，与人交谈时把手插进口袋里是一种很不礼貌的行为。如果站立时双手插进口袋且大拇指留在口袋外（见图3－60），则显示出此人自我感觉高人一等的心理。处于优势地位的人，无论男女都有可能会在不经意间摆出这种姿势，处于弱势地位的人大都不敢在处于强势地位的人面前摆出这种姿势，如下级在上级面前。

⑤拇指插口袋式（见图3－61）。这种姿势让人看起来觉得此人有点唯唯诺诺，是一种极度不自信和没有安全感的表现。

图3－60

图3－61

3. 步姿。步姿就是人们走路的姿势。走路的姿势是一个人从小到大逐渐养成的，它不仅能反映出一个人的性格和修养，也能传递出一个人的心理状态、精神面貌、职业特点等信息。

心理学家史诺嘉丝经研究发现：走路迈大步，步子有弹力并用力摆动手臂能显示出一个人的自信、快乐、友善及雄心；走路时拖着步子，步伐小或速度时快时慢，其精神状态则相反。喜欢支配他人者，走路时倾向于脚向后踢高；性格冲动的人，则像鸭子一样低头急走；而拖着脚走路的人，其内心通常抑郁苦闷。女性走路时手臂摆得愈高，愈能显示出她精力充沛且内心快乐；当女性精神沮丧、苦闷、愤怒或思绪混乱时走路则很少摆动手臂。走路时习惯摆动手臂者往往会有成就。

根据人们行走时的步态，步姿可以分为以下类型：

（1）轻松自如型：心情轻松，行走时步子幅度不大不小，速度不快不慢，上身直立，两眼平视，两手自然摆动，或一手提包，或托着大衣。这种步姿的语义是“轻松自如、安详平静”，更能衬托出自己大方、随意而又稳重的个性。它适用于一般会见、出席会议、走进社交场合等，是使用频率很高的步姿。

（2）庄重礼仪型：行走时，上身挺直，步伐矫健，双膝弯曲度小，步子幅度、速度都适中，步伐和手的摆动有强烈的节奏感，眼睛正视前方。这种步姿的语义是“庄重、热情、礼貌”。领导在检阅仪仗队、参加剪彩、登上主席台或作报告或颁奖等隆重场合，适合用庄重礼仪型步姿。

（3）稳健自得型：行走时步履稳健，昂首挺胸，仰视阔步，步伐较缓。这种步姿的语义是“愉悦、自得、有自豪感”。例如，当某人实现了自己的理想或目标时，常常自觉或不自觉地使用稳健自得型步姿，这样才能表现自己锐意进取的精神、踌躇满志的状态和乐观豁达的心胸。

（4）沉思踱步型：行走时步子速度时快时慢，快时脚步急促；慢时低视地面，或偶尔抬头回顾，或不时停下搓手。总的步态是踱来踱去。这种步姿的语义是“焦急、心事重重而欲集中思考”。学习上碰到难题不能解决或者在工作中遇到了关键问题而难于决策定夺时，常常会出现沉思踱步的步姿。

4. 身体接触。身体接触是指通过沟通双方身体相互接触或触摸某一物体而传递信息的姿态语言。身体接触是一种重要的非语言沟通方式，它形式多样，富有强烈的感情色彩和文化特色。

（1）身体与身体接触。常见的身体与身体接触形式有握手、拥抱、拍肩膀、拍胸脯、摸头、整理他人衣服等。

握手已成为人类习以为常的见面礼节。握手的力度、姿势以及时间的长短都传递着不同的信息，握手看似平常，但却是沟通思想、交流感情、增进友谊的重要方式。握手除了作为见面、告辞、问候的礼节外，还是祝贺、感谢或相互鼓励的表示。

拥抱是人类为了表达亲密、亲热、亲昵的一种举动。给客人一个拥抱，客人就会感到受到礼待，体会到主人的亲切感；教练给运动员或导演给演员一个拥抱，表达的是激励、表扬或认可的含义。

拍拍朋友、同学、战友的肩膀，表示亲近和友谊；摸摸小孩的头或脸，表示关爱；在承诺某件事情时拍拍胸脯，表示胸有成竹；帮别人整理衣角、衣领，传递的是亲近和友善。

【相关链接】

1942年5月，德国入侵苏联后不久，苏联外长莫洛托夫秘密访问伦敦，与丘吉尔商谈反法西斯大计。丘吉尔对莫洛托夫素无好感，说他是个“灰色、冷酷的人”。在一次长谈后的深夜，丘吉尔送别莫洛托夫，在告别时莫洛托夫突然靠近丘吉尔，紧紧握住丘吉尔的右手臂，双目久久注视着他，一言不发。这一举动使丘吉尔这位老政治家大为感动，他感受到了莫洛托夫用握手的举动无声地告诉他：世界反法西斯战争的胜利，现在取决于苏英两国的合作。

启示：握手这一肢体语言可以传递真诚、信任、热情、友好等情感。在与人握手时，只要用心观察和感受，将会发现更多的细微内容，这更有助于我们实现沟通的目的。

（2）身体与物体接触。戴眼镜者最常见的一种姿势是用牙咬一边的镜架。做出这种姿势的人很可能是在使用缓兵之计，特别是要下决定的人做出这个动作的次数最多。他们拖长时间延后决定的另一种策略是，不断地摘下眼镜擦拭镜片。如果一个人询问戴眼镜者意见，他做出咬眼镜架或摘下眼镜擦拭镜片的动作，此刻最好的办法是保持沉默。咬眼镜架的后续动作能够反映出这个人的内心意图。如果他把眼镜折叠起来放在一边，那就表示他想要结束谈话；他直接把眼镜扔到旁边，那就意味着沟通无法再进行下去。

戴眼镜的人习惯于在说话时取下眼镜，在倾听时戴回眼镜，所以，倾听者应当做到：当对方取下眼镜时不要打断其谈话，等他戴回眼镜时才开始谈话。

玩弄手中的笔，表示漫不经心，对所谈的问题不感兴趣；不停地吸烟，表示在某个问题上伤脑筋；深吸一口烟，表示可能要发起反击；将烟往上吐，表示自信、傲慢；将烟往下吐，则表示情绪低落、犹豫、沮丧等。

（四）着装打扮

着装打扮是人们按照自己的审美观追求外在美的一种表现，它能反映一个人的精神面貌、文化素养、价值观念和审美水平，同时也能从中窥探出其身份、地位、职业以及所遵循的规范等。由于它给人留下的是至关重要的第一印象，因此着装打扮对于沟通能否顺利进行以及能否取得成功，起着很大的作用。

1. 服装。在沟通中，服装的作用已远远超越了最基本的遮羞避寒功能，其更重要的功能是向他人传递属于个人风格的信息。服装的颜色、款式和风格等能传递出许多信息，不仅可以表示一个人的社会背景、身份地位和职业性质，还能反映出人的心理特点和性格特征。服装也能透露出人的感情信息，常常是情绪如何就会有与之相应的穿着，而穿着如何又会影响自己的情绪。

一般来说，服装可以分成制服、职业装和休闲装几类。制服是最专业化的服装，它表明着装者属于一个特定的组织，如警服可以告诉人们着装者在公安队伍中所处的地位以及与他人的关系。职业装是企事业单位为员工提供的服装，它是企事业单位形象识别系统的组成部分，如航空公司为空中服务人员提供的职业装等。休闲装是工作之余的穿着，这种服装的选择权在个人，所以休闲装最能体现人的个性。

不同的服装色调不但给人以不同的感觉，而且有些色调还具有某些特定的象征意义。例如，在西方，黑色是丧服的颜色，白色为婚庆礼服的颜色；但在东方，丧服往往用白色，婚庆用红色。在古代欧洲，紫色一般是权力的象征，而在古代中国，黄色才是不可侵犯的权贵颜色。皇帝的龙袍是黄色的，唐朝以后甚至规定非天子不得穿黄袍。

2. 饰物。饰物的佩戴是一门艺术，它不光适应了人的生理与心理需要，在一定程度上也能折射出佩戴饰物者的文化修养。佩戴一件适当的饰物好似画龙点睛，能使自己气质出众。佩戴饰物有三点要求：与服装相协调，与人相协调，与环境相协调。

眼镜选配得好，可使人显得优雅端庄。方脸的人要选大圆框、粗线条的镜框，圆脸的人宜选四方宽阔的镜框，而椭圆形脸最适合选框型宽阔的眼镜。在室内不宜戴黑色等有色眼镜，如适逢眼疾不得已而为之，应向主人说明缘由。

女士的钱夹可以随手携带，或放在提包里；男士的皮夹只能放在西装上衣内侧的口袋里。男性警务人员在公务活动中所携带的公文包颜色应以黑色、棕色为宜；女性警务人员手提包颜色不宜太鲜艳，手提包应套在手上，不要拎在手里，手提包的大小应与体型相适应。

3. 化妆。对于警务人员来说，化妆并不是为了突出个人，而是为了塑造警察队伍的整体形象，同时也是向沟通对象表示尊重和敬意的一种方式。女性警务人员化妆应以淡妆为主，力求达到自然大方、素净雅致、简洁适度。警务人员在化妆方面要做到：不评论他人的化妆；不使用过多的香水；不在异性面前化妆；不使化妆出现残缺；不借用他人的化妆品。

三、解读副语言

副语言是指发出声音但无固定语义的辅助语言，像音质、音调、音高、讲话的速度以及停顿、叹息或嘟囔等都属于副语言。副语言虽然有声音，但是非语言的，如叹息、呻吟以及各种笑声等。

讲话的辅助语言为我们提供了另一种理解他人感情的有效方式。我们可以将辅助语言看做是沟通的声音，以观察一个人的声音在困难的窘境中如何变得生硬或中止，在情绪高涨的状态中又是如何得以流畅而激昂的。虽然没有可视信息，但一个人经常能够很准确地倾听出另一个人辅助语言的信息。

非语言沟通专家阿尔波特·莫哈拉宾经研究发现：在使用英语沟通时，人们接受到的语言含义有39%受声音暗示的影响，即不是词语本身，而是词语的表达方式在起作用。在英语以外的语言中，这个百分比可能会更高。

（一）语速

人们说话的速度影响着听者对信息的接收和理解。人们平时说话的速度通常为每分钟120~261个音节。研究发现，说话者速度快，被人们视为表达能力强的表现。当然，如果说话速度太快以至于人们跟不上，其语言的表达效果就会大打折扣。

（二）音高

音高是指声音的高低，它决定于发音体振动的快慢。有些人认为，高音没有低音悦耳，然而研究语速的人也发现，如果说话者使用较高且富有变化的声音，则被视为更有能力；用低音说话的人似乎是胆气不足，可能会被人们认为对所说的话没有把握或者害羞。

有时候我们可以通过音高来判断一个人是否在说谎。有研究表明，人们撒谎时的平均音高要高于说真话时的平均音高。这个差别单凭耳朵很难判断，但通过电子语言分析器就能准确地测量出来。

（三）音量

音量即听觉上感到的声音强弱的程度。并不是任何场合、任何时候都使用很大的音量才好，有时柔和的声音往往具有同样甚至更好的效果。

（四）声音补白

这是在搜寻表达所用的词语时用于填充句子或做掩饰的声音，像“啊”、“呀”、“这个”、“的话”等词或短语，都是正在停顿并搜寻正确词语时的非语言方式。声音补白其实也是一种信号，事实上它保护了讲话者讲话的权利，因为它有效地表明：不要打断，我仍在讲话。我们都会使用声音补白，但是如果过于频繁地使用，以至于分散了听者的注意力，那就势必会产生沟通障碍。

（五）音色

音色又叫音质，是指声音的特色，是由发声物体、发声条件、发声方法决定的。音质是非常重要的，因为研究人员发现，声音有吸引力的人更容易被人们视为有影响力、有能力且诚实。

（六）重音

语句中念得比较重，听起来特别清晰的声音叫做重音，或者叫做语句重音。当句中要强调的成分不同时，同一句话所表达的含义可能会大相径庭。例如，“他会开车”这句话，如果将“开车”重读，其表达的意思则是：“谁说他会开车？”

（七）停顿和沉默

停顿和沉默同讲话的速度一样值得人们关注。在谈话中暂停一下也是一种能力的体现，因为这样可以给他人以一定的时间来仔细考虑自己的想法和感受。有研究表明，说话时比正常情况下有更长时间的停顿，更多的语言错误，更紧张、简短的回答，都是说谎的特征。沉默可能有很广泛的含义，在一种极端的情况下，人们把沉默作为一种武器或者策略来结束沟通活动或寻求某种赞同。

四、解读环境语言

就非语言沟通而言，环境是指文化本身所影响的生理和心理环境，而不是人们居住的地理环境。环境语言在沟通中能够表达和传递自己的心思、情感和愿望，它既是沟通成功的必要条件，也是实现沟通的重要工具。环境语言主要方式有空间距离和环境布置等。

（一）空间距离

在沟通中，不同的空间距离能够表达不同的含义和情感，甚至能够反映出不同的社会信仰、价值观念和文化内涵。我们时时刻刻都与空间距离相联系，空间距离能表达和传递自己的个人信息。例如，当我们进入会议室，就面临着怎么使用空间的抉择，即选择坐在哪里。坐在哪里看起来是一件很随意的事，其实所坐位置已经反映了自己的身份地位、对会议的重视程度以及个人的性格特征等信息。

1. 空间距离的类型。与人沟通，应根据与沟通对象感情的疏密而与对方保持适当的距离。过远，对方会以为你不愿向他表示友好和亲近；过近，稍有不慎就会把唾沫溅到对方脸上。美国心理学家爱德华·霍尔研究发现，人与人之间的距离可根据亲密程度分为以下四种距离：

（1）亲密距离（45 厘米之内）。这是人际间最亲密的距离，只存在于最亲密的人之间，常见于情侣、亲友、父母与子女之间。亲密距离属于私下情境，即使是关系亲密的人也很少在大庭广众之下保持如此近的距离，否则会让他人感觉不舒服（见图 3－62、图 3－63）。记住，每个人都有自己的一道空间距离感的底线。

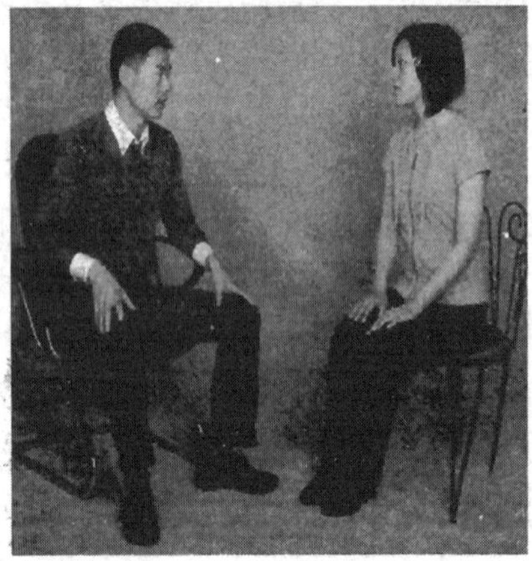

图 3－62

图 3－63

【相关链接】

曾有人做过这样一个实验，在一间大阅览室中，当里面仅有一位读者的时候，心理学家便进去坐在他（她）身旁，来测试他们的反应。因为被测试者不知道这是在做实验，所以大部分人都快速默默地远离心理学家到别的地方坐下，还有人非常干脆明确地说："你想干什么？"这个实验一共对 80 个人进行了测试，结果都相同：在一个仅有两位读者的空旷阅览室中，任何一个被测试者都无法忍受一个陌生人紧挨着自己坐下。

启示：人人都需要有一个能够自己的空间，它犹如一个无形的"气泡"，为自己划分了一定的"领域"。而当这个"领域"被他人触犯时，人便会觉得不舒服、不安全，甚至开始恼怒。

（2）个人距离（45～75 厘米）。这是有分寸感的距离，一般只有熟人和朋友才能进入这个距离。较少直接的身体接触，又能够友好交谈，让彼此感到亲密的气息。

（3）社交距离（1.2～2.1 米）。这是社交性或礼节上的人际距离，也是在办公室里经常见到的。它适用于比较正式、庄重、严肃的沟通活动，如谈判、会客等。这种距离给人一种安全感，处在这种距离中的双方，既不会害怕受到伤害，也不会觉得生疏，可以友好交谈。

（4）公众距离（3.7～7.5 米）。通常这是演说者与听众之间的标准距离。它适用于报告会、演讲会等。这种距离能够让仰慕者更加喜欢自己的偶像，既不会让仰慕者觉得遥不可及，又能够保持偶像的神秘感。

2. 影响空间距离的因素。

（1）身份地位。在单位里，空间距离能够显示一个人的地位高低和权力大小。其主要表现为：一是身份地位越高者，拥有的活动空间就越多，也越容易进入身份地位较低者的空间；二是权力越大者，空间被保护的程度就越好。沟通中双方的空间距离也会随着双方地位差距的拉大而随之增加，因为地位低的人往往会意识到需要与地位高的人保持一定的距离。

（2）性格特征。性格开朗、外向的人与他人沟通时会保持较近的空间距离，而性格孤僻、内向的人则相反；自信心强的人与他人沟通时会保持较近的空间距离，而缺乏自信的人则相反。

（3）亲密程度。根据美国心理学家爱德华·霍尔的研究发现，人们总是喜欢与自己熟悉、亲近的人保持较近的距离，而刻意与自己讨厌、陌生的人保持一定的距离。

（4）文化、性别差异。与不同文化背景或不同性别的人沟通时，更要处理好与对方的空间距离。例如，中国人交谈时保持的距离比英美国家人士交谈时的距离要近；生活在人口密集城市的人比生活在人烟稀少的乡村的人谈话时保持的距离要近；同性谈话要比异性谈话保持的距离要近；两个女士谈话比两个男士谈话挨得更近些。

【相关链接】

1956 年，当时的印尼总统苏加诺应邀访华，在他访问北京的行程中，有一项安排是在清华大学的校园内给大学生做演讲。预计来听这场演讲的除了清华的学生外，还会有不少北京大学的学生，且人数不少。

演讲的当天，苏加诺总统由当时的外交部部长陈毅陪同，来到清华校园。学生们早已等候在会场，一见到苏加诺一行到来，都非常激动，队伍的秩序一度有一点混乱。在台上的陈毅见此状况便有些不悦，气氛也有点紧张。

苏加诺不愧是老练的政治家，他走近麦克风，在正式的演讲开始之前，先加了两句题外话。第一句是："我请诸位向前移动几步，我愿意更靠近你们。"学生们一听此言，立刻活跃起来，队伍很快向前移动了几步。苏加诺又接上一句："我请诸位笑一笑，因为我们正面临着一个光辉的未来。"学生们顿时笑起来，气氛也随之轻松了。苏加诺这才开始正式的演讲。

启示：在人们初次交往时，双方常会存在着一种心理上的距离。苏加诺用两句题外话轻易拉近了与学生们之间的距离，缓和了会场的紧张气氛，手法十分高明，效果也非常显著。

（二）环境布置

1. 座位位置。在沟通过程中，座位的朝向反映了沟通双方的深层心理。一般来说，沟通双方座位的放置包括面对面和并排两种朝向，这两种不同朝向的座位放置会直接影响到沟通效果。因此，弄清沟通双方的座位朝向有利于沟通的顺利进行。

（1）合作型位置（见图3－64）。座位并列摆放的位置属于合作型位置。词语"并肩作战"就是密切配合，一起打仗的意思。沟通双方并肩而坐，是实现双方合作的好办法。并肩而坐的时候，沟通双方都朝着同一个方向，注视着相同的对象，在这种情况下，很容易产生合作心态和连带感。

图3－64

(2) 对抗型位置（见图3-65)。座位面对面摆放的位置属于对抗型位置。当面对面坐时，双方都处于可以观察到对方的最佳位置，很容易产生视线冲突，从而导致对抗局面的产生。在日常工作中，如果想在短时间内与沟通对象进行一次紧扣主题的谈话，或想在自己与沟通对象之间营造一种上下级关系，或想向沟通对象施压，面对面摆放座位是最佳的选择。

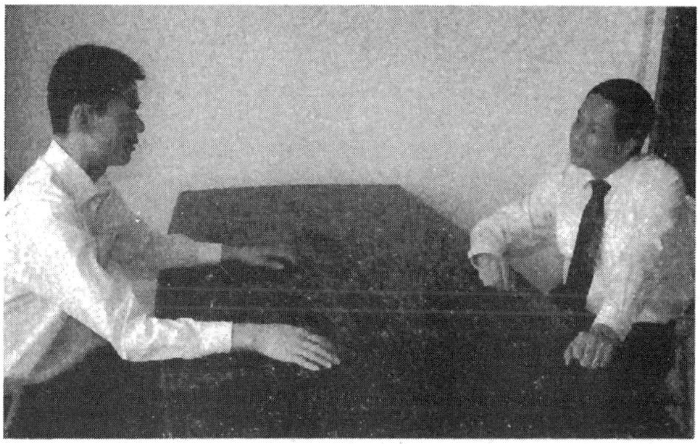

图3-65

2. 办公室设计。办公室内物品的摆设和布置会影响来访者对主人的印象，也会影响来访者在办公室里停留的时间以及双方沟通的效果。

掌握了座位的位置对沟通双方态度和心理的作用之后，我们就应当适当地调整自己办公室内的陈设和布置，使之与不同的沟通目的相一致。如果我们想给沟通对象以亲切友好的感觉，就应当选择合作型位置的设计和布置。最简单的办法是搬掉自己办公桌前面的椅子或将其挪至办公桌侧面，其目的是将与沟通对象面对面而坐改为并肩而坐。

当然，如果有必要与沟通对象保持一种上下级关系时，可以保留办公室前面的椅子，但应当在办公室里另设一处便于轻松交谈的场所，如沙发区或圆桌区。

下篇　沟通能力

第四章 警务沟通的基本技巧

沟通技巧是警务人员必备的技能。对警务人员而言，树立良好的沟通观念，逐渐养成在任何场合都能有意识地运用沟通理论和技巧进行有效沟通的习惯，以达到事半功倍的效果，显然是十分重要的。

第一节 目标明确

沟通最重要的前提是要设定一个或多个目标。沟通就像爬山，要先设定好目标，然后向着目标锲而不舍地慢慢往上攀登。目标明确的沟通才是真正的沟通。如果大家在一块儿一味漫无边际、海阔天空地谈话，那不是沟通，而是闲聊。沟通与闲聊的区别就在于是否有一个明确的目标。我们可以通过闲聊来进入沟通，以闲聊来促进彼此情感的交流，然后伺机导入正题进行沟通，但不应当把沟通简单地当做闲聊来处理。

【相关链接】

曾经有人做过这样一个实验：组织三组人，让他们沿着公路步行，分别向十公里外的三个村子行进。甲组不知道去的村庄叫什么名字，也不知道它有多远，只告诉他们跟着向导走就是了。这个组刚走了两三公里就有人叫苦了，走到一半时，有些人几乎愤怒了，他们抱怨为什么要大家走这么远，何时才能走到。有的人甚至坐在路边，不愿再走了。越往后人们的情绪越低落，七零八落，溃不成军。

乙组知道去哪个村庄，也知道它有多远，但是路边没有里程碑，人们只能凭经验大致估计需要走两个小时左右。这个组走到一半时才有人叫苦，大多数人想知道他们已经走了多远，比较有经验的人说："大概刚刚走了一半儿的路程。"于是大家又簇拥着向前走。当走到四分之三的路程时，大家情绪低落，觉得疲乏不堪，而路程似乎还长着呢！而当有人说快到了时，大家又振作起来，加快了脚步。

丙组最幸运。大家不仅知道所去的是哪个村子，它有多远，而且路边每公里有一块里程碑。人们一边走一边留心看里程碑。每看到一个里程碑，大家便有一阵小小的快乐。这个组的情绪一直很高涨。走了七八公里以后，大家确实都有些累了，但他们不仅不叫苦，反而开始大声唱歌、说笑，以消除疲劳。最后的两三公里，他们越走情绪越高，速度反而加快了。因为他们知道，那个要去的村子就在眼前了。

启示：一个不把目标传达给下属的管理者，他对下属们的指令就会失去效力，其结果将导致他不能控制下属进行必要的活动。

如图 4－1 所示，我们射击的目标是前面的标靶，可是标靶与特警队员之间横着一块木板，怎样才能射中标靶呢？方法当然有很多：把木板移掉，或者在木板上挖个洞，或者把标靶从木板后面移到前面来，特警队员也可以移动身体或绕到木板后面，或者发明一种有跟踪导航装置的子弹。总之，条条大道通罗马，有多种途径可以克服障碍达到击中标靶的目的。

图 4－1

沟通也一样，可以按照多种方式和渠道进行。当我们明确沟通目标以后，就要针对沟通目标的性质以及沟通对象的不同特征等客观因素，采取适当的方法绕开或克服种种沟通障碍，实现我们既定的目标。

【相关链接】

陈先生开车回家，不知什么原因在他回家路上站着两位交通警察，警察打手势让他直行。陈先生回家只有左转这条路，没有别的路可以走。所以陈先生就把车开到警察身边，想告诉交通警察他回家必须左转。

当陈先生刚刚把车窗摇下，还没等他张口，只见警察指着他的鼻子说："你看不懂我让你直行的手势吗？你到底是怎么回事？"

陈先生："我回家必须左转。没有其他的路可以走。"

警察："让你走，你就走！就是不让左转！"

陈先生："那我怎么回家？"

警察："你难道连调头都不会吗？"

很明显，这位警察选择的沟通方式是指责、命令、嘲讽。从开始到最后，他始终没有告诉对方为什么不能左转。

如果这位警察用平静的口气说："今天有特殊情况，不让左转，请在前方调头。"那么任何人都会服从他的指挥。

启示：有时候单刀直入的沟通方式不但无效，反而会激化矛盾；相反，为了达到沟通目的，采取委婉含蓄的方式往往会取得更好的效果。

一、沟通目标的层次

沟通有三个层次的目标。

（一）第一层次：记住信息

每个人要记住的信息不计其数，记住的信息越多，人就会变得越聪明，也更容易被更多的人喜爱和接受。我们与书本沟通的目的，就是要记住书本里自己感兴趣的，或自己觉得有价值的信息，从而丰富自己的知识体系，提高自身素质，更好地投入工作，更积极地服务社会。

（二）第二层次：接受信息

接受信息表现为沟通对象对信息内容及其意义有准确而深刻的理

解，并内化为直接行动。例如，公安机关在每年的6月26日禁毒日都会开展一系列禁毒知识及禁毒法律、法规的宣传教育，其目的就是要让公民了解毒品对人体健康的危害，并进一步认识到远离毒品的意义，提高公民自觉抵制毒品的能力，培养同毒品违法犯罪行为作斗争的自觉性。

（三）第三层次：付之行动

大部分沟通的目的是要对方采取积极的行动，没有付之行动或者做出消极的行动都属于无效沟通。例如，预审人员与嫌疑人沟通的目的，是要嫌疑人讲出案件的事实真相，如果嫌疑人付之实际行动，如实交代了犯罪动机、犯罪过程等事实，沟通才算真正达到了目的。

二、沟通前的准备

俗话说：不打无准备之仗。沟通目标明确后，就要有所准备。沟通前的准备工作是必不可少的环节，它直接决定沟通的成败。

（一）形象准备

心理学家研究发现，与一个人初次见面45秒内就能形成第一印象，这一最初的印象会对以后双方的交往产生较强的影响，在对方的头脑中占据着主导地位。第一印象是鲜明的、强烈的、过目难忘的。要想提升沟通效果，就要注意美化自己的形象，争取给沟通对象留下良好的第一印象。形象准备包括言谈、举止、服饰、表情等，警务人员如果无法在外部形象上取得对方的信任，沟通内容再好也可能无济于事。良好的第一印象首先应面带微笑，微笑给人以热情、善良、友好、诚挚的感觉；其次是要整洁，整洁容易给人留下严谨、自爱、有修养的印象；最后是要使自己显得可爱可敬，这由言谈、举止以及待人接物的方式等来体现。

【相关链接】

一个周末的上午，刑侦大队一名中队长为了减轻压力，穿了一件七八年前买的带有卡通人物图案的T恤衫和一双人字形拖鞋与家人一起逛街。中途接到分管副局长的电话，指令他立即赶至公安局向新到任的局长汇报一起尚未侦破的杀人案侦查情况。由于逛街的位置距离他的住房较远，回去换衣服、鞋子会拖延太长的时间，想到现在是周末，穿随便一点也很正常，于是他就直接赶到公安局。到了局长办公室，副局长介绍了他的身份后，新任局长像审视犯罪嫌疑人一样把他全身看了个遍，然后才让他开始汇报。

过了半个月，适逢××派出所所长违纪，要换新所长，局长让分管副局长推荐一名刑侦民警去担任。副局长推荐了他，局长问是否是上次那个穿花衣服的中队长，副局长应是，局长马上回应："他太年轻了，换另一个人。"就这样一个很好的机会白白地错过了。

启示：形象是金，良好的形象可以让一个人在成功的道路上如虎添翼，不讲究形象则会成为通往成功之路上的绊脚石。

（二）心理准备

警务人员在工作中要与各种各样的人沟通，对于随时可能出现的异议、争执甚至对抗，必须要有充分的心理准备。警务人员工作特点决定了其心理长期处于亚健康状态，严重的甚至会引起各种心理疾病。因此，保持理性和良好的心理状态，营造信任、和谐、有利于实现沟通目的的环境，将有助于警务人员真实地传递信息和正确地判断信息，避免情绪因失控而歪曲信息。特别是警务人员在审讯、取证时如果工作进展不顺利，嫌疑人、证人心理防线久攻不破，就容易产生挫折感，这种挫折感容易导致愤怒、焦虑等消极情绪，而一旦情绪失控则容易采取刑讯逼供、暴力取证等行为。

【相关链接】

2009年3月，河南省漯河市郾城分局经侦大队在办理非法传销案件中，发现一传销A级人物翟×，辽宁人。

为抓捕翟×，追缴传销赃款，经侦办案民警来辽阳进行抓捕。经过侦查，4月3日上午在辽阳将犯罪嫌疑人翟×抓获，将其带至辽阳宾馆4011房间。

办案民警在没有做笔录的情况下，对翟×进行了一些简单的讯问工作。当让翟×在其扣押物品清单上签字时，因为少了半盒香烟，翟×拒绝签字。

办案民警向中队长汇报对犯罪嫌疑人翟×的讯问情况，办案民警说翟×非常不配合，让他在扣押物品清单上签字他也不签。中队长当即表态："如果不老实就收拾他。"办案民警继续追问翟×的住处，以便开展搜查，但翟×仍不肯说。于是办案民警将翟×按坐在地毯上，然后拿出一部从河南带来的老式手摇电话机，将电话机的两根电话线分别缠在翟×的两个大脚趾上，开始"收拾"翟×。不久，翟×脸色发黄，开始流汗、呼吸急促，并挣扎着将电线拽到嘴里将电话线咬断。办案民警立即将昏迷的翟×送往辽阳市中心医院进行抢救，当日下午，翟×经抢救无效死亡。

启示：刑讯逼供既侵害了犯罪嫌疑人的人身权利，也对公安机关的形象和民警的前途、家庭造成不可估量的伤害。

（三）资料准备

对沟通对象越是多一分了解，就越能明白该用什么方法与之沟通比较有效。例如，了解到沟通对象的个性是沉默寡言型的，那沟通的重点应当是如何鼓励沟通者让他讲出心里话；如果知道沟通对象的兴趣爱好，可视情况谈谈他的兴趣爱好，以便缓解沟通气氛的紧张或增进与沟通对象的感情。同样，愈是了解沟通对象，就愈能发现如何去关心他。关心是拉近双方距离、化解对立情绪的最好处方。

【相关链接】

2009年6月8日，村民林××到福州边防支队伯塘边防所报案称其家中的金项链、现金等物品丢失。派出所立案侦查，后锁定犯罪嫌疑人林×。

6月10日，派出所将林×传唤到所，民警对其进行攻心教育，但效果不是很好，林×对自己的犯罪事实拒不交代。

审讯陷入僵局后，派出所民警叫来林×所在村的村干部了解林×的家庭情况，得知林×有过前科，家中还有一患眼疾的老母亲。林×系孝子，但因为经济拮据，迟迟没去为母亲做手术。

民警了解一些犯罪嫌疑人情况后，继续审讯，但这次并没有说案件的事，而是和他聊起了家常。当谈及其母亲的病情时，林×的泪水夺眶而出，哭诉其母亲的眼睛再不去医治，就会瞎了。由此看来，林×对其母的感情深厚，确实是个孝子。

民警对林×说："你这样对不起你母亲，你今后怎么办？你母亲怎么办？"林×则沉默无语。过了一会儿，林×向民警要了一杯水，接着交代了当天在林××家中实施犯罪的过程。

原来，林×的母亲患白内障多年，一直没有去动手术，全靠药物维持，近期其母的病情有些恶化，亟须动手术，一念之差，林×走上了犯罪道路。

启示：磨刀不误砍柴工，资料准备得越充分，沟通的成功率就越高。

（四）细节准备

细节决定成败。实践证明，细节准备得越充分，沟通的效果就越好，这充分证明了那句名言：机遇只偏爱那些有准备的人。沟通细节包括：沟通的时间、地点，参与沟通的人员，采取的沟通方式，沟通时应先说什么、后说什么等。

【相关链接】

2005年12月7日凌晨，石狮市公安局指挥中心接到报警：宝盖镇后宅村七片区××号发生火灾。在此租住的蒋×、王×夫妻被当场烧死（死者均为石狮市××五金厂工人）。消防部门经初步勘查，认为系人为放火案件。

石狮市公安局立即从刑侦大队、宝盖派出所抽调精干警力组成了以张汉沂大队长为组长的“12·7”侦破专案组展开侦查。根据调查走访情况，专案组准确地将此案定性为犯罪分子将汽油灌入屋内放火报复杀人，并划定重点调查对象为五金厂内有条件接触汽油的工人。

经排查，专案组将五金厂工人李×木纳入侦查视线，并将其带回审查。由于排查时未发现李×木与死者有较大的矛盾，所以审讯时未制订周密的计划和做一些相应的细节准备，致使讯问不出任何有价值的线索。审讯民警认为李×木心理稳定，动机不明显，于是便将李×木放了回去。

12月21日，专案组侦查员在调查时有一群众反映：在案发当日凌晨4时许，他经过五金厂的工人宿舍时，看到一名很像李×木的男子。专案组立即围绕李×木展开调查，认定李×木有重大作案嫌疑，决定抓捕审查。鉴于李×木已被专案组审问过，专案组在抓捕李×木前做了一系列的细节准备。例如，抓捕和押解过程不与他说话，准备一间数字化预审室，聘请测谎专家，挑选有经验的审讯人员，制定周密的审讯计划等。

由于细节准备充分，审问刚开始，李×木便低头交代了因厂里分工不均，自己经常做些劳累工作，且死者蒋×有时对其大声吆喝，从而对蒋×产生不满而放火杀人的犯罪事实。

该案据以定案的证据来源程序合法，内容客观真实，最高人民法院复核后，将该案作为死刑核准权收回后全国首批、福建首起核准死刑的案件。

启示：无论是做人、做事、说话，还是侦查破案，我们都必须认识到细节虽小，但它的力量是难以估量的。

第二节 赢得信任

信任通常被认为是实现良好合作关系最重要的因素，如果彼此之间高度信任，就可以毫不怀疑地接受对方之言，相信对方的承诺，增强对他人的影响力。反之，如果彼此缺乏信任就会引起摩擦、猜忌，使沟通变得毫无意义，问题亦难以解决。因此，警务人员能否赢得沟通对象的信任是沟通成败的基础。

一、影响可信度的因素

根据美国赫德逊研究所福兰契（French）、莱文（Raven）和美国哈佛大学领导学教授科特（Kotter）三位学者的观点，影响沟通者可信度的因素有身份地位、专业知识、良好意愿、外表形象、共同价值等。

（一）身份地位

身份地位是指警务人员自身的等级权力。为什么有时候一般警务人员沟通不畅，其领导一出面就能与对方达成共识呢？这就是等级权力所起的作用。人们对权威的需要，有其客观和现实的原因，人们一般认为等级权力越高的人，说出的话的可信度就越高。

（二）专业知识

警务人员应当具备较强的理论知识，精通各项公安业务，以及要有丰富的实践经验和处置问题的能力，特别是其能力和所取得的实绩是构成自身可信度的内在因素。

【相关链接】

平潭县××中学15岁学生施×在校猝死事件久久不能得到妥善调解。2010年5月24日上午，施×家长集结几十人到平潭县政府信访办门口上访，分管信访工作的副县长认真看完信访件后在上批示：请杨贤煌同志查处。

杨贤煌，平潭县公安局城关派出所所长，1998年毕业于福建公安高等专科学校治安专业，他凭借自己扎实的专业知识和执法的公正性，成为平潭岛上出了名的治安纠纷案调解高手。他每年都要调解各种治安纠纷案几十起，2008 年一年就成功调解了 28 起非正常死亡案件。在他担任城关派出所所长期间该辖区没有发生过越级上访事件，同时也没有发生群体性恶性事件和恶性民转刑案件。

死者施×家长听说要请杨贤煌所长调解，第一句话就说："我相信杨所长，请他快点帮我们处理，我的孩子想早点入土为安。"

面对领导和群众的信任，杨贤煌所长当天就成功调解了这起因非正常死亡而引起的上访事件。

启示：理论是行动的先导，有较强的行动能力才能赢得他人的信任与尊重。

（三）良好意愿

为人诚实无欺、言而有信，重感情、讲信誉，说话办事实事求是，坚持真理，敢于承认和反映事件的本来面貌，伸张正义，主持公道，并能为实现人民群众的最大利益而工作，具备这些品德的警务人员，更能获得沟通对象的信任。

（四）外表形象

外表形象不仅包括与环境相协调的外表修饰，更主要地体现为气质、感情及沟通方式。具有较高可信度的警务人员，应当将自己的感情与沟通对象的感情保持一致，而且常用一些巧妙的沟通方式使自己的主张变得生动活泼。

（五）共同价值

只要沟通双方具有共同之处，彼此之间就有可能获得认同。这共同之处可以是生理上或心理上的特征，可以是兴趣或价值观念的趋同，也可以是共同拥有的某种特性等。当沟通双方具有共同价值，他们之间的沟通也便有了坚实的基础。

二、如何赢得沟通对象的信任

赢得信任意味着别人发现了自己值得依靠和值得尊敬的可取之处。警务人员只能用实际行动赢得信任而不能用金钱买到信任，要想赢得信任也并非没有技巧可循。

（一）外塑形象

形象是警务人员政治思想、道德品质、知识能力、心理生理状况以及个人修养等内在素质的外在表现，主要包括警务人员的体貌、服饰、言谈、举止等。

1. 塑造体貌形象。体貌包括体型、容貌、精神状态等外在形象。社会不仅喜爱体貌出众的公众，人民群众也欣然接受体貌俱佳的警务人员。相貌外表不占优势的警务人员要想得到人民群众的欢迎，比相貌外表讨人喜欢的警务人员往往要付出更多的努力。仪表堂堂的警务人员看起来更具有魅力、更易被人所接受，这确实是一种客观的社会现象。

警务人员都应努力塑造自己的体貌形象，提高自己在公众中的影响力。一是要坚持体育锻炼，保持自己匀称的体型；二是要注意合理而科学的饮食，并能有规律地作息起居；三是要善于通过仪容、仪表传达自己的优雅形象；四是要培养有亲和力的神态，包括亲切友善、面带微笑的神情，积极乐观、自信自然的心态，富有感情的眼神等。

2. 塑造服饰形象。服饰是一面镜子，它可以折射出一个人的社会地位、文化修养、审美情趣；服饰又是一种文化，它可以反映一个民族整体的文化素养、精神面貌和物质文明发展的程度。警务人员穿着全国公安机关统一的制式服装，就意味着在代表国家行使法定的警察职权，是警察内在性质的外部标志，象征着国家和法律的权威以及对工作对象所特有的强制力和威慑力。

规范着装是对警务人员的基本要求，它直接关系到警容、警威和公安队伍的整体形象。因此，每个警务人员的着装都必须严格遵守《公安机关人民警察着装管理规定》，一是要警服整洁，搭配合理；二是要装饰规范，警容严整；三是要警帽端正，鞋袜适宜。

3. 塑造言谈形象。言谈是指人们运用语言表达思想、沟通信息、交流感情的重要方式，包括言谈内容、言谈方式、言谈技巧等。它能反映警务人员的思想水平、知识修养、道德品质、性格特征。

警务人员都应努力塑造自己的言谈形象，提高与他人沟通的实际效果。一是要做到语言内容文明、语言形式文明、语言行为文明的三者统一，做到措辞准确、发音正确、语调柔和、语速正常；二是要态度端正，做到热情、诚恳、稳重、平易；三是要表达得体，即用最恰当的言辞和口吻表达意思；四是要语言生动，有活力、有感染力。

4. 塑造举止形象。警务人员行为举止的内容包括恰当的表情、挺拔的站姿、优雅的坐姿、平稳的步姿、端庄的蹲姿、得体的手姿等。

良好的举止不仅能体现出警务人员的内在素质，也会给警务人员在与人沟通、执行公务等诸方面带来许多便利。警务人员的举止不仅要自然大方、规范端庄、高雅脱俗、得体友善，更要符合一些细小的礼仪规范。

（二）内修素质

警务人员要想在复杂的社会生活中协调好各种关系，为自己创造一个和谐愉悦的环境，就必须加强学习，提高自身的综合素质。通过学习，努力丰富自己的知识，在沟通中就会自觉或不自觉地运用自己所获得的知识，使沟通变得更游刃有余。运用知识进行沟通的效果取决于警务人员对警务专业知识的熟悉程度。警务人员如果知识渊博并有较强的知识运用能力，在说服性沟通中就能够占有主动权，就可以运用知识的力量把问题说得更透彻、更明白，沟通对象也抓不住什么把柄。

警务人员应当提倡创造性学习、潜意识学习和终身学习，把学习与工作紧密结合起来，从工作中洞察和发现新知识、新技能，了解专业知识和技能发展的最新动态，根据工作的实际需要去学习、掌握和吸收新知识和新技能，从而提高沟通和解决问题的能力。

（三）平易近人

谦逊和蔼、平易近人是沟通的先决条件，也是警务人员良好修养的表现，更是赢得信任的法宝。警务人员平易近人、没有架子，使人容易接近，是与他人沟通的前提和基础，是增进友谊、加深感情的桥梁。警务人员要懂得情感投入，学会善于用自己的感情去打动和征服沟通对象。

警务人员要树立平易近人的形象。首先，要积极营造和谐、宽松的环境，多替别人着想，多替别人打算。其次，要重视和尊重沟通对象，言行举止要体现人情味，多关心其切身利益，了解其工作疾苦，解决其生活困难。最后，要从善如流，态度随和，慎用指令性语言。

【相关链接】

1865 年，美国内战结束后，陶克将军竞选国会议员，他的对手是他当年手下的一名士兵，名叫约翰·海伦。一位是功勋卓著的将军，一位是普普通通的士兵，几乎所有的人都认为，胜利一定属于陶克将军。

竞选演讲开始了。陶克将军的演讲慷慨激昂，他说："诸位同胞，还记得17年前那个激战的夜晚吗？我率领士兵到茶座山狙击敌人，那是多么艰苦的战斗呀！但我从没想过退却，因为我知道，为了我们的国家，为了正义和自由，我愿意付出所有，包括生命。我三天三夜没合眼，血战之后，我竟躺在树林里睡着了……"

比起陶克将军的演讲，约翰·海伦的演讲要朴实得多，他说："亲爱的同胞们，陶克将军说得不错，他确实在那次战斗中立下了汗马功劳。我当时只不过是他手下的一名普通士兵，和他一起出生入死。那次，他在树林里入睡时，我就站在他的身旁守护他。当时我携带着武器，饱尝寒冷的滋味。还时刻准备着用我的身躯为他挡住随时会射来的子弹。我在心中说，我是一名士兵，我要保护将军的安全……"

约翰·海伦的演讲赢得了民众热烈的掌声，他出人意料地赢得了选票和最终的胜利。

约翰·海伦虚心地承认自己是一名普通的士兵，这样就拉近了与广大民众之间的距离。作为一名普通士兵，在恶劣的战争环境中他仍能坚守自己的岗位，兢兢业业、尽忠职守，让人觉得他更值得信赖。陶克将军列举了自己的赫赫战功，言辞慷慨激昂，但是他的演讲始终保持着对民众的一种高姿态，不能给人以亲切、真诚的感受。因此，失利也在情理之中。

启示：成功不是偏爱地位高的人，而是信赖那些具有亲和力与感染力的人，所以我们在待人接物中更应当保持平易谦和的作风。

（四）信任别人

信任别人是一种美德。信任是相互的，以心换心，心心相印，在要求别人相信自己的同时，自己也要给予别人同样的信任。如果对别人持不信任的态度，说话必然会闪烁其词，或故弄玄虚，或夸张失实，或遮遮掩掩，其结果往往会给对方留下浮夸虚假的印象，不利于相互理解和感情上的沟通，自己说的话也会黯然失色。

【相关链接】

一名服刑人员在外出修路时捡到了1000元钱，不假思索地交给了管教警察。可是，管教警察却轻蔑地对他说："你别来这一套，用自己的钱变着花样贿赂我，想换资本减刑，你们这号人就是不老实！"

该服刑人员万念俱灰，心想这世界上再也不会有人相信他了。晚上，他越狱了。

亡命途中，他大肆地抢劫钱财，准备外逃。在抢得足够的钱财后，他乘上开往边境的火车。火车上很挤，他只好站在厕所旁。这时，一位十分漂亮的姑娘走进厕所，关门时却发现门扣坏了。她走出来，轻声对他说："先生，你能为我把门吗?"

他一愣，看着姑娘纯洁无邪的眼神，点点头。姑娘红着脸进了厕所。而他像一位忠诚的卫士一样，严严把守着门。

在这一刹那间，他突然改变了主意。下一站，他下车到车站派出所投案自首了。

这就是信任的力量，来自灵魂深处，胜过金钱和武力，洗涤人的灵魂。

启示：信任是一种联结人与人之间关系的纽带，被人信任是一种幸福，信任别人是一种美德。人与人之间只有互相信任，我们才能感受到这个社会的脉脉温情。

（五）同感理解

同感理解，就是站在对方的立场上为对方着想。心理学研究表明，每一个人都有一种"相信知己"的心理倾向，特别是当一个人处于矛盾之中，或遇到某些困难而又一时无法解决时，他非常需要别人的同情和理解。理解可以激起心灵的火花，产生善良和容忍，产生信任和动力。警务人员的大部分工作是做人的工作，而人是有感情的，如果我们在工作中能用感情去理解和打动公众，就会从感情上赢得公众的信赖和尊重。

【相关链接】

漳龙高速公路漳州支队二大队辖区内有一段长达 14 公里的连续长下坡，事故频发，被称为魔鬼路段。

漳龙高速开通伊始，由于民警对事故频发的原因认识不深，与驾驶员沟通方法不当，即只对货车超载展开整治、处罚，因此与驾驶员形了对立态势，宣传效果甚微，事故仍是不断。

各级专家经过考察后认为，该路段事故频发的原因不仅在于超载，而且驾驶员在下长坡时操作不当也是事故发生的重要原因。在知道这一成因后，漳州支队二大队改变了宣传方式，站在驾驶员的立场，从他们生命安全的角度出发，对货车驾驶员进行一对一的宣传教育，以鲜活的事故案例，简单明了的操作规范，告之下长坡时应挂低速挡、低速行驶、减少刹车频率。宣传一段时间后收效甚佳，事故不断减少，实现了从之前的日平均一部失控货车到2008年春运期间无一起死亡、受伤事故的大转变。

启示：真心关心对方，站在对方的立场上为其着想，是赢得公众的信赖和尊重的有效方法。

第三节 因人而异

所谓因人而异，是指沟通要分对象，对象不同使用的沟通方法也要有所区别。俗话说：到什么山唱什么歌，见什么人说什么话。人与人之间存在着各种差异，如年龄差异、地域差异、职业差异、性格差异、兴趣爱好差异、文化程度差异、宗教信仰差异等。警务人员无论执法还是服务，与他人沟通时，都要注意因人而异，区别对待，不能墨守成规。

【相关链接】

三国时魏国人许允在吏部任官选派郡守时，常任用同乡。魏明帝为此派卫士收押许允。许允的妻子阮氏才华横溢，谋略甚至超出许允。许允的妻子见丈夫被抓，光着脚跑出来叮嘱许允说：“明主可以理夺，难以情求。”意思是说：“明理的君主可以用道理说服他，但不能向他哀情求饶。”

魏明帝审讯许允时，责问许允任用同乡的原因。许允说：“举尔所知，臣之乡人，臣所知也。陛下检校，为称职与不，如不称职，臣受其罪。”意思是说：“皇上曾要臣推举人才，臣的同乡都是臣所知的人才。皇上只要检核他们的职位和能力是否相称，如果他们的能力不足胜任职务，臣愿接受责罚。”

魏明帝经过检试后，发觉许允所任用的每个人都能胜任其职，于是将许允释放了，还赏了他一套新衣服。

启示：这个故事是一个很典型的沟通要看对象的正面实例。许允任用同乡，其根据是朝廷制定的“举尔所知”的荐举制度。不管此举是否妥当，但它合乎皇帝所制定的“理”。许允的妻子深知向皇帝哀情求饶没用，却可以“理”相争，于是她叮嘱许允以“举尔所知”和用人称职之“理”来规避任用同乡、结党营私之嫌。

警务人员在与人沟通时如果不分对象，不仅达不到沟通的目的，往往还会引起争吵、冲突，这样既伤害对方，又影响自己的形象。

【相关链接】

南平“3·23”校园袭击惨案发生后，各地公安机关加强了对校园周边的治安排查和整治力度，要求社区民警深入社区走访，发现安全隐患。梅岭社区民警发现在三明市实验小学旁住有一名精神病患者郑×（男，年40岁左右，未婚，系刑满释放人员），前几年在患病期间经常持刀威胁小学生，2009年曾被派出所民警和社区居民强行送往三明市第四医院治疗，因家庭困难，付不起医疗费而提前出院。

上级领导要求马上将郑×送往医院治疗，费用由政府开支。社区民警试探性地问郑×：“你现在病怎么样了，要不要去医院检查一下？”郑×很生气地说：“我不去！”郑×人高马大，非常强壮，如果采取强制手段，倘若郑×反抗，其后果不堪设想。

民警问郑×：“你现在感觉身体有何不适？”郑×说：“我现在感觉头部经常被电打（击）。”民警心想，何不见人说人话，见鬼说鬼话？民警说：“我是这方面的专家，是专门控制电源的。”这时，民警发现郑×很高兴，于是就趁热打铁说：“我们现在就去解除电源怎么样？”郑×回答：“好！”郑×穿好衣服，就跟着民警下楼。

到了楼下，郑×看到警车，就惊慌地说：“我不上车！”民警指着车上的天线（汽车对讲机天线）说：“只有上车，才能解除电源。”郑×同意且上了车，可车子刚出20多米，郑×又说：“我不去医院。”民警说：“控制你的电源已经被解除了，我们要到医院检查一下，看一下电源有没有完全解除。”郑×同意了，就这样民警很安全地将郑×送到精神病医院进行治疗。

启示：见人说人话，见鬼说鬼话。华丽的语言、深奥的道理对精神病人说了也是对牛弹琴。

战国时期著名的纵横家鬼谷子在他的《鬼谷神篇》中精辟地总结出与各种人打交道的办法：与聪明人说话，须凭见闻广博；与见闻广博的人说话，须凭辨析能力；与地位高的人说话，态度要轩昂；与有钱人说话，言辞要豪爽；与穷人说话，要动之以利；与地位低下的人说话，要谦逊有理；与勇敢的人说话，不能稍显怯懦；与愚笨的人说话，可以锋芒毕露；与上司说话，须用奇特的事打动他；与下属说话，须用切身利益说服他。

鬼谷子高度概括了与各种人打交道的办法，这对我们学习警务沟通具有积极的启示。警务人员每天都要与不同类型的人沟通，只有在沟通过程中了解了不同类型的人的不同特点，才能用相应的方法与其沟通。

一、年龄差异

与年龄大的人沟通，要充分表达出对他的尊重，说话要用商量的口吻，语气要真诚、自然，语速要慢。他们的特点是：重视健康，喜欢讲述自己丰富的经历和辉煌的历史，在乎家庭的和睦以及子孙的成绩与孝心。与中年人沟通，态度应不卑不亢，要以理服人。他们的特点是：辛劳、顾家，重视孩子的成长，重视他人对自己的评价。与青年人沟通，要语言简练、准确，多用赞扬、肯定的语气。他们的特点是：独立意识强，赶时髦，由对家庭的依恋逐渐转向伙伴群体。

二、性别差异

“女人如果没有了男人就恐慌了”。对于这句话，女性往往理解为：女人如果没有了，男人就恐慌了；而男性则理解为：女人如果没有了男人，就恐慌了。这充分说明，男女不仅在生理上存在差异，在沟通方式、目的以及对语言的理解等方面也存在着差异。曾有专家说：男女之间的沟通，其难度不亚于一种跨文化的沟通。

女性期望通过沟通与对方建立良好关系，从而得到别人的同情、理解，而男性试图通过沟通展现自己的实力、思想，证明自己的地位、能力高人一等；女性喜欢谈论人，而男性则喜欢就事论事；遇到分歧时，女性强调化解矛盾，而男性强调独立和控制。女性比男性敏感因而更容易受到暗示，许多女性的虚荣心和家庭观念比较强，喜欢探究别人的话中话、弦外音；男性比女性空间感、方向感强，大多数男性说话更直接，更热衷于引起别人对自己成就的关注或给予赞誉。

沟通存在性别差异并不是问题，重要的是需要了解这些差异、正视这些差异，并有目的地去调整自己的方式，以达到两性人际关系的和谐。

【相关链接】

一新手女司机的汽车在十字路口熄火，警察过来了解情况。

女司机说："警察同志，我的车出毛病了，启动不了。"

警察说："请您下车，我来帮您看看。"

警察上车后，很快就把车子启动起来。于是警察说："小姐，车子没毛病。"

谁知女司机一听生气了："你什么意思？车子没毛病，那我有毛病了，没毛病我为什么启动不起来，难道我爱停在这里晒太阳？"

警察意识到女性很敏感，便改口说："对不起！小姐，我是说车子现在没毛病了。变速挡的车子要把挡位放置在停车挡上，才能重新启动，您是操作不当，才启动不了。"

女司机听了，不好意思地说："对不起！我是新手。"

启示：性别不同，对言辞的接受方式亦存在差别，一成不变的沟通方法无法应对不同性别的人。

三、地域差异

俗话说：一方水土养一方人。不同地域的人由于他们主观条件的不同，风土人情、语言修养和表达能力也存在差异性，甚至所涉及的案件类型、作案手段也有明显的地域差异。

【相关链接】

根据情报研判显示：撬防盗门入室盗窃作案的高危人群主要有：江西宜春、修水、德兴、贵州六枝、重庆云阳、湖南溆浦、黑龙江齐齐哈尔、福建连江、山东济南籍等；麻醉抢劫案件高危人群主要有：江苏省苏北地区、江西、广西及福建籍；金元宝诈骗高危人群主要有：重庆万州区、江西南昌、安徽安庆市枞阳县籍；虚假信息诈骗案件的高危人群以福建安溪籍为主；药物（治癌药）诈骗案件的高危人群以浙江青田籍为主；"金沙"诈骗案件的高危人群是海南儋州籍；以借打手机诈骗高危人群是河南五河籍，安徽当涂、五河、凤阳籍；冒充和尚（尼姑）诈骗高危人群是安徽枞阳籍；以调换银行卡诈骗高危人群是河南尉氏籍。

启示：以地缘和亲缘为纽带结成的犯罪团伙，具有浓厚的地域性，师傅带徒弟相互传授"经验"，因此在作案手段上呈现出地域同一性特点。

四、职业差异

俗话说：隔行如隔山。不同职业的人之间，其思维方式与职业语言等存在着差异，这些可能会造成一定程度的沟通隔膜。

物以类聚，人以群分。不同职业的人都拥有自己领域的专业知识和术语，如果我们能根据沟通对象的职业特征并使用他们理解的语言与其沟通，就很容易拉近彼此间的距离，给对方留下一个好的印象，并能提升沟通成效。

【相关链接】

2004年，河南省焦作市公安局在侦查实践中推出了“命案招标”的改革举措，实行命案招标后，四起命案积案一个月内被侦破。“命案招标”是公安机关推行内部竞争、打破大锅饭体制的一种大胆尝试，这项大胆探索受到赞扬的同时也经受着群众的质疑。

“命案招标”是对那些陈年未破的命案，以派出所或刑警队为单位的名义投标，在一定时间内如果破获命案就给予参战民警或群众一定的物质奖励和记功。这是公安机关内部的一种竞争激励机制，目的是落实破案责任制，提高侦查效率。而群众却认为：打击犯罪、侦破命案，是公安部门的法定职责，也是其基本的社会公共义务。面对未破命案，公安机关责无旁贷，还搞什么“招标”，这不是警察乃至公安机关捞取名利的手段？

启示：与不同职业的对象沟通时，应尽量避免出现职业术语，如果无法避免就应当对职业术语做必要的解释，以免产生歧义和误解。

五、个性风格差异

我们根据一个人在沟通过程中情感流露的多少，以及沟通过程中作决策是否果断，把我们在工作和生活中所遇到的人分为四种不同的类型，即思考型、感情型、表达型和支配型。这四种不同类型的人在沟通中的反应是不一样的，我们只有很好地了解他们在沟通中的特点，并且用与之相应的方式与其沟通，才能保证我们在沟通过程中做到游刃有余。

（一）思考型

在决策的过程中果断性非常弱，感情表现得非常冷漠，喜欢分析问题，说话非常保守、啰唆，极少轻率地作出决定，这种人属于思考型。与思考型的人沟通要注意：

1. 要注重细节，态度认真；应遵守时间，沟通要尽快切入主题。

2. 思考型的人强调安全，应尊重他的个人空间。不要和他有太多眼神上的交流，更要避免有太多的身体接触，我们的身体不要前倾得太多，应当略微后仰。

3. 要尽量多使用准确的专业术语，多列举一些具体的数据，多做计划，多使用图表。

（二）感情型

喜欢与人和谐融洽地相处，感情流露得很多，喜怒哀乐都会自然流露出来，富有同情心，说话很慢，这种人属于感情型。与感情型的人沟通要注意：

1. 首先要与之建立好关系。感情型的人在决策中情绪与个人因素易起作用，容易感情用事和冒进。

2. 感情型的人有一个特征，就是在办公室里经常摆放家人的照片。当我们看到这些照片时，一定要对照片上的人大加赞赏，千万不要视而不见，这是他最大的需求。

3. 要始终保持微笑的姿态，并有频繁的目光接触，但不要盯着他不放。

4. 说话要比较慢，注意抑扬顿挫，不要给他压力，要鼓励他，多征求他的意见。

（三）表达型

说话的过程中，往往会借助一些动作来表达他的意思。感情外露，做事非常果断、直接，为人热情、有幽默感，动作活跃且非常夸张，这种人属于表达型。与表达型的人沟通要注意：

1. 说话要直接，声音要洪亮。

2. 要有一些动作和手势与之相配合，当他使用一些动作时要看着他的动作，否则他会感到非常失望。

3. 表达型的人不注重细节，甚至有些话有可能说完就忘了。所以达成一致后，最好与之进行一个书面的确认。

（四）支配型

感情不外露，但做事非常果断，总喜欢指挥别人、命令别人、支配别人，这种人属于支配型。与支配型的人沟通要注意：

1. 要节约时间，不要有太多的寒暄，应直接切入主题。

2. 回答问题要迅速、准确，善于用封闭式的问题提问。

3. 说话声音要洪亮，并充满信心，语速要比较快。如果声音很小或缺乏信心，他就会产生很大的怀疑。

4. 不要过多地流露感情，要直奔结果，朝结果的方向说，而不要朝感情的方向去说。

5. 要有强烈的目光接触，身体一定要略微前倾。

六、文化程度差异

个人文化程度差异主要表现为学识水平上的差异。沟通对象之间的文化程度差异，会导致对同一信息的识别和理解有所不同。因此，我们要针对沟通对象的文化程度，选择恰当的沟通内容和方法，否则就会事与愿违。例如，与文化程度低的人沟通，应多用浅显语句，多使用一些具体的数字和例子；与文化程度高的人沟通，则可以运用一些抽象的说理方法。

【相关链接】

有一位人口普查员填写人口登记表时，问一位没有文化的老太太："老人家，您有配偶吗？"老太太愣了半天回答不上来。旁边有人解释说："他是问您有老伴吗？"老太太这才恍然大悟。

启示：警务人员平时最好用简单的语言、易懂的言辞来传达信息，而且与文化程度低的对象沟通时，使用过多的修饰言辞反而达不到理想的沟通效果。

第四节 同频共振

同频共振是声学中的一条规律，是指一处声波在遇到另一处频率相同的声波时，会发出更强的声波振荡，而遇到频率不同的声波则不然。

警务沟通过程中，警务人员如果能主动找准与沟通对象之间的共鸣点，使自己的固有频率与对方的固有频率相一致，这样就能拉近彼此间的心理距离，让对方产生亲切、温馨的感觉，从而增进彼此间的友谊，赢得对方的信任，发生同频共振。

这个共鸣点，可以是共同的背景和经历、生活环境，共同的话题和观点，还可以是共同的兴趣爱好。

【相关链接】

一天，泉州永宁村村长来到其辖区边防派出所与民警沈晓荣座谈，说村里有一小孩考上了大学，村里准备用慈善基金以帮困的形式对小孩进行奖励，可小孩却不愿意接受。

过了几天，沈晓荣和村长相约来到这个小孩家，小孩看到他们只是礼貌性地打了个招呼，就一个人看电视不搭理他们了。他们就和小孩的父母喝茶聊天，一时找不到与小孩交谈的话题。突然沈晓荣看见小孩正专注地看中央五套 NBA 篮球赛，于是沈晓荣马上就和他父母大谈 NBA，还故意说错了几个篮球明星的名字，小孩慢慢听他们说话了，听到沈晓荣说错了还会过来纠正一下。沈晓荣看时机来了，就装作醒悟的样子，认真地向他请教篮球的问题，就这样沈晓荣与小孩聊了起来，聊得很自然、很开心，就像哥哥跟弟弟在聊天一样。小孩开始对沈晓荣产生了兴趣，问沈晓荣是如何当上警官的，沈晓荣就将自己也曾自卑并失败过，后来在领导和大家的帮助下又是如何努力进步的经历告诉了他。小孩告诉沈晓荣，他家穷，不愿意让人看不起。知道了原因，沈晓荣轻轻地拍了拍他的肩膀，很诚恳地跟他谈了一些人生道理，谈了 2 个小时左右，沈晓荣问小孩："你愿意成为我们大家关心的一员，还是选择做一名让社会遗忘的人呢?" 小孩子想了想，终于点了点头。

启示：与人沟通时，只有进入对方认可或感兴趣的那个"频率"，才能走进他的心理世界，进而激发出对方交流的兴趣和热情。

俗话说：话不投机半句多。这是因为双方没有共鸣点。一旦找到了沟通的切入点或兴趣的共鸣点，就能调动对方的表达欲望，进而进行深入的沟通，达到心灵的高度相通。

寻求沟通双方的共鸣点大致有以下几种途径：

一、语音语句

语音是指说话者的声音，它由口音、语速、语调等组成。一般来说，口音有普通话和方言之分；语速有快慢之分；语调有抑扬之分。为了使沟通能顺利进行，沟通双方要尽力使口音、语速、语调保持一致。

语句共鸣，是指沟通双方要有意识地多运用对方熟悉的、易接受的词语进行沟通。例如，与青少年沟通可多运用网络语言或时髦的语句，使沟通更趋于协调，也能体现出对对方的尊重和认可。

【相关链接】

2003年8月22日16时许，厦门市公安局110指挥中心接到一名男子的报警，称其与一女子发生纠纷，该女子以随身所携带的炸药相威胁，意欲与其同归于尽。

现场是一套一居室的住房，女人在厨房内手持锋利的剪刀死死堵住门口，男人则躲在里面的房间里，地板上还散乱地摆放着几包已经安装好的爆炸装置。那女人疯狂了，她拖出了一大一小两个煤气罐并一一拧开，空气中立刻弥漫着浓浓的煤气味。派出所民警试图做女人的思想工作，但话刚一出口，就被女人的尖叫声淹没。怎么办？一旦煤气遇明火燃烧而引爆炸药，将危及整幢居民楼的安全。

束手无策之际，细心的厦门市公安局刑侦支队政委曾海泉注意到那女人的客家口音，他开始改用客家方言与情绪激动的女人对话。亲切的乡音、真情的呼唤使女人的哭声渐渐地由绝望转向哀怨，又由哀怨转向委屈。曾海泉灵机一动，示意楼下的民警慢慢地从窗户缝里递给她一瓶矿泉水，并继续用龙岩话让女人喝点水。女人腾出一只手接下了这瓶水，看来女人对曾海泉政委产生了信任感。

曾海泉试探地说："让我一个人进去，我们单独谈谈好吗？"一直用背顶住玻璃门的女人没有反对。曾海泉用力挤了进去，女人回过身愕然地看着他，举起裁缝刀向左腕割去。但是女人的动作已来不及完成了，曾海泉从女人身后死死地抓住了她的双手……

启示：故乡远千里，乡情乃手足。乡音似乎是一道神奇的咒语，能在瞬间拉近彼此间的距离。一句熟悉的乡音，一声温暖的招呼，使人倍感亲切，产生情感上的共鸣。

二、共同话题

每个人都是某个领域的专家，不管是谁，都至少会有一个自己擅长谈论的话题。找到共同话题，可以让陌生人之间变得不再陌生，从而让气氛变得融洽，甚至可以产生一见如故、相见恨晚的感觉，否则就只能四目相对，局促无言。

【相关链接】

2004 年 4 月 14 日，胡锦涛总书记到陕西省勉县周家山镇一个村子里视察，他问一位农村妇女："你是这个村子的吗?"这位妇女说："我是来走亲戚的。"胡锦涛笑着说："我也一样，我也是来走亲戚的，是来看望乡亲们的。"一句亲切的话语，一下子拉近了村民与主席的距离。

2005 年 5 月 4 日，温家宝总理来到北京大学图书馆。他首先来到一楼网络检索大厅，那里坐满了学生。正在搜索资料的学生李晶看到温家宝总理突然出现在自己身边，一时紧张得不知道说什么好。在得知李晶学的是地质专业之后，温家宝总理笑着说："咱们俩是一个专业。"一句亲切的话语，让众人都笑了起来，周围的气氛也变得非常轻松。

启示：国家领导人与普通百姓身份地位悬殊，可是因为有了共同的话题，一下子又变得非常亲近，这便是语言的妙处。

我们可以从以下几个方面寻找合适的话题：

（一）察言观色，寻找共同话题

人的心理状态、精神追求、生活爱好等都或多或少地会在他们的表情、服饰、谈吐、举止等方面有所表现，只要善于观察，就会发现适当的话题。

我们要学习一下福尔摩斯，仔细观察对方的行为、倾听对方的话语，每件物体和每个字眼都可能是我们所感兴趣的话题。只要发现有自己熟悉的东西就要抓住时机，并十分自然地切入这个话题，这样一来，我们就能找到对方所感兴趣的话题。

（二）试探侦查，寻找共同话题

在警务活动中，为了打破沉默的状态，开口讲话是首要的。有人以招呼开场，询问对方籍贯、身份，从中获取信息；有人通过听对方说话的口音、言辞，侦查对方的情况；有的以动作开场，边帮对方做某些急需帮助的事，边以话语试探；有的甚至故意借火吸烟，也意在发现共同话题。

例如，当我们被问到“你是哪里人”时，绝对不要只用短短的几个字来回答，要学会丰富自己的回答，以提供给对方更多的信息，这样两人的谈话才不会断线。

（三）揣摩探索，寻找共同话题

为了发现共同话题，可以在对方与别人谈话时留心分析、揣摩，也可以在对方与自己交谈时观察揣摩对方的话语，从中发现共同话题。

（四）运用新闻，寻找共同话题

生活在这个世界上，大多数人对于自己身边发生的一些新闻总是感兴趣的。因此，我们可以把国内外或本地的一些最新消息作为话题，以此来打开别人的心房，达到沟通的目的。

三、兴趣爱好

道不同不相为谋。拥有相同的兴趣爱好、人生经历的人往往更容易产生共鸣，也就能自然而然地变为同道中人了。引起对方的谈话兴趣，最有效的方法莫过于和对方交流他最熟悉的、最感兴趣的事情。那些能引起对方兴趣的话题，可以使整个沟通过程充满生机。相同年龄、相同群体的人兴趣爱好有其共同特点和规律，只要能抓住沟通对象的兴趣爱好，就能激发其沟通的兴趣，沟通也就变得容易多了。

（一）老年人的兴趣偏好

60 岁以上的人被称为老年人。老年人关心的话题是子女的前程和自身的健康，最能激发他们沟通兴趣的是他们逝去岁月的成绩、功劳和荣誉。老年人回忆自己过去丰富的经历和骄人的成绩，是一种快乐积极的情感，一种富足适意的心境，更是一种坦荡豪迈的襟怀。

（二）中年人的兴趣偏好

30 至 60 岁的人被称为中年人。中年人关心的话题是子女的教育，最能激发他们沟通兴趣的是自己的创业史和青年时代的风风雨雨。

（三）青年人的兴趣偏好

16 至 30 岁的人被称为青年人。青年人关心的话题是事业与成功，最能激发他们沟通兴趣的是异性和兴趣爱好。

（四）少年人的兴趣偏好

0 至 16 岁的人被称为少年人。少年人关心的话题是新鲜事物，最能激发他们沟通兴趣的是偶像明星。

当我们遇到不同年龄段的人时，可以从上述分析中去寻找对方感兴趣的话题，沟通起来自然也就会畅通无阻了。

第五节 营造气氛

营造一种让对方产生共鸣的沟通气氛，能够迅速唤起对方交流的欲望。沟通的气氛有严肃的或轻松的、正式的或随意的、喜庆的或悲伤的等。要想让沟通达到理想的效果，营造一种与沟通目的相协调的气氛便显得尤为重要。

影响沟通气氛的要素有外部环境和内在表现两部分。外部环境包括沟通的场合、时间、对象，沟通地点的布局、灯光、颜色，沟通双方的坐姿、空间距离等；内在表现包括微笑、赞美、幽默、寒暄、鼓励、倾听、沉默等。本节主要探讨如何通过内在表现去营造有利于实现沟通目标的气氛。

一、微笑

微笑不仅是一种外化的行为，也是内心情感的写照。微笑是表现力最强、最生动、最形象、最友好的无声语言，它对沟通对象所产生的魅力也最为巨大。微笑虽然无声，却可以传递出高兴、赞同、尊敬、真诚、感谢等信息。经常面带微笑的人，到哪里都会受到别人的欢迎。生活中不能缺少微笑，传递友善更离不开微笑。

每个人都会笑，包括微笑，但要真正征服人心并非易事，这就要求我们首先要解读好微笑的深刻内涵，明白微笑在沟通中所起的作用。微笑在沟通中具有其他方式所无法企及的作用。

（一）微笑有助于缓和紧张的气氛

微笑是一种令人愉快的表情，传达出一种热情而积极的处世态度，传递着诚挚的情感，是缓解紧张气氛、打破僵局的良策。微笑体现出对对方的尊重、赏识和重视，能留给对方美好的心理感受，从而有效消除彼此的紧张感，形成融洽、愉快的沟通气氛。

（二）微笑能缩短人与人之间的距离

一个亲切的微笑是在向对方表明：“我喜欢你，你使我愉快，我真高兴见到你。”领导的微笑传递着宽容、理解、鼓励、平易近人，是实现与下属沟通的催化剂，也是下属放松心情、努力工作的原动力；同事的微笑传递着平等、友好、热情和团结；陌生人的微笑传递着友善、信任、接纳和温馨。

（三）微笑可以显示自信

微笑是自信的象征，是心理健康的标志，是友善热情的代码。胜利者的微笑传递着自信自强，失败者的微笑传递着不屈不挠。用微笑面对困难，就能做到处变不惊、从容镇定，它就像阳光一样，给人以温暖，可以驱除周围人心中的阴郁、沮丧、恐惧、烦恼等不良情绪，有利于困难的解决。

（四）微笑是化解矛盾的法宝

微笑能巧妙地向对方表达自己谦恭、友善、平和的态度。当我们遇到矛盾或冲突时，不管对方语气如何咄咄逼人，态度如何斤斤计较，只要我们始终以微笑面对，就不会引起喋喋不休的争论。

【相关链接】

在公安局办理二代身份证窗口，民警微笑着对来办证的施×说道："您好！请交费20元！"话音刚落，就见施×拿出一个鼓鼓的塑料袋，扔给经办民警："点吧。"民警接过塑料袋，打开一看，里面全是一角钱的硬币，明知是故意刁难，民警仍笑脸相迎："师傅，请稍等。"于是便耐心仔细地数起硬币来。清点三遍，确认无误后，民警说道："师傅，让您久等了！正好20元，请拿好您的回执，一个月后来取身份证，再见。"看着民警热情周到的服务，而且没有丝毫抱怨的神情，施×惭愧地说："我因对缴费心存怨气，故意带这包硬币来麻烦你们的，但看到你们一点也不抱怨，我真的很抱歉。"

启示：最好的沟通方法不是唇枪舌剑般的争论，而是微笑面对；最好的沟通效果不是让对方哑口无言，而是使对方成为自己友好的朋友。

二、幽默

幽默是一种优美健康的品质，是思想、学识和灵感的喷发，是乐观精神的外露。它能使语言闪烁着智慧的光芒，能让人感到轻松有趣，可以有效调剂沟通的气氛，还可以给人以智慧的启迪和力量。

幽默是一种帮助个人积极适应环境的极为有益的工具。当一个人发现一种不协调或对自己不利的现象时，为了不使自己陷入激动的状态或被动的局面，此时不妨幽默一下，这样可以使自己显得更超然洒脱、从容不迫。一句得体的幽默话，往往可以使紧张压抑的氛围轻易被消解，使窘迫尴尬的场面在笑话中成功被化解，使愤怒、不安的情绪巧妙地得以缓解。一个机智的幽默故事不仅能使紧张的精神得以放松，被压抑的情绪得以释放，而且能使人从中受到启发和教育，从而忘却忧愁和烦恼。

【相关链接】

一个小镇上开了一家酒店，店老板脾气非常暴躁，常常听不得别人半句的坏话。一天中午，一个过路人停下来吃饭，要了一瓶酒和一些菜。刚喝了一口酒，忍不住叫了起来："酒好酸！"酒店老板听后，不由得大怒，马上叫来店里伙计准备拿棍子打这个人。这时刚好两位巡逻民警路过，看到老板要打客人连忙阻止，并询问店老板："老板为什么打人？"

老板说："我卖的酒远近闻名，这人偏说我的酒是酸的，你说他该打不该打？"

那个顾客说："酒就是酸的，你还坑人。不信让警察尝尝，让他评评理。"

这可是个难题。自家酿的酒本来就有酸味，可酸度多少从来就没有一个标准，更何况此事关系着双方各自的利益和面子。

只见一位警察说："让我尝尝。"

老板递给他一杯酒，警察刚尝了一口就连忙放下杯子，眼睛、眉毛都酸得皱在一起，脱口说道："你还是把他放了，打我两棍子吧。"

一听这话，整个店里的人都哄堂大笑起来，店老板也笑了。于是，一句诙谐幽默的话就这样把一场纷争给平息了。

启示：幽默的语言在某些场合下会产生神奇的效果。当矛盾发生时，只有那些缺少幽默感的人才会把事情弄得越来越僵，而幽默者则能使胶着的气氛变得和顺、自然。

幽默是一柄"双刃剑"，有些幽默是高级文雅的，有些幽默则滑入低级庸俗的泥潭中。在沟通中，我们一定要注意运用幽默的时机和对象，要做到适度并且格调和品位高雅。如果只是一味地说俏皮话，无限制地幽默，其结果必然适得其反。

【相关链接】

一位农村小学教师到某地出差，拎了一袋土特产去看望一个多年未见、新近升迁为副局长的老同学。

老同学心宽体胖、雍容富态，开门见是老同学，一边让进屋，一边指着他手中的土特产戏谑道：“你何时落魄到要到我这儿走后门了？本局长清正廉洁，拒绝歪风邪气、腐蚀贿赂。”

一句讥讽的调侃，使这位小学教师自尊心受损，他顿生反感，扭头就走。

启示：带有嘲讽、攻击、责怪意味的幽默也会引人发笑，但那是将别人的尊严硬生生地撕下来，只会引起对方的怨愤。

三、鼓励

沟通中的鼓励，是指通过各种手段（如同理心地倾听、灿烂的微笑、轻轻地点头、适度地赞美等）营造一种积极、和谐的谈话氛围，从而激发对方谈话的兴趣，使对方袒露心扉，畅所欲言，直抒胸臆。

如果想要获得良好的沟通效果，就要避免采取与对方对抗的态度，因为在沟通的过程中，如果对方认为我们在与他对抗，他不仅会刻意限制自己的话语，还会限制自己的思维。鼓励是一种积极认可的态度，是对对方的尊重和接纳，是激发对方情感，消除拘谨、对立，充分让对方表达思想和观点的有效手段。

【相关链接】

在一个偏僻的路段，发生一起抢劫杀人案。被害人是一名杂货店老板，凌晨5时30分左右路过案发现场被人用刀捅死，身上的财物都被抢光。侦查员在案发现场周围进行了地毯式走访和摸排，很快找到了一位目击者，他是一位捡破烂的老人。

侦查员：“老大爷，您好！我是这里公安局的，想向您了解一些事情好不好？”

侦查员蹲在老人面前，递给老人一根烟，并帮他点上火。

侦查员：“早晨你在这里有没有看到什么情况？”

老人：“我看到有两个人打一个人，后来那两个就跑了……”

侦查员：“你提供的情况很重要，这对我们破案很有帮助，谢谢您！请您再想想，您还看到了什么没有？”

老人吸了一口烟，想了想说：“对了，在他们打人之前，我看见那两个人蹲在那个电线杆底下吸烟。”

电线杆底下果然有几个新鲜的烟头，侦查员从烟头上提取到了DNA，通过比对，很快锁定了一名刚刚刑满释放的犯罪嫌疑人。

启示：警务人员心存敬意并鼓励老人发展他的思维，是本案获得有价值线索的关键。

四、沉默

沉默可以制造沟通的紧张气氛，长时间的沉默不但给对方施加心理压力，使对手在长久的沉默中失去理智，同时沉默有助于自己倾听，为自己赢得时间思考，从而增强语言表达的逻辑性，使表达更严谨，减少说话中的失误。沉默是一种防卫武器，可以避免无休止的争论；沉默也是一种无声的批评信号，让对方醒悟。沉默并不等于无言，它是一种积蓄、酝酿以待猝发的过程，就如同拉弓蓄力，为的是箭发时铮铮有力，直冲云霄。

【相关链接】

北京早期预审专家汲潮有一次审讯一名犯罪嫌疑人时，这名犯罪嫌疑人装疯卖傻，在证据面前拒不承认，还斜着眼睛歪着嘴巴，伸胳膊抬腿，装抽风。汲潮并不正面进攻，犯罪嫌疑人一装抽风，汲潮就看报纸，保持沉默，时间一长，犯罪嫌疑人便支持不住，就渐渐放松下来。每到这时，汲潮故意放下报纸，看他一眼，犯罪嫌疑人就不得不继续装抽风，连续审讯五次，犯罪嫌疑人最后不得不交代了问题。

在审讯另一起案件中，犯罪嫌疑人做好了充分的思想准备，开始就表现出非常有把握的样子，文辞通顺流畅，音调有高有低。此时汲潮还是保持沉默，斜着头盯着他看，同时右手食指和中指轮流敲击桌面，有轻有重，节奏鲜明，显示出对犯罪嫌疑人说话内容的不满态度，也给犯罪嫌疑人一种感觉：侦查员掌握的情况比他想象的要多，这位侦查员有点不耐烦了。沉默和敲击声让故作镇静的犯罪嫌疑人心慌神乱，等时机一到，汲潮便发动进攻，很快就拿下了口供。

启示：人性是排斥黑暗和沉默的，沉默使人感到没有依靠，足以击垮别人的心理防线，甚至可以让人为之疯狂。

第六节 善于倾听

倾听是一种态度，一种尊重，一种修养，甚至是一门艺术。倾听，是最基本的沟通技能，是获取信息的重要方式之一，是激发对方谈话欲望的无声语言，也是给对方留下良好印象的良方。心理学家调查发现：不为任何赞美言辞所迷惑的人，也会被专心听他讲话的人所感动。

在警务工作中，警民间的许多误会和冲突往往是由于彼此间没有真正地倾听对方的声音，不了解对方的意思所造成的。学会倾听，能使人胸怀大度、广纳意见，在倾听的过程中可以获得信息，获得知识，获得朋友，获得公众对警务人员的钦佩和信赖；学会倾听，更能赢得公众的拥护，更好地树立警务人员自身的良好形象。

【相关链接】

一位杀人犯罪嫌疑人拒不交代犯罪事实，预审进入僵持状态。一位分管刑侦的副局长知道有位老人对犯罪嫌疑人很了解，于是就找老人家想了解一下犯罪嫌疑人的一些背景，以有利于案件的突破。去了几次，这位老人家始终不肯多说一句话，总是说："哦，你要问××啊，我不知道……"为了让老人能说出真相，这位副局长改变了问话方式，而改说："老先生，您的谈话很有趣，可不可以多说一些……"语气就好像是孙子央求爷爷讲故事。果然这种方式很奏效，老人的态度逐渐有所改变，谈话内容与以前大致相同，但其中掺杂了一些新的事实。于是这位副局长了解到了犯罪嫌疑人的身世及幼年时的悲惨生活，这些事实对最后拿下犯罪嫌疑人的口供起到了至关重要的作用。这位局长说："正因为他善于倾听，使老人对他的态度产生了好感，老人才会打开心扉，毫不隐瞒地全盘托出。"

启示：让对方先说话、多说话，有时候并不吃亏，善于倾听的人常常会有意想不到的收获。蒲松龄因为虚心听取路人的述说，记下了许多聊斋故事；唐太宗因为兼听而成明主；齐桓公因为细听而善任管仲；刘玄德因为恭听而鼎足天下。

沟通从倾听开始，沟通的最大障碍不是如何把自己的意见、观点表达出来，而在于如何听出别人的心声。在沟通过程中最常用到的是洗耳恭听的能力和能说会道的能力。在现实生活中，人们往往重视言语表达能力的训练而忽视倾听能力的提升。例如，有演讲比赛、朗诵比赛、朗读比赛，但没有专门倾听别人说话的比赛，其结果是在沟通过程中往往是说得太多而听得太少。因此，警务人员要想提升沟通能力，就必须学会倾听。

一、倾听的含义

了解倾听的含义，有助于我们更好地倾听；而更好地倾听，则有益于我们有效地与他人沟通。我们先看看“听”的繁体写法：聽，一个“耳”字，倾听自然要用耳朵；“十”和“目”代表眼睛要看着对方；“一”和“心”，表示一心一意、很专心地聆听；“耳”下方有一个“王”，表示对方至上，把说话的人当成王者对待。

福建省泉州市清源山有一个特大耳朵的老子石刻——老君岩（见图4－2）。老君岩的耳朵特别大，为什么呢？因为他是一位圣人！看看汉字“圣”的繁体字“聖”由一个“耳”、一个“口”、一个“王”字构成。“聖”是个形声字，表示一个人如果善于倾听，并且口才又好，那他就是圣人。后来渐渐引申为有最高道德的人或精通某一方面事情的人。

图4－2

“听”在字典里被定义为动词：有意识地用耳朵接收声音，给予密切关注以便能用耳朵感觉到声音。倾听和听却是有根本区别的，倾听不是单纯地听。国际倾听协会这样给倾听下的定义：倾听（listening）是接收口头及非语言信息、确定其含义和对此做出反应的过程。倾听包括接收有声语言信息和肢体语言信息两部分，也就是说，倾听不仅指用耳朵接收声音，而且也指用眼睛观察说话者的表情以揣摩对方的心思。

史蒂芬·柯维博士认为，按照听的专心程度，可以把听分为五个层次（见图4－3）：

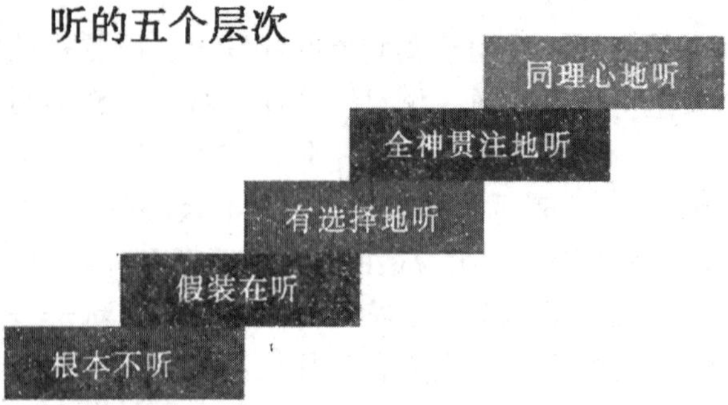

图4－3

（一）第一层次：根本不听

听者心不在焉，看似在听，可实际上对谈话的内容却漠不关心，心里在考虑着其他与谈话内容毫无关联的事情，如对待长辈的唠叨。根本不听的人我们可以从他的体态语言中看出，他的眼神没有和谈话者交流，可能在左顾右盼。

（二）第二层次：假装在听

有的听者用双眼盯着谈话者，脸上露出微笑，并不时地点头示意，给人以认真倾听的感觉。而事实上，他们在频频点头的时候，其思绪可能已遨游在千里之外。假装在听大多发生在一些应酬式、应付式的场合，如发表会、让人提不起兴趣的会议等。

（三）第三层次：有选择地听

听者只听一部分内容，倾向于倾听所期望或想听到的内容，而把不合口味的、与自己意思相左的一概消音过滤掉，如有些上级希望听到来自下面的好消息，对坏消息则有一种抗拒心理。

（四）第四层次：全神贯注地听

全神贯注地听，又称聆听。听者自始至终都保持着认真主动的态度，能够接收谈话者绝大部分的信息，但是能否听出信息背后的含义，明白说话者的本意，却很难说。全神贯注地听显示出对他人的尊重，会给人留下良好的印象。

（五）第五层次：同理心地听

听者撇下自己的观点，带着理解和尊重，从谈话者的角度设身处地地听，这是听的最高境界。同理心地听不是单纯、单一地去听，而是用耳朵、眼睛和心在倾听。

授课时，笔者常与学员做这样一个互动游戏。请大家按我说的做动作：请伸出你的右手，右手的拇指和食指尖连在一块，变成一个小圆圈，然后把小圆圈贴在自己右脸颊上。再伸出你的左手，把左手手掌心贴在自己下巴上，贴住了就不要动。此时笔者故意把左手贴在脸颊上，很多学员会受笔者的干扰跟着做错。

据研究发现，一个人接收到的外界信息，83%是从眼睛进去的，眼睛已经习惯了接收大部分的信息，只有17%的信息是听进去的，视觉印象比听觉要深刻得多，只有盲人才不会受到视觉的干扰。所以我们在听的时候，不仅要用耳朵听，而且还要用眼睛和心灵听，这样才能有效地获取信息，防止信息的遗漏。

二、倾听的方式

研究者认为，倾听可分为侧重于人的情感的倾听、侧重于行动的倾听、侧重于内容的倾听和侧重于时间的倾听四种方式。

（一）侧重于人的情感的倾听

听者关心对方的情感，因此听者往往寻找与对方共同的话题，并对情感做出反应。这种倾听方式常见于配偶、家庭和最好的朋友之间。

（二）侧重于行动的倾听

听者所要的是准确无误的表述，并有可能对错误、没有逻辑的话表现出不耐烦。例如，劫持人质现场，领导要求现场指挥员拟订解救方案，他要求这方案详细并且能得以实施。

（三）侧重于内容的倾听

听者更喜欢复杂而又充满挑战的信息。由于这种信息通常是抽象的，因此听者可能不掺杂任何感情进行倾听，并在作出判断前对信息进行评价。例如，发布新闻、学术交流、教师授课等都属于侧重于内容的倾听。

（四）侧重于时间的倾听

这种听者更喜欢简短而快速地与他人沟通，并且经常会告诉说话者只有多少时间允许他（她）阐明自己的观点。例如，上下级之间的交谈，学术中的答辩等都属于在限定时间内的沟通。

善于倾听的人会根据环境的变化而不断调整自己的倾听方式。例如，当某人抱怨同事或领导时，他希望侧重于人的情感的倾听者；当某人刚完成一篇文章需要征求意见时，他希望侧重于内容的倾听者；大多数行政管理人员在办公室可能更希望用侧重于时间的倾听方式。

倾听者的文化程度和结构存在差异，导致其对倾听方式也有所偏好。例如，美国人的价值理念以人为中心，倾听时可能非常注意人与人之间的情感交流；而以色列人更多地注意信息内容的准确性；德国人是世上最积极的倾听者，他们倾听时常常会不时地用提问来打断说话者。因此，我们应当根据不同情景和对象选择不同的倾听方式，从而提高沟通效率。

三、倾听技巧

倾听不仅需要真诚的同理心，而且还应当具备一定的倾听技巧。警务人员更应当重视倾听，掌握倾听的技巧，提高倾听的能力，做一名优秀的倾听者。

（一）不随便打断对方的谈话

不随便打断对方的谈话，是说要完整地听清楚对方谈话的内容，不要在对方还没说完时就下结论。人们都有喜欢发言的倾向，发言通常被视为主动的行为，可以为自己树立强有力的形象，而倾听则被视为被动的行为。在这种思维习惯的支配下，人们更倾向于在别人还未把话说完时就迫不及待地打断对方的谈话，或者早已心烦意乱了，往往不可能把对方的意思听全、听懂。打断对方的谈话，就意味着没有耐心和不尊重别人。谈话者最讨厌的是别人打断他的讲话，因为这样既打断了他的思路，又让他体会到自己不被尊重。

“不随便打断”不是“不打断”，出现下面两种情况就可以打断。第一，听不懂对方陈述的事情。因为听不懂就会影响我们对后续信息的搜集，所以可以打断对方的陈述并让对方为自己详加说明。第二，当对方话语跑题时，可以打断对方的谈话。例如，有些人本来是在讨论工作上的事情，结果突然说起“昨天看的一部电视剧，那个女主角……”等毫无关联的话题时就有必要及时打断。

【相关链接】

巴顿将军为了显示他对部下生活的关心，搞了一次参观士兵食堂的突然袭击。

在食堂里，他看见两个士兵站在一个大汤锅前。

“让我尝尝这汤！”巴顿将军向士兵命令道。

“可是，将军……”士兵正准备解释。

“没什么‘可是’，给我勺子！”巴顿将军拿过勺子喝了一大口，怒斥道：“太不像话了，怎么能给战士喝这个？这简直就是刷锅水！”

“报告将军，我正想告诉您这是刷锅水。”士兵答道。

启示：只有善于倾听，不随便打断对方的谈话，才不会妄下一些很武断的结论！

（二）适时摘录所听到的内容

俗话说：好记性不如烂笔头。所以，我们开会时务必要带笔记本，一边听一边记，一方面让对方觉得我们尊重他，很注意听他的讲话；另一方面我们记下关键的词句，对我们以后回忆相关内容也能起到提醒的作用。

据研究发现，很少有人能把别人讲过的话全部记下来，除非是那些经过特别训练的人，一般人的倾听效率只能达到25%。很多人可能会怀疑这个数字，认为自己的记忆力没有这么差。不相信就请回忆一下，昨天的《新闻联播》或《新闻30分》我们还能记住几条新闻。可能大多数人只能记起5条左右的新闻吧。据统计，正常情况下每天半小时的《新闻联播》或《新闻30分》新闻量在28～32条之间，只记起5条新闻是不是远比25%低？

（三）让对方知道自己在倾听

让对方知道自己在倾听可以起到激励和调节对方表述的作用。做出适当的回应是让对方知道自己在倾听的最佳办法。回应包括语言回应和非语言回应。语言回应，就是在倾听过程中发出“嗯”、“哦”、“啊”等表示自己在认真听的词语；非语言回应，就是做出目光交流、点头、摇头、微笑或者看表等一些肢体方面的动作。听者身体的姿势能暗示出他对说话者的态度，自然开放性的姿势，代表着接受、兴趣与信任；倾听者身体向前倾的姿势是集中注意力、愿意听、对话题感兴趣的表现；交叉双臂跷起二郎腿是种封闭性的姿势，容易被人误认为不耐烦或高傲。

（四）适时提问并复述对方的意思

在倾听过程中，适时提出问题并复述对方的意思，也是让对方知道自己在认真倾听的有效办法。适时提出问题，与对方交流思想、意见往往有助于沟通双方彼此互动。有效地提出问题能确认所听到的内容，并获得准确的信息，同时也可以从对方回答的内容、方式、态度、情绪等其他方面获得信息。

倾听时的提问应注意：第一，提问的数量要少而内容要精，次数太多则会打断谈话者的思路和情绪，改变谈话的主题。第二，所提的问题要紧紧围绕谈话内容，不能漫无边际地提一些随意而不相关的问题。第三，注意提问的语速。说得太急，容易使对方感到我们咄咄逼人；说得太慢，对方就会不耐烦。

（五）善于倾听弦外音

中国人说话常常一句话里有两种意思，一种意思用嘴巴传达，听得见，另一种意思在腹中，不发出声音，所以听不见，只能当做参考。而听不见的那一种，才是真正的心声。我们最好养成同时听这两种意思的习惯，善于听懂隐藏在腹中的真正心声。例如，我们到别人家里拜访，到吃饭时间了他会出于礼节邀请“一起吃饭”，这时如果我们真的留下吃饭，那就是一位听不懂话的人。这句话是我们中国人礼貌性的应酬，并不是真的要挽留我们吃饭。但是如果这句话重复了多次那有可能真的是要留我们吃饭。

俗话说：听锣听声，听话听音。很多人讲话是有弦外音的。例如，女同志说“讨厌”和“你讨厌”是有区别的，“你讨厌”不是真正的讨厌你。倾听不只要用耳朵听，还要用眼睛看，听的时候还要读懂对方脸上的表情。只有把对方说话的内容和脸上的表情、眼神结合起来去揣测，我们才能体味到对方的真正意图是什么。例如，笑着说“讨厌”和板着脸说“讨厌”也是有很大区别的。

（六）保持足够的耐心

要想取得沟通的最佳效果，耐心是必不可少的。缺乏耐心是谈话的绊脚石，它让许多人表现得不像是积极的倾听者，而是选择性的倾听者。在倾听中，耐心意味着要控制住自己的感情，能够很好地控制自己的感情和耐力极限的人，就能处理好以任何方式表达的信息，并把注意力放在积极的方面。如果不具备这些控制力，谈话就会中断，甚至会产生破坏性的争执。

【相关链接】

美国第十六届总统林肯曾是一名杰出的律师。一天，林肯在报纸上看见了一则这样的消息：有个叫阿姆斯特朗的青年被控犯谋财害命罪。阿姆斯特朗是他已故好友的儿子，他知道该青年品行优良，绝不会杀人，于是便主动为被告辩护。

复审开始了。全案的关键，在于原告方面的证人福尔逊，福尔逊的证词是：10月18日23时15分，我站在一个草堆后面，清楚地看到被告在草堆西边30米处开枪击毙了被害者。因为月光正照在被告脸上，所以我看得非常清楚。

林肯默默地听目击证人叙述，一言不发。待证人说完后，林肯缓缓向证人提出一些相关问题，证人福尔逊一口咬定10月18日23时15分，在月光下认清了被告的脸，林肯由此断定这个证人是个彻头彻尾的骗子！他的理由是："10月18日那天是上弦月，23时月亮已经下山了，哪里还有月光呢？退一步说，也许他时间记得不十分精确。假定说，时间稍有提前，那的确有月光，但那时月亮应当在西方，月光从西往东照射。草堆在东，大树在西，如果被告的脸对着草堆，脸上是不可能有月光的，证人怎么能从30米的草堆后面看清被告的脸呢？"

整个法庭轰动起来。证人在众人的咒骂声中承认了自己是被人收买来陷害被告的。阿斯姆特朗立即被宣告无罪。

启示：林肯通过耐心倾听，找出了证人证词中的破绽，然后根据月相知识，揭露了证人的谎言，击中了证人的要害，拯救了被告。

第七节　自信说话

说话方式和说话水平能反映一名警务人员的思想道德修养、科学文化水平、逻辑思维习惯、语言表达能力和社会交往技巧。当前广大群众的文化水平越来越高，话题也越来越丰富，如果警务人员不随之改进自己的说话方式并提高自己的说话水平，只会简单地说一些官话、套话，就不能有效地开展工作。

【相关链接】

2010年3月的一天，家住××市××小区的王×下班回家，发现家中门已被撬，且一些值钱的财物也已被洗劫一空，于是报警。辖区民警接到报警后迅速赶到现场进行勘查，并给王×制作了报案笔录。王×问在场的民警该案能否破获，民警直接回答说："要看运气，运气好能破，运气不好就破不了。"事后，王×拨打了××市市长专线，对警方进行投诉，认为警方是靠运气来破案。

启示：俗话说：说得好让你笑，说不好让你跳，这就是说话艺术不同效力的体现。

一、四种说话方式

在沟通中，人们通常采用四种方式来表达自己的想法：自信式、消极进攻式、退让式和攻击式。当人们在充满压力和挑战的形势下遇到特定的人或情况，就会进入一种低效的语言表达方式，这主要包括消极进攻式、退让式和攻击式。自信式说话则与这三种说话方式截然相反，它是指以积极自信的方式来表达自己的观点，并要求和鼓励他人也这样做。

（一）消极进攻式

消极进攻式说话者给人的感觉是敏感且间接，但他潜在的语调却是想要操纵他人并可能会伤害他人的感情。例如，"如果你想要那样的话……""小李的问题在于……"等消极进攻式的表述令人不悦。以这种方式说话的人通常会表现出以下特征：

1. 反对。消极进攻式说话者共同的行为特征是听起来好像他同意某个决议，并遵循它去做，而实际上他的后续行为并没有表现出他对该决议的支持。

2. 背后议论人。消极进攻式说话者通常不会正面参与讨论他人所关注的问题，而是采取背后议论或埋怨他人的方式。

3. 使用讽刺语气。消极进攻式说话者常用讽刺语气讲话，如果他不用讽刺的语气讲话，他的声调也可能会表现出对他人的不敬或伤害。有时不是通过词语，而是通过一些非语言的方式来表达他的不满，如转动眼球、摇头或发出表示厌恶的叹息声。

4. 谈条件。这种人没有宽容心，不识大体，他们以消极进攻的方式看问题，因此合作就具有了限制性和条件性。

5. 事后诸葛亮。这种人总是在事后以最快的速度发表评论或进行责难。

（二）退让式

退让式是四种说话方式里最平和的一种。退让式说话者往往是被动的，因此他们允许其他人控制谈话内容。例如，他们习惯说“抱歉问你一下”、“不知道我是否可以这样做”等。退让式说话者通常表现出以下特征：

1. 声音柔和。说话不够自信，说话的声音常常很低，态度也显得毕恭毕敬。

2. 表达不出自己的观点。退让式说话者几乎同意对方所有的观点，他很少陈述自己的观点，而且绝不会表现出与对方意见相左。

3. 肢体语言不自信。退让式说话者不会与其他人有直接的目光接触，他的目光总是远距离地停留，然后低下去或者移至他处。在讨论问题时，他的肢体语言也表现不出任何自信。

4. 说话犹豫不决。退让式说话者讲话时会表现出犹豫不决，给人以含糊不确定的感觉。他们通常会使用一些模棱两可的词，如也许、可能、希望等。

5. 语言令人失望。退让式说话者的语言共性是令人感到失望或无法与之交流，对方常常会听到他们说诸如“我不能”或“我不知道”之类的话。

（三）攻击式

攻击式是一种让对方难以控制的说话方式，说话者以自我为中心，通常会对对方产生敌意，因此对方会产生受控制或被嘲笑的感觉。例如，攻击式说话者会说：“你这个白痴”，“你必须……”之类刺耳的话。攻击式说话者通常会表现出以下特征：

1. 使用胁迫性的肢体语言。攻击式说话者有时会使用具有威胁性或胁迫性的肢体语言，如用手指比画，身体移近对方，眼睛直盯着对方或拍桌子等。

2. 命令。攻击式说话者习惯用命令或要求的方式从别人那里获取东西，也往往会命令对方必须做某事。

3. 提高声音。攻击式说话者讲话时会提高声音甚至大声呵斥，这时他的语调也会变得异常尖锐。

4. 语言高度个人化。攻击式说话者将注意力更多地集中于人而不是问题，他的用词里会有很多的“你”，并且有时还会使用侮辱性的语言。

5. 语言恐吓。当攻击式说话者强力推崇某个观点，而对方与他意见相左，或者事情没有朝着他所期望的方向发展时，沟通很快就会沦为一场他必须赢的战争，而赢得这场战争的方式不是倾听，而是打断别人说话、高声讲话、无谓的争论甚至对他人进行语言攻击或恐吓。

（四）自信式

自信式是最积极、礼貌且最能表现说话者自信的一种说话方式，但要想熟练掌握也需要更多的技巧和努力。例如，“对不起！我错了”、“我对你的话是这样理解的……”都属于自信式说话。自信式说话者通常会表现出以下特征：

1. 负责。自信式说话者认为每个人都应当为自己的行为负责，不需要借口，不需要托词，不能因为出现问题就责备别人。他能坦诚接受既成事实并将注意力集中于下一步需要解决的事情上。

2. 以行动为准绳。这种人说话做事从不要花招，如果有什么事需要做，他会主动解决而不会等其他人提出后才去做。

3. 积极倾听。当双方进行对话时，自信式说话者会认真地倾听他人陈述的意见并理解他人所持的观点。

4. 待人诚恳。这种人谦恭有礼，懂得尊重别人，能诚恳地表达自己的意见，不会拐弯抹角。

5. 声音和肢体语言都能表现出自信。自信式说话者的声音听起来铿锵有力、坚定可信。说话时，他的全身都散溢出活力与激情，体态、手势和面部表情也恰到好处，能很好地衬托出他言语的真实性。

【相关链接】

老张接到一个重要的任务，并且完成时间非常紧迫。老张知道要完成这件事，就必须得到同事小李的帮助。老张分别运用了四种说话方式与小李进行沟通。

攻击式：“小李，你看，我现在快要忙死了。你得赶紧帮我把这个重要的项目完成！我可没时间听你说你要忙别的事情，那种借口在这时候不会起作用的。所以来吧！坐下来让我告诉你，我需要你做些什么。”

退让式：“你好，小李。我本不想打扰你，我知道你现在很可能要忙一大堆别的事情。我有一个难办的任务，如果你有时间的话，我需要你的帮助。但是，嗯，如果你不想做的话也没关系。”

消极进攻式：“小李，我知道你可不是那种愿意置身事外的人。

嗨！只是个玩笑。不过，你看，你上周有紧急任务的时候，谁帮你了？对了，是我！所以你看，我现在的情形和你那时也差不多。不要担心，不管怎么样，我不会把大部分的工作都让你做的。”

自信式：“小李，我刚被安排了一项紧急任务，需要在一周内完成。如果你能给我一些帮助，我会很感激你的。你的经验对于完成这项任务的一部分非常重要。我想要做的就是现在或者今天下午花几分钟时间和你确定一下你对这个项目所能提供的时间和支持。你觉得怎么样？如果可以的话，我们什么时间谈？”

启示：相同的信息可以用四种不同的方式来表达，攻击式语气生硬，退让式让人怀疑他是否真的需要别人帮忙，消极进攻式语调里充满着嘲讽。只有自信式能够表明自己是在真诚地请求他人帮助，并且很好地说明了情况的重要性。

二、成为自信的说话者

以积极、礼貌而自信的方式说话是沟通成功的有效手段。要想使自己成为一名自信式说话者，就必须遵循以下准则：

（一）敬人准则

不敬的行为不仅会得到别人不敬的回报，还会使彼此的沟通进入僵持的局面。敬人才能换来对方对自己的尊重和信任，并使自己说的话具有说服力和公信力。

（二）双赢准则

双赢是指在充分考虑个人需求、充分表达自己想法的同时，又能设身处地地替对方做周密的考虑，并使二者达到平衡，也就是说，在追求个人利益时也要保证对方有所收获，并最终实现双方互利。

（三）自控准则

情绪和感觉是影响人们沟通效果的重要因素。在不良的情绪状态下人往往会出现“意识狭窄”的现象，即认知活动的范围缩小，理智分析能力受到抑制，进而使人的语言和行为失去控制。所以，要想成为自信式说话者首先要能够调节和控制好自己的不良情绪。

（四）礼貌准则

礼貌的语言、姿态和表情能够在沟通中给对方留下良好的第一印象甚至可以产生移情作用，有利于沟通目标的实现；相反，不礼貌的语言和举止则会使沟通无法继续进行，更不要谈达到沟通目的了。

（五）倾听准则

善于倾听的人总能及时发现对方的长处，并鼓励对方继续讲下去。只有听懂对方说的每一句话所包含的真正内容，才能有的放矢地表达出自己的意见。

（六）得体准则

得体就是说话要把握分寸，不说不及或过头的话，要灵活地根据沟通的目的和现场环境等来遣词造句，以最佳的方式传递最适当的信息。

【相关链接】

1998年10月7日下午，朱镕基到中央电视台视察。此前一天，中央电视台有关领导告诉敬一丹，总理明天来视察，你要想办法得到朱总理的题词。敬一丹听了既感到欣喜，又感到多少有些为难：由于朱镕基总理多次在不同场合表示过"不题词"，所以敬一丹也很难保证能获得总理的题词。

第二天，朱总理在中宣部部长丁关根同志的陪同下，来到中央电视台。大家簇拥在总理周围，七嘴八舌地与总理交谈。一位编导说："在有魅力的人身上，总有一个场，以前我听别人这样说过。我看您身上就有这样一个场。"朱总理笑了，一时间气氛十分融洽。敬一丹感觉这是一个好时机，于是走到朱总理面前说："总理，今天演播室里聚集在您身边的这二十几个人只是《焦点访谈》节目组的十分之一。"总理听了这话，说："你们这么多人啊！"敬一丹接着说："是的，他们大多数都在外地为采访而奔波，非常辛苦。他们也非常想到这里来，想跟您有一个直接的交流。但他们以工作为重，今天没能到这里来，您能不能给他们留句话？"敬一丹说得非常诚恳，而且非常婉转，然后把纸和笔恭恭敬敬地递到朱总理面前。总理看了一下敬一丹，笑着接过纸和笔，欣然挥笔，写了"舆论监督，群众喉舌，政府镜鉴，改革尖兵"十六个字。

启示：敬一丹的请求曲折委婉，且表述得又十分诚恳贴切，因而最终如愿以偿。

第八节　巧妙提问

沟通中，提问是很常用的一种技巧。巧妙提问可以帮助我们了解对方的需求、目标、真实想法以及对方更多、更准确的信息。同时，巧妙地提问还能帮助我们控制谈话的方向。高明的提问使人乐于回答，而愚蠢的提问则会引起对方的反感。总之，掌握提问的技巧，是打开对方话匣子的最好方法。

【相关链接】

一位年轻的妈妈和她4岁的儿子陪着外公一起去春游。妈妈从背包里拿出两个苹果，要儿子给外公一个。没想到儿子将苹果拿到手后，在上面分别咬了一口。妈妈非常生气，正要准备打儿子时被外公拦住，外公问道："乖孙子，告诉外公，你为什么两个苹果都要咬一口?""因为……因为我想把最甜的一个给外公。"

启示：如果没有外公的问话，这位年轻的妈妈就错怪这个可爱的孩子了。

一、提问的类型

提问按问题的开放程度划分，可分为开放式提问和封闭式提问；按问题的功能划分，可分为引导性提问、探询性提问、暗示性提问；按提问的手段划分，可分为一般疑问、反问、侧问、诱问、迂回式提问、假设式提问等。其实所有的提问都可归结为开放式提问和封闭式提问两大类（见表4－1）。

开放式提问是指能够让沟通对象尽情地去阐释、表述自己观点的提问，就好像考卷中的问答题和论述题一样。开放式提问的目的主要是鼓励沟通对象将问题展开来娓娓而谈。开放式提问表明提问者很想知道对方对某件事的详细看法、观点和感受，只要问得正确、得体，开放式提问往往能够得到更详尽、更具体的答案。

封闭式提问是指沟通对象只能用对错、是否等短语来回答，就好像考卷中的选择题和判断题一样。封闭式提问只要求回答者给出简单的答案即可，而进一步的工作留给提问者去完成。尽管封闭式提问能得到更准确的答案，但是，如果单纯地使用这种提问则会导致谈话枯燥乏味，产生令人尴尬的沉默，或使沟通对象觉得是在接受盘问。

表 4－1

	开放式提问	封闭式提问
优点	表达充分、发挥余地大	有助于控制沟通方向
	收集到的信息全面、广泛	有助于快速了解沟通对象的意图
	谈话气氛较轻松	容易得到实质性的信息
缺点	需要较多的时间	容易使沟通对象紧张或引发反感
	有可能偏离主题	限制了沟通对象的思路和表述
	不容易找到关键的信息	收到的信息具有局限性
使用时机	需要全面收集信息时	确认沟通对象的态度和看法时
	营造谈话氛围时	确认自己判断对错时
	鼓励沟通对象发言时	沟通受时间限制时
	让沟通对象自由选择时	限制沟通对象选择时

通过以上比较，可见这两种提问方式各有利弊。其实在实际运用中开放式提问和封闭式提问往往是交替使用的，一般的策略是开始用开放式提问以引起对方的陈述，然后用封闭式提问确定具体的要点。

【相关链接】

一位刚刚退休的领导生病住院了。老赵提着一篮水果到医院看望，见到老领导，老赵问："老领导得了什么病？""胃病。"老领导答道。"还痛吗？""痛。""要好好休息！""嗯。""需要我做什么事吗？""不要。""谁在这里照顾您？""我女儿。"老赵看完走了，老领导心情闷闷不乐。

过一会儿，小张提着一盆鲜花来看望。小张说道："祝老领导早日康复！"老领导笑道："谢谢！""老领导，您的病都是为我们单位给累出来的。""哪里，哪里！""老领导，听说您刚到我们单位时，我们单位还很破，是这样的吗？""是啊！连一间像样的办公室都没有，最好的交通工具是一辆凤凰牌自行车。不过，大家都很有能力，很团结……"小张看完走了，老领导突然觉得病情好多了。

启示：学会提问，可以使对方始终有话可说，有情可表。开放式提问是打破沉默气氛的良药。小张运用开放式提问让老领导讲述他的创业史，使他心中充满了成就感，自然会觉得病情好多了。

二、提问的基本原则

我们要学会提问、敢于提问、善于提问，这是我们获取信息、解决问题的有效捷径。提问是一门艺术，这门艺术有一些应遵循的内在规律和普遍原则：

（一）目的明确

在向别人提出问题时一定要明确自己提问的目的，漫无目的、信口开河式的提问是沟通中的大忌。明确了自己提问的目的，就可以做到有的放矢，围绕自己的目标设计一些欲提出的问题。问题问好了，离目标也就近了。

（二）准备充分

要想提出好问题，就需要我们事前多做一些准备工作，否则心中无底就容易慌乱，效果肯定也不会理想。准备的内容要根据沟通对象情况的不同而有所区别，但有些内容还是有共性的，如自身形象以及沟通对象的职业、家庭、兴趣爱好、忌讳等。

（三）态度真诚

真诚、友好、谦逊的态度是我们得到有价值信息的重要砝码。提问时，应尽量多用请教式、探讨式、商量式而不要用生硬式、预审式、审判式的口气。例如，“能向您请教个问题吗？”“请谈谈您的看法！”“能告诉我事情的真相吗？”

【相关链接】

中央电视台播音员赵忠祥，有一次到北京一家精神病医院采访一位女患者。原定的问话是：“你什么时候得的精神病？”

赵忠祥觉得这话太刺激患者，便改为委婉、和蔼地问：“您在医院住多久了？”“住院前觉得怎么不好呢？”一下子，这位原是小学教师的患者感到赵忠祥可亲可信，便很坦率地回答了一系列的提问，最后说：“我快出院了，我非常想念我的学生们。我真想快点治好病，能为教育孩子贡献我的一份力量。”言语之感人，大出赵忠祥的意料。

赵忠祥马上接口说：“您很快就要出院了，真为您高兴。今天咱们这段谈话已经录了像，过几天在电视里一放，我想您的学生看到您身体恢复了健康也会很高兴的……”

启示：真诚的态度和委婉的提问，对增进沟通双方的情感起着非常重要的作用。要想让对方自然而然地说出我们所期待的信息，尊重和理解对方是必不可少的，因为这是交谈的基础。

(四) 以对方为中心

我们提问的主要目的或是打破僵局，或是获取信息，或是启发引导对方。如果我们的话题一直围绕着自己转，对方就会感到很乏味，对自己所了解的信息也会有所保留。我们提问应以对方为中心，就是让对方多谈论自己，让对方多说话。

人性的本质决定了每个人都想让别人更多地关注自己，人们热衷于谈论自己胜过谈论任何话题。所以，提问要尽量以对方为中心，多问对方关心或擅长的事项，多问对方最得意或最想让大家知道的事情，这样对方就会觉得受到尊重和重视，自然也就不会拒绝为我们提供更多有价值的信息了。

(五) 避免禁忌

每一个人的内心深处，都有一种天然的、本能的维护自己内心秘密的情感。大部分人当被问及自身的一些缺陷或秘密时，都自然会产生逆反心理。因此，沟通中应根据双方交往的亲密程度，尽可能地避免问一些对方可能会忌讳的问题。通常情况下以下涉及个人隐私的问题不该问：年薪收入、年龄、婚姻、家庭、子女、健康、个人经历等。在涉外交往中，还要注意不要询问对方的政治见解、宗教信仰以及家庭住址等。

三、提问的技巧

提问是一门艺术，会提问的人，所提问题会让对方感到心情愉快，从而达到顺利沟通的目的；不会提问的人，所提的问题只会贻笑大方，甚至招人厌烦。掌握了提问的技巧，就等于拥有了一把让对方开口的万能钥匙。

(一) 找准切入点

找准提问的切入点，是指沟通过程中向他人提问时，应选择能激发沟通对象的兴趣，活跃沟通氛围，为大家所普遍关注的问题。问题选得好，问得妙，就能找到沟通的“激发点”，否则就可能话不投机半句多。

【相关链接】

刘×涉嫌强奸幼女。讯问时，刘×以年纪大不可能作此案为由为自己开脱，侦查人员为了最大限度地使刘×放松戒备，有意避开案情，与刘×聊起了他年轻时的经历，引导他说出年轻时有很好的武功，并适当地加以夸奖。当刘×说得高兴的时候，侦查人员给他倒了一杯水喝，边看他喝水边对他说："你年轻时的武功恐怕现在一点都没有剩下吧?"刘×听后一时忘形，运了一口气，"啪"地来了个金鸡独立。紧接着案件侦破人员根据他江湖义气观念重的特点指出："江湖中人都讲义气，像你这样的老前辈，应当敢作敢当。"一番得体的问话使刘×不得不低头认罪。

启示：侦查人员根据刘×会武功这一情况提问，因势利导，顺利找出对方证词中的明显漏洞，使刘×的谎言不攻自破，最后只得认罪服法。

（二）选择合适的方式

提问有很多种方式，我们不能简单地判断某种提问方式的优劣，但选择提问方式需要因人制宜，因时制宜，因环境制宜。例如，如果与对方沟通的时间有限，可以较多地采用封闭式提问；如果要用强制手段让对方接受自己的观点，可以多用反问句；如果对方遮遮掩掩不愿明确表达自己的观点，可以用追问。

【相关链接】

1936年"西安事变"发生后，杨虎城部队中的一部分军官强烈要求杀掉蒋介石，周恩来为了实现我党"和平解决西安事变"的政治主张，达到"迫蒋抗日"的目的，他不顾个人安危，只身来到那些全副武装的军官中做说服工作。周恩来对他们说："杀他还不容易？一句话就行了。可是杀了他还怎么办呢？局势会怎么样？日本人会怎么样？国家和民族的前途会怎样？各位想过吗？这次捉了蒋介石，不同于十月革命捉住克伦斯基，不同于滑铁卢擒拿了拿破仑。前者是革命胜利的结果，后者是拿破仑军事失败的悲剧。现在呢？虽然捉住了蒋介石，可并没有消灭他的实力，在全国人民抗日高潮的推动下，加上英美也主张和平解决西安事变，所以迫蒋抗日是可能的。我们要爱国，就要从国家和民族的利益考虑，不计较个人的私仇。"最后，周恩来成功地说服了大家。

启示：周恩来先用一句话稳住了众军官的心，控制了场面；接着连续用了六个问句，激发了军官的深思；最后提出了"迫蒋抗日"的目的和主张。三个层次，一层紧扣一层，一层深似一层，以理诱之，以情导之，终于使军官心悦诚服。

（三）把握恰当的时机

提问的目的是要让交流继续进行下去。如果对方对所提出的问题不愿作答或不知如何作答，便会造成冷场，这就违背了提问的初衷。因此，提问应把握时机，过早提问会打断对方的思路，而且显得十分不礼貌；过晚提问会被对方认为精神不集中或未能理解其意思，也会产生误解。一般情况下，提问的时机主要有三种：一是对方发言间歇；二是对方发言前后；三是自己发言前后。前两种时机是为了不打断对方，在自己发言之前提问是为了进一步明确对方发言的内容，在自己发言之后提问是为了探测对方的反应。

（四）控制好语调语速

过分轻柔的语调显得自己软弱，语调过重则可能招致反感，连续发问会让对方疲于记忆而丢失信息。适当的语调和语速，有利于自己的表达被对方清晰地接收，语调的抑扬顿挫、缓急张弛，往往比语言本身更能传情达意。一首乐曲能够感人至深、催人泪下，靠的就是声音的感染力。所以提问时要控制好自己的语调语速，并在提问后留出一定的时间让对方思考和表达意见。

（五）不对问句作过多解释

在沟通过程中，我们常常会低估对方的领悟能力而对问题做过多的解释，把提问变成解说，这不但引起他人的反感，也让自己的提问淹没在沉闷的解释中而显得渺小、烦琐，让人感觉不知所云。

第九节　换位思考

换位思考，就是设身处地站在别人的立场来看待问题，关注别人的需求、痛苦和难处，为别人着想，想别人之所想。警务人员要学会换位思考这一沟通法宝，能站在别人的立场、融入别人的背景和处境中来看待问题，理解对方的感受，用对方能够接受的方式表达自己的意愿。换位思考在使用中还具有方向性，即换位思考只宜律己，不宜律他，也就是说，只能要求自己换位思考别人，而不能要求别人对自己也换位思考。

【相关链接】

火车站一个穿着破旧，手里举着接站牌的中年妇女盯上了一个穿戴讲究、衣着华丽的时髦女人。于是凑了过去："大妹子，住店不?"时髦女人回头瞅了一眼脏兮兮的接站女人，丢了一个白眼。接站的大姐不知道是什么意思，继续介绍："俺们那儿，有电视，有电话，干净舒适，价格便宜。"时髦女人气冲冲地对接站大姐说："你这人怎这样，我就是住店也不上你家。"接站大姐听明白了，这时髦女人显然是瞧不起自己，说："不住，就不住呗，你说话能好听点不？我这儿咋了，你还想住五星级大宾馆哪？怕你拿不出来钱！跟我装啥，我啥人没见过!"时髦女人听这话，干脆不走了："哎呀，你臭接站的，还牛起来了，我今天就看看你到底能把我咋的?"旁边有好心人，就打了110报警。五大队的巡长孙传文、民警唐海波、李兴松赶到现场的时候，两个女人已经发展到了相互间撕扯扭打的状态了。孙传文马上把都在气头上的两位当事人带到了车上，并让两人把双手都伸出来。两双手摆在眼前，一黑一白，一糙一嫩，孙传文看了看十分明显的两双手，先冲着那个时髦女人说话了："大姐，你看看接站大姐的这双手，就可以看出来，她的生活多不容易。现在是三月天气，外面多冷。她天天站在站前接客送客。往旅馆送一个客人她才得1块钱，你说多不容易！如果你是她，你会怎么做呢?"这话勾起了接站大姐的伤心事儿，她边哭边说："我家有两个孩子要念书，他爸身子有病，动都动不了……"那个时髦女人感觉特别惭愧，忙上前劝接站大姐："大姐，别哭了，是我对不住你。"

启示：从对方的角度设身处地为对方着想，使思维跳出只沉迷于自己利益的小圈子，才能真正有利于彼此理解，并最终达到和解的目的。

我们日常工作中出现沟通不畅的原因，多半是各自所处的立场、背景和环境不同，大家想问题做事都各从自身利益出发，这样自然就很难理解别人的感受。要学会设身处地地去体会别人的感受，理解他人，接纳他人，养成换位思考的好习惯。

一、站在别人的高度

一个人所处的高度决定着他的见识。不要指望别人和我们的见识一模一样，因为高度不同，视角就不一样，看问题的立场自然就有所差异。在现实生活中，我们经常听到有人埋怨领导，他们没有处在领导的位置，怎么能体会领导的所思所想，所见所闻呢？没有达到领导的高度，很难体会得到“高处不胜寒”的滋味。

【相关链接】

一位年轻的母亲看到正在上幼儿园的女儿的一张绘画作品时，她一下子怔住了。孩子总是充满了想象，孩子的世界也应当是一个充满了想象的世界。可是，在她女儿的一幅名为《陪妈妈逛街》的画中，既没有高楼大厦，也没有车水马龙，更没有琳琅满目的商品，有的只是数不清的大人们的腿。

奇怪！她拿着女儿的画沉思了很久，终于解开了疑惑。原来，幼小的孩子只有几岁，身高只能达到大人的腰部，走在大街上，川流不息的人群将孩子遮掩着，孩子除了能看到大人们的腿，还能看到什么呢？年轻的母亲如梦初醒。是啊，孩子们上街看到的不是高楼大厦和车水马龙，而是大人们的腿，这是由他们的身高决定的。

启示：要理解并善待别人的高度，不要埋怨别人无知或无情，不要指望别人能和我们站在同样的高度上去思考问题，更不要拿自己的标准去要求别人。

二、从别人的立场出发

每个人做每件事都有自己的理由和立场，站在别人的立场上想事情，所提出的意见或建议对方就愿意接受和采纳；没有站在别人的立场上思考问题，就无法体会到别人的难处、别人的感受，也无法知晓别人的出发点在哪里，目的何在。

【相关链接】

一个犯人被单独监禁。他通过门上的窗口，看到门廊里的卫兵正在吸烟。这个囚犯很想要一支香烟，所以，他非常客气地敲了敲门。卫兵慢慢地走过来，傲慢地哼道：“想要什么？”囚犯回答说：“对不起，请给我一支烟。”卫兵嘲弄地哼了一声，就转身走开了。

这个囚犯又敲了敲门。这一次，他的态度是威严的。卫兵恼怒地扭过头，问道：“你又想要什么？”囚犯回答道：“对不起，请你在30秒之内把你的烟给我一支。否则，我就用头撞这混凝土墙，直到弄得自己血肉模糊，失去知觉为止。如果监狱当局把我从地板上弄起来，让我醒过来，我就发誓说这是你干的。当然，他们决不会相信我。但是，想一想你必须出席每一次听证会，你必须向每一个听证的委员证明你自己是无辜的；想一想你必须填写一式三份的报告；想一想你将卷入的事件吧——所有这些都只是因为你拒绝给我一支烟。就一支烟，我保证以后不再给你添麻烦了。”

卫兵想了想，从小窗里塞给他一支烟，并帮他点上。因为这个卫兵马上明白了事情的得失利弊。

启示：站在对方的立场上去考虑问题，我们会发现，我们变成了别人肚子里的蛔虫，他的所思所想、所喜所忌，都进入了我们的视线，让我们知己知彼，百战不殆。

三、从别人的角度去思考问题

人如果总是从自己的角度去看问题，那他永远也看不清楚问题的全部。从别人的角度去想想，许多事情可能都会迎刃而解。现实生活中，许多人在与人沟通时很容易以自我为中心，总认为自己是正确的，很少考虑别人的意见和利益；总希望别人能够理解自己，却忽视了别人内心的想法。从不同的角度看待问题，所得出的结论不一定都是相同的，但可能都是正确的。

【相关链接】

在一次电视台的综艺节目中，主持人向嘉宾提问：“细心观察的人都会发现，电梯里通常都会安有一面镜子。这镜子是干什么用的？”嘉宾们踊跃回答：“用来检查一下自己的仪表。”“用来看看后面有没有跟进不怀好意的人。”“用来扩大视觉空间。”

其实，正确的答案是：“肢残人士摇着轮椅进来时，不必费力转身即可从镜子里看见楼层的显示灯。”嘉宾们都显得有点尴尬，其中一位嘉宾抱怨说“原来是这样！我们怎么都没想到呢？”

是啊，时至今日，我们的确越来越聪明，知识面的确越来越广，但不幸的是，无论思路扩展到多远，我们往往还是从自己的立场上出发的。

启示：真理往往都非常简单。从别人的角度想一下，视野就会变得豁然开朗，也许就能看到一个全新的世界。

四、转换角色，体验感受

子曰：“己所不欲，勿施于人。”这句话告诉我们的道理是人应当将心比心，推己及人，避免伤害别人。人人都有自己的利益，在涉及自身利益时，许多人难免会变得很自私狭隘。警务人员在执法或服务过程中，要不断试着把自己当成别人，把别人当成自己。想想：这件事如果发生在自己身上，我会有什么感受？会怎么办？对别人要多点同理心，同理才能同流，同流才能交流，交流才能交心，交心才能达到有效沟通。

【相关链接】

吉林省长春市公安局经常组织民警乔装到窗口单位办事或办理审批手续，亲身体验办事群众遭遇冷硬横推时的焦急与无奈；让交警当一天出租车司机，体验“的哥”既要挣钱养家，又要小心被开罚单的双重压力；让社区民警深入工地当民工，体验外来务工人员既怕领不到工资，又时刻面临外界漠视的内心苦闷；让派出所民警到市场当菜农或推销员，体验小商小贩们起早贪黑劳作、为营利分毫必争的艰辛……几年来，民警们先后体验了十多种困难群体的角色。

通过换位体验，民警与百姓的距离拉近了，百姓在民警心目中的分量重了，为民服务的意识增强了，民警更加珍惜来之不易的工作机会和执法岗位。

启示：每一个人都有自己的难处和无奈，换位体察是了解他人生存状况、拉近与他人距离的有效手段。

五、逆向思维，化解矛盾

逆向思维是发现问题、分析问题和解决问题的重要手段，有助于克服思维定势的局限性。人们习惯于沿着事物发展的方向去思考问题并寻求解决方法，其实，对于某些问题尤其是一些特殊问题，从结论往回推导，或许会使问题简单化。当沟通遇到障碍时，不妨从求解回到已知条件去思考，实现有效沟通可能会变得轻而易举。

【相关链接】

国内有一家大企业向某一航空公司租用一架民航专机，专机要去美洲某个国家接一位重要客人来我国签订一项上百亿美元的合同订单。

航空公司的女乘务员听说要接的这位重要客人是某集团的董事长，都以各种理由请假不想去。因为这个董事长以前经常坐这一航空公司的班机，是出了名的“不规矩”的家伙——喜欢动手动脚。

航空公司的高管很为难，专机不能不去接，但乘务员又不能受到伤害，怎么办？任务就交给一位公关经理去处理。这位公关经理上网查阅了所有关于这位董事长的资料后，胸有成竹地告诉乘务员，保证她们不会受到伤害。

专机按规定时间到达指定的机场，所要接的董事长也准时上了专机。这趟飞行中董事长果然很配合乘务员的工作，没有出现不老实的举动。为什么？原来公关经理查阅到这位董事长喜欢作诗，虽然诗写得不怎么样，但还出版了自己的两本诗集。专机一到该国，公关经理就跑到书店购买了十几本他的诗集，然后分发给乘务员，董事长一上机，乘务员就围上去要他签名，并夸他的诗写得很有思想和品位，这把他给乐得心花怒放，心想：“没想到这帮乘务员还是我的忠实读者，那我得老实点，不能损坏诗人的光辉形象。”

启示：公关经理运用逆向思维找出矛盾的根源，化“不规矩”的家伙为“诗人”，有意美化对方的形象，顺利使其安分守己。

第五章
自我沟通

沟通分为对外沟通和对内沟通两部分，对外沟通是指与他人沟通，对内沟通就是自我沟通。要想与别人沟通得好，必须先学会与自己沟通。自我沟通也称“自我传播”、“人的内向交流”，是指一个人在自己的头脑中所进行的信息沟通。人的独立思考、自我反省、自我激励、思想斗争、内心冲突等都是自我沟通的表现。自我沟通的目的在于修正自己的感受、想法和情绪等以取得自我认同，并在此基础上说服自己去接受现实，适应新的外部环境，解决现实问题，从而完善自我、提升自我、成就自我。

第一节 自我认知

正确的自我认知是实现自我沟通的第一步。自我认知是指如何看待自己和感受自己，是对自身各方面特点的主观知觉、判断或评价。自我认知包括：认知自己的价值观念、人生方向、奋斗目标和性格特征，认清自己的优势和劣势，觉察自我情绪的变化及其原因等。自我认知所要解答的最根本的问题是“我是一个什么样的人”。这个问题乍听起来似乎有些可笑，谁会连自己都不认识呢？但在现实生活中对自己缺乏正确认识的人并不少，很多人根本就不知道自己真正是个什么样的人，就好像自己看不见自己的脸一样。因此，人们普遍认为，正确地认识自己是件非常困难的事。

为什么我们不能正确地认识自我呢？是什么蒙蔽了我们的双眼，让我们看不清真实的自我呢？答案是我们生活的环境。在人的一生中，来自家庭、学校、工作环境、亲朋好友、宗教以及社会的各种主流思想和价值观念在潜移默化地影响着我们，它们在不知不觉中制约着我们的思想，左右着我们的行动，影响着我们对自己的判断。自我认知具有两个特点：一是他人取向，即在与他人的互动、别人的评价中逐渐形成的自己对自己的看法。二是自我建构，即以个人的主观意识、认知水准以及人生经验为出发点与外界进行互动。

一、自我认知的途径

自我认知是人们通过反应评价、社会比较和自我感觉等多种途径所形成的对自身生理状况、心理特征、社会属性等方面的态度、情感和知识比较稳定的认识。每个人在人生发展的过程中都有一个自我认知的过程，在这个过程中人们实现自我认知的途径主要有以下三种：

（一）反应评价

反应评价就是我们从他人那里得到的有关自己的信息。大多数反应评价来自于他人。例如，老师夸奖我们是一个好学生，领导表扬我们工作能力很强；同事批评我们是一个不值得信赖的人，父母抱怨我们不顾家。所有这些来自他人的信息都有助于我们进行自我认知。

一般来说，年龄小的人比年龄大的更注重反应评价，女性也比男性更注重反应评价。少年和儿童，特别是学龄儿童，在家里注重家长对自己的反应评价，在学校特别注重老师对自己的反应评价，老师一句不经意的评价可能会影响孩子的一生。女性很在乎他人对自己的反应评价，要想不得罪我们周围的女性，请记住一条黄金法则：找到对方的闪光点并给予肯定评价。

一个人年轻的时候如果得到了较多的肯定评价，那他就会有一个良好的自我认知；如果得到的是较多的否定评价，那他的自我认知可能就会有失偏颇。例如，在学期开始时，如果老师对一个学生说："你行，你一定会成为一个好学生！"这位学生听了以后一定会以好好学习作为回应。如果老师说某学生以后没有什么发展前途，他可能从此就消极起来了，以为反正自己已经不行了，懒惰一点也无所谓。

【相关链接】

美国通用电气公司董事长杰克·韦尔奇，带领通用电气这个"百年老店”进行大刀阔斧的企业改革，在全世界范围内开疆拓土，显示了非凡的领导才能，创造了20世纪的商业奇迹，被称为“世界第一经理人”。

杰克·韦尔奇从小就有口吃的毛病，可他的母亲说这算不得什么缺陷，甚至还不断地表扬他说：“你口吃的原因是因为你脑子转得太快了，嘴跟不上脑子的速度，孩子，这一点说明了你是个聪明爱动脑的人。”正因为杰克·韦尔奇的母亲从小给他较多的肯定反应评价，使得他不受口吃毛病的影响而成为一代商业巨人。

启示：好孩子是夸出来的。在孩子成长的过程中父母适时给予夸奖、鼓励和肯定，对孩子来说这是他们成长的动力，同时也能培养他们战胜一切困难的勇气和信心。

（二）社会比较

社会比较对于正确的自我认知有着重要的意义。在生活和工作中，人们往往习惯与他人进行比较来确定衡量自己的标准，这就是在作社会比较。社会比较是激励人们不断进步或可能引发自卑心理和犯罪心理的一种社会心理现象，这是社会发展过程中人与人相互作用的结果。在学校时，与同学比考试分数；走上了社会，又和同事比工作成就的高低，比生活质量的好坏；有了孩子后，又会拿自己的孩子和别人的孩子比；如果担任领导，管理一个单位，就和其他单位比成绩或功劳。无论什么人从出生到长大，从家庭到社会，从学习到工作，都是在社会比较中进行自我认知的。

【相关链接】

2009年11月17日下午，深圳市中心的园岭小学学生陈×被其父亲陈×才的同村好友兼同学孔×磷绑架并残忍地杀害。

陈×才和孔×磷都是在深圳打工的广东省梅州××县山区的××村人。1995年孔×磷从老家来深圳打工，是深圳64路公交司机，月收入2000多元，一家三口居住在月租金400元，不足20平方米的出租房里，孩子就读于教学质量低下的民工学校。1993年来深圳打工的陈×才不久就进入一家广告公司，凭借他的个人努力和才能，前些年就已经转成了正式的员工，公司还帮助他全家在深圳落了户口，在深圳他拥有自己的房子、车子，小孩陈×就读于深圳市中心的知名小学。

据孔×磷交代他绑架并杀害陈×的原因是看不惯陈×才的成功。

启示：错误的社会比较使孔×磷的心理严重失衡并产生了眼红和嫉妒。为获得所谓的补偿，他不惜以犯罪手段去戕害他人的生命。

（三）自我感觉

在年少时人们对自己的认识大多数来自于反应评价和社会比较，随着年龄的增长，慢慢开始习惯于用自己的方式来看待自己，这种看待自己的方式被称为自我感觉。

对许多人来说，随着年龄的增长，自我感觉发挥的作用也越来越大。一旦人们从生活经验中获得了自信，反映评价和社会比较就失去了其对自我认知的意义，而自我感觉将取而代之变得更加重要。例如，一个60岁左右的人，应当不会再对拿自己与他人进行比较和别人怎样看待自己感兴趣；相反，他的自我认知取决于他对自己生活质量的主观感受。

二、自我认知的影响因素

每个人完成自我认知的途径是不一样的，有的人偏向于反应评价，他对自己的认识更多地来源于他人对自己的评价；有的人偏向于社会比较，做什么事都要拿自己与别人比较一番；有的人偏向于自我感觉，只要自己认为是对的，哪怕成为众矢之的他也无动于衷。人们的自我认知主要受到以下几个因素的影响：

（一）年龄

对于一个心性都不成熟的小孩来说，他对自己的认知完全来源于周围人的评价，如他的家长、老师。而当他进入了青年时期，对自己的认知会更多地偏向于社会比较；进入中老年之后，对自我的认知会逐渐由社会比较转向自我感觉。所以说，自我认知依据的转变也是一个人成熟的表现。

（二）性别

男性更多地凭借社会比较和自我感觉，而女性更容易凭借反应评价。例如，女性对自己是否漂亮的判断特别容易受反应评价的影响，当别人称赞自己漂亮时就心花怒放；反之，则耿耿于怀。

（三）心理承受能力

对于心理承受能力强的人来说，他们认知自己更多地凭借自我感觉，这些人通常自我感觉良好。而对于心理承受能力差的人来说，他们比较容易凭借反应评价，这些人人云亦云，没有自己的主见。

（四）周围环境

生活环境的差异必然会导致人们形成不同的世界观、人生观和价值观。另外，不同的生活环境使得人们在社会比较的过程中所采用的参照物也有所不同，最终必然会导致个体之间的自我认知存在着巨大的差异。

（五）文化差异

文化背景也会影响人们对自己的认知。例如，2005 年的一项调查显示，只有 4% 的中国女性认为自己漂亮，西方女性中认为自己漂亮的竟高达 35%。中国女性和西方女性在自我认知上存在着如此大的差异，其根源则在于文化背景的不同。

三、正确认知自我

只有真正地认识了自我，才能够在此基础上做出正确的判断，并实现良好的自我沟通。警务人员可以通过以下几种方式来认知自我：

（一）在自省中认知自我

朱熹有言："日省其身，有则改之，无则加勉。"警务人员要学会自省，经常检查自己的思想、行为是否正确，总结自己行为过程中有哪些收获和缺憾，还要敢于剖析自己、批评自己，进而加深对自己的认知，并有针对性地进行自我调节。

（二）在他人评价中认知自我

当局者迷，旁观者清。要通过多种渠道获悉他人对自己的评价，并对他人的评价进行分析、综合与比较，这将有助于我们及时发现被自己忽视的某些问题，看到自己未察觉的缺点或不足，进而更深入地认知自己。同时，应以正确的态度对待他人的评价，不要因评价过高而骄傲自满，也不因评价过低而自卑不安。

（三）在比较中认知自我

唐太宗有言："以铜为镜，可以正衣冠；以古为镜，可以知兴替；以人为镜，可以明得失。"每个人在自我认知的过程中，总会通过与他人的比较来评价自我。在比较的过程中，应学会用辩证的观点来看待自己和他人，既要看到自己的优势，也要看到自己的不足，准确定位自己，并不断调整自我评价的标准。

（四）在实践中认知自我

苏轼诗云："不识庐山真面目，只缘身在此山中。"认识自我时眼光不要只局限于自我，要跳出“庐山”，用真实、客观的实践活动或工作业绩来理性地分析自我和审视自我，直到能够清晰地看到自己的“真面目”。

【相关链接】

一代科学巨匠爱因斯坦在20世纪50年代曾收到祖国以色列当局的一封信函，信中极尽赞美之辞，诚挚地邀请他去担任以色列总统一职。爱因斯坦作为犹太子民，倘若能够当上犹太国家的总统，在一般人看来，简直是三生有幸、光宗耀祖的好差事。但出乎所有人意料的是，爱因斯坦婉言谢绝了这份邀请。他说：“我一生都在同客观物质打交道，既缺乏天生的才智，也缺乏经验来处理行政事务以及公正地对待别人。所以，本人不适合担任如此高官重任。”

启示：我们虽不必强求自己同爱因斯坦一样睿智，但我们却可以从他身上学得认识自己的那份清醒。人只有准确定位自己，才能在适当的位置上发挥最大的价值。

四、自我认知防御

自我认知防御是指人们为了避免自尊心受损而采取的一系列心理防御机制。当人们接受的信息对其自我认知构成威胁时，人们的情感就会紊乱，在这种情况下，最好的选择就是重新认识自我，而重新认识自我最常用的方法就是自我认知防御。常见的自我认知防御有以下几种：

（一）向下的社会比较

人们为了获取关于自己的准确信息，往往做向上的或同自己类似的人的比较，弄清自己在群体中的位置。但是，当人们既定的自我价值目标落空了，向上的或与自己类似的人的比较就会大大挫伤其自尊心，这时人们就只好转而进行向下的社会比较，这样可以避免自信心的降低和妒忌心的上升。当人们连进行向下的社会比较的资本都丧失了时，为了排遣自己由社会比较而产生的痛苦，往往会故意贬低他人的能力和品质。

（二）选择性遗忘

当所发生的事件有损自己的尊严时，人们往往倾向于对所发生的事件进行选择性遗忘。人们对消极事件尤其是失败事件比对积极或成功的事件遗忘得更快。值得注意的是，虽然遗忘这些失败或缺陷可以使自我得到保护，但当人们相信自己随着时间的推移而有所进步时，那些失败或缺陷往往会自动地浮现于人们的脑海中。例如，很多人都希望自己瘦下来而在未达到目的时，会说："虽然我还没瘦下来，但比过去瘦多了。"

（三）有选择地接受反馈

当他人对我们的评价性反馈既有肯定又有否定时，我们往往会有选择地接受反馈信息。人们趋向于贬低消极的、否定的反馈评价的可靠性，而夸大积极的肯定的反馈评价的可靠性。有时会全盘接受积极评价的反馈信息而一概拒绝消极评价的反馈信息。例如，参加领导岗位竞聘上岗的失败者可能会说："这种考试并不能准确测试一个人的能力。"而成功者会说："这种考试真正地检测了能力和水平。"

（四）缺陷补偿

人们在社会中充当各种社会角色，不可能在各方面都很成功。当人们在某方面不成功时，往往会对相关的社会角色的重要性重新作出评价，以此进行自我认知以补偿自己的角色缺陷。例如，因考研失败而参加工作的人可能会说："工作对我而言比上研究生更有意义。"人们往往强调自己积极品质的重要性而贬低消极品质的重要性，以此来补偿自己的缺陷或不足。缺陷补偿有助于人们度过困境，因为在困境中强调自我的优势有助于增强人们的自信心。

（五）防御性归因

防御性归因又称"自利偏误"，是指那些能增强自信心和保卫自尊的利己性归因。人们倾向于将自己的失败归咎于外部因素，如运气不佳、气候不好或任务太难等。例如，领导者的决策导致不好结果时人们就会强调环境所迫没有选择余地；而决策产生好结果时人们又会强调决策英明。对于防御性归因有种种不同的解释，但最简单也是最明确的一种说法是：这种归因能更好地保护人们的自尊。

（六）自我设障

有些人有时还事先设置障碍，作为以后失败的借口，以此来达到保护自尊的目的。例如，比赛时间临近而恐惧比赛的运动员可能会蓄意中断训练或"旧病复发"，以便失败时归因于缺乏训练。

第二节　自我沟通的技巧

无论在工作中还是在生活中，警务人员都面临着大量的冲突，在这些冲突中，最显著的就是警务人员内在的心理矛盾和冲突。而内在的心理矛盾和冲突主要体现在警务人员自我认知的矛盾和冲突上。可以说，警务人员处理这些心理矛盾和冲突的最有效手段就是要正确地进行自我沟通，因为良好的自我沟通能力有助于我们更好地掌控自己的心境、态度和情绪，而心境、态度和情绪又会直接影响我们的行动。

一、保持平和的心境与积极的态度

心境是一种强度最弱但持续时间最长的情绪状态。一个人有什么样的心境，他就会用相应的眼光去看待其他的事物。如果心境是积极快乐的，即使遇到并不称心如意的事，也会乐之淘淘；如果心境是消极悲伤的，就会见花流泪，望月伤感。而要说最佳的心境，当然要算平和了。平和的心境就是面对事业的起伏波折能波澜不惊、含笑应对；面对个人的荣辱得失能从容不迫、不骄不躁；面对人生的喜怒哀乐能平静淡定、泰然处之。

美国心理学家弗里德曼（Freedman）认为态度是个体对某一特定事物、观念或他人稳固的，由认知、情感和行为三个成分组成的心理倾向。态度决定思维，思维决定行为，行为决定结果。所以说，有什么样的态度，就有什么样的行为；有什么样的行为，就有什么样的结果；有什么样的结果，就会有什么样的人生。

【相关链接】

一位哲人单身时，和几个朋友一起住在一间只有七八平方米的小房子里。看他总是乐呵呵的，有人问他："那么多人挤在一起，有什么可高兴的？"哲人说："朋友们住在一起，随时可以交流思想、交流感情，难道这不是值得高兴的事吗？"

过了一段时间，朋友们都成了家，先后搬了出去，屋内只剩下他一个人，但他每天仍非常快乐。又有人问他："你一个人孤孤单单的，有什么好高兴的？"他说："我有很多书哇。每一本书都是一位老师，和这些老师在一起，随时请教怎不令人高兴？"

几年后，这位哲人成了家，搬进大楼，住一楼，仍是一副其乐融融的样子。有人便问："你住这样的房子还能快乐吗？"哲人说："一楼有多好啊！进门就是家，搬东西很方便，朋友来访很方便……特别让我满意的是，可以在空地上养花、种草。这些乐趣真好呀！"又过了一年，这位哲人把一楼让给一位家里有偏瘫老人的朋友，自己搬到楼房的最高层，而这位哲人仍是快快乐乐的。朋友问他："先生，住顶楼有哪些好处？"他说："好处多着呢！每天上下楼几次，有利于身体健康；看书、写文章光线好；没有人在头顶上干扰，白天黑夜都安静。"

启示：柏拉图说："决定一个人心情的，不在于环境，而在于心境和态度。"拥有平和的心境和积极的态度，即便身处逆境，也一样能找到快乐的理由。

（一）影响心境的因素

一个悲观主义者和一个乐观主义者一同在黄昏时的路上散步，悲观主义者触景生情地说："太阳正在坠落。"乐观主义者则说："群星正在升起。"同一件事情，不同的人看会有不同的感受。其实事物是客观存在的，不以人的意志而改变，会改变的是人的心境，所谓"境由心生"便是这个道理。影响心境的因素主要有以下几个方面：

1. 环境。环境因素包括自然环境因素和社会环境因素。自然环境因素包括天气、水分、太阳辐射等。例如，天气晴朗，人会感到心旷神怡，而恶劣的天气会使人心烦意乱。社会环境包括居住环境、交通环境、工作环境、文化环境等。例如，一个良好的工作环境，可以使人心情愉快、奋发向上；相反，没有朝气、人情冷漠的工作环境，则会使人心情压抑、不思进取。

2. 心态。心态是一种对人对己对事的态度。心态左右着人的思想和行动，心态也决定着人的事业和人生。积极的心态，使人青春长驻、升华人生；消极的心态，使人容颜憔悴、消耗人生。有些人总是喜欢用消极的心态去看待和思考问题，只看到问题的消极面，看不到积极的一面；看人总是取他人之短，看不到他人之长。这种心态是不可取的。

【相关链接】

有这样一个老太太，她有两个儿子，大儿子是染布的，二儿子是卖伞的，她整天为两个儿子发愁。天一下雨，她就会为大儿子发愁，因为不能晒布了；天一放晴，她就会为二儿子发愁，因为不下雨二儿子的伞就卖不出去。老太太总是愁眉紧锁，没过一天开心的日子，弄得疾病缠身，骨瘦如柴。

一位哲人告诉她，为什么不反过来想呢？天一下雨，你就为二儿子高兴，因为他可以卖伞了；天一放晴，你就为大儿子高兴，因为他可以晒布了。在哲人的开导下，老太太以后天天都是乐呵呵的，身体自然也就健康起来了。

启示：我们不能左右天气，但可以改变自己的心情。一位伟人说得很有道理："要么你去驾驭生命，要么是生命驾驭你。你的心态决定谁是坐骑，谁是骑师。"

3. 挫折。人生旅途不可能总是一帆风顺的，困难、灾难、变故往往不期而遇，不顺心的人和事等各种干扰因素也会如影随形。任何人遇到挫折时，都会千种愁绪、万般痛苦，甚至悲观失望、一蹶不振，人的这些表现都是很常见的，因为人是会思维、有感情的高级动物。挫折会使人的思维变得混乱，使人的心境变得阴沉。面对挫折，强者不折不挠、奋勇直前，弱者唉声叹气、止步不前。

【相关链接】

1997 年 12 月，英国报纸刊登了一张英皇室查尔斯王子与一位街头游民合影的照片。这位蓬头垢面的街头游民不是别人，而是王子以前的校友克鲁伯·哈鲁多。查尔斯王子在一个寒冷的冬天拜访伦敦穷人时，克鲁伯·哈鲁多说："殿下，我们曾经就读同一所学校。"王子反问："在什么时候？"他说："在山丘小屋的高等小学，我们还曾经互相取笑彼此的大耳朵呢！"原来，克鲁伯·哈鲁多出身于金融世家，与查尔斯王子就读同一所贵族学校，后来他成为一个小有名气的作家，是英国成功者俱乐部的会员。应当说显赫的家世与高等学历他都令人羡慕地拥有了，但是，在两度婚姻失败后，克鲁伯开始酗酒，最后由一名作家变成了街头游民。打败克鲁伯的是两度失败的婚姻吗？显然不是，而是他的心态。从他放弃积极正向心态的那刻起，他就已经输掉了自己的人生。

启示：成功者与失败者之间的差别是：成功者始终用积极的心态去支配和控制自己的人生，失败者则刚好相反，他们总是喜爱用消极的心态去看待和思考问题。

4. 欲望。每个人都是有欲望的，这很正常，适度的欲望可以激励警务人员前行。但如果自身的欲望过多，那就变成了贪婪，贪婪会腐蚀人的灵魂，让人逐渐丧失本性，迷失自我。而且贪婪是无止境的，一旦欲望无法得到满足，就会对人的精神造成伤害，严重者甚至会精神崩溃。壁立千仞，无欲则刚。要想有平和的心境，就要摒弃这无休止的世俗欲望。

5. 身体。警务人员长期从事高强度、高风险、快节奏和无规律的工作，如果身体欠佳，就会感到力不从心，使自己处于紧张与应激的状态中，这自然会影响到自己的心境，而心境对人的身心健康具有直接的影响。研究表明，保持愉快的心情、平和的心境和积极的心态可使人体的免疫功能活跃旺盛，减少患病的机会，有助于保持身体健康。

【相关链接】

有一个得了肺炎的患者到医院检查，可不巧的是，同时有一个得肺癌的人也同他一起作检查，由于护士的差错竟发错了化验单，回到家里后，这两个人的命运从此发生了巨大的改变。肺炎的患者拿到了肺癌的化验单，结果是一病不起，郁郁而终，而那个肺癌的患者拿到肺炎的化验单后高兴了，精神也好了，也能吃饭了，加上药物治疗，竟然奇迹般的好了起来。

启示：积极快乐的心境使人健康，消极悲伤的心境危害人的身体和心理健康。

（二）积极态度与消极态度

人们有两种态度，一是积极态度，二是消极态度。态度积极与否，能决定一个人的事业的成败。成功者往往积极，失败者大都消极。我们无法完全控制人生中将要发生的每件事，但却有选择不同态度的权利。当我们选择以积极的态度去面对人生时，就会有积极的行动，也就有可能收获累累硕果；而当我们选择以消极的态度去面对时，则会有消极的行动，势必会吞下失败的苦果。

1. 积极的态度。积极的态度是一种对人、对事或对环境所持的正确的态度，如忠诚、执著、热情、奉献、爱心、自信、乐观等。具有积极态度的人懂得只有自己才是主宰命运的主人，凡事都要以积极的态度全力以赴，这样才能激发热情，奋勇前进。世界上所有成功人士的一个共同特点是，做什么事情都以积极的态度不断地开拓创新并取得成功。

实践证明，只要我们保持积极的态度，能够运用正向的思维方式去看待已经存在的、正在变化的、即将发生的事，我们的人生就有可能变得更加丰富多彩，并给自己带来无穷的快乐和幸福。相反，如果对待每件事都抱着消极的态度，只会使自己变得妄自菲薄、自暴自弃、步履维艰。

2. 消极的态度。持消极态度的人对自己没有一个正确的评价，往往用负面的思维方式去看待已经存在的、正在变化的、即将发生的事情，整天牢骚满腹，怨天尤人。消极态度的人一般有以下三种类型：

（1）牢骚满腹型。这种类型的人在自身需要不能得到满足或心理不平衡时便满腹牢骚、怨天尤人，消极悲观成为他们的主导意识，这使得他们长时间过着冷漠、忧虑、抱怨、嫉妒的日子。

（2）宿命论型。这种类型的人认为困苦与不幸是命中注定的，自己无能为力。所以，他们与世无争、得过且过，从未想过通过自己的努力去改善现状。

（3）自卑型。这种类型的人过分低估自己的能力与才华，缺乏自信心，总是以为自己技不如人、低人一等，纵然处境尴尬，也不敢放手一搏。

【相关链接】

一位秀才第三次进京赶考，考试前两天他做了三个梦，第一个梦是自己在墙上种白菜，第二个梦是下雨天，他戴了斗笠还打伞，第三个梦是和心爱的表妹睡在一张床上，但是背靠背。

这三个梦似乎有些深意，秀才第二天就跑去找算命的解梦，算命的一听，连拍大腿说："你还是回家吧！你想想高墙上种菜，不是白费劲吗？戴斗笠又打伞，不是多此一举吗？跟表妹都睡在一起了，还背靠背，不是没戏吗？"

秀才一听心灰意冷回到住处，收拾行李准备回家，店老板非常奇怪："不是明天才考试吗？今天你怎么就回家了？"秀才如此这般说了一番。

店老板说："我也会解梦，我倒觉得，你这次一定要留下来。你想想看，墙上种菜不是高中吗？戴斗笠打伞不是说明你这次有备无患吗？跟表妹睡在一起背靠背不是说明你一翻身就唾手可得吗？"秀才一听，更有道理，于是精神振奋地去参加考试，结果中了探花。

启示：积极的人像太阳，照到哪里哪里亮；消极的人像月亮，初一十五不一样。态度决定我们的生活，有什么样的态度就有什么样的未来。

（三）如何保持平和的心境与积极的态度

平和的心境与积极的态度可以使人精神振奋，有助于积极性的充分发挥和工作效率的提高；不良的心境和消极的态度使人颓丧、悲观、厌烦、消沉，不利于学习和工作的顺利进行。因此，警务人员必须学会调控自己的心境和态度，使自己经常拥有平和的心境和积极的态度。

1. 自知之明，淡泊名利。知人者智，自知者明。警务人员务必要正确面对自己，在实践中不断地认知自己，准确定位自己。要接受自己只是一个普通人的事实，懂得不完美是人生中常有的事。接纳这些，并把它们当成自然而然的事，就不会自以为是或妄自菲薄了，也可以避免使自己陷入自负的孤独或自卑的沮丧之中。

功名利禄都是身外之物，不可将其看得过重，要避免使自己深陷其中，沦为功名利禄的奴隶。一切要取之有道、顺其自然，千万不可强求，否则会葬送自己的大好前程。警务人员如果能做到不被酒色财气所迷惑，不为功名利禄而低头折腰，便可以减少许多烦恼和纠缠，使自己踏踏实实做人，认认真真做事，轻轻松松享受生活的快乐。

2. 正确对待社会或他人的评价。每个人的人生观和处世观都不同，看待事物和他人的角度也不同。一个人不管多么出色，他都不可能得到所有人的赞赏。另外，目前社会对警务人员的评价体系还欠科学、完善和公正，所以警务人员要正确对待社会或他人对自己的评价。不要因为他人虚伪的奉承而洋洋自得、沾沾自喜，也不要因为他人恶意的中伤而惶惶不安、闷闷不乐。对于社会或他人对自己的负面评价，要做到有则改之，无则加勉；对于那些不负责任或别有用心的评价，我们大可一笑了之，不予理睬。平和的心境和积极的态度要靠自己来调控，不要轻易受他人对自己的评价所左右。

【相关链接】

20世纪60年代初，美国有位大学校长竞选州议会议员。此人资历很高，又精明能干、博学多识，看起来胜算极大。但是，选举期间有个谣言散布开来：这位校长曾跟一位年轻女教师有那么一点“暧昧”关系。

这实在是一个弥天大谎，这位候选人对此感到非常愤怒，并尽力想要为自己辩解。由于按捺不住对恶毒谣言的怒火，这位候选人在每次集会中，都要极力澄清事实。其实，大部分选民根本没有听说过这件事，但是，现在人们却愈来愈相信有那么一回事。公众们振振有词地反问："如果他真是无辜的，为什么要百般狡辩呢？"最悲哀的是，连他的太太也开始转而相信谣言，夫妻关系破坏殆尽。最后他失败了，从此一蹶不振。

屏幕硬汉施瓦辛格竞选州长时，也面对着各种刁难和中伤，可他对此根本不去理会，也不去应答那些无聊的责难。这反而更增加了他在选民中的人格魅力，赢得了更多的信赖和支持，并最终获得了胜利。

启示：谣言、阻挠等不愉快的事情出现了，如果一味地纠缠它们，只会白白耗费自己宝贵的时间和精力，影响自己的情绪，损害自己的形象。

3. 学会宽容。宽容的对象既包括自己也包括他人。学会宽容自己，就要允许自己犯错误，不要过分苛求自己，不要好高骛远，以免达不到预期目标而产生自卑和自责的心理。警务人员要善于接纳他人、谅解他人，遇到问题时应当站在对方的立场上仔细体味对方的想法、处境和难处，懂得给予他人理解和关怀，并善于谅解他人非原则性的过错和不足。

【相关链接】

一个来自纽约的妇人登上了一列开往费城的火车，她走进了一节车厢，坐在了座位上。这时候，走过来一位略显肥胖的男子，坐在她面前的座位上，然后点燃了一根香烟。她禁不住咳了几声，身子也挪来挪去，可是，那个男子丝毫没有注意到她的暗示。最后，妇人终于忍不住开口说道："你多半是外国人吧？大概不知道这趟车有一节吸烟车厢，这里是不让抽烟的。"那个男子一声不吭，掐灭了香烟。

过了一会儿，列车员过来对妇人说："对不起，夫人，这里是格兰特将军的私人车厢，请您离开。"妇人听后大吃一惊，恍然大悟，刚才坐在她前面的就是内战时的大英雄格兰特将军。这时候，她看着将军一动不动的身影，心里有些慌张和害怕，而格兰特将军仍像刚才一样没有表现出任何的不满，没有给她任何难堪，甚至也没有取笑嘲弄她的神情。

启示：宽容是一种气度，一种胸襟，一种修养。古今中外，很多伟大人物的身上都有宽容的美德，这种美德是他们被人们尊敬的原因之一。

4. 积极正向思维。大多数人遇到挫折、不幸或失败时，往往采取消极反向的思维方式来思考问题。例如，民警李×走访一位逃犯家属不但被拒绝，而且还遭到对方的冷落。如果李×这样想："不是个东西，要是这个逃犯落到我手里，我会整死他！"这种消极反向的思维方式必定会让李×情绪激动，并燃起仇恨的火焰。假如李×心想："家有逃犯，家属心情肯定都不好，他们的行为完全可以理解。"这就是积极正向的思维方式，如果我们学会用这种方式来疏导自己的感情，心境和情绪就会变得比较平和，并对他人多了几分理解和宽容。

5. 调控注意力。在人生旅途中，有时荆棘丛生，有时铺满鲜花，有时忧心如焚，有时兴高采烈，对此我们应进行精心的筛选。调控注意力和控制摄像机的镜头是一样的，完全可以选取自己想要选取的内容。我们应当把注意力多放在让自己一想起来就有信心，有成就感，让自己愉快的事情上，这样会产生乐观的情绪，激发自己的动力，增强自己开拓未来的信心。如果只把注意力放在那些不愉快的事情和烦恼上，则会产生悲观的情绪，导致自己丧失前进的动力。

二、调控不良的情绪

情绪是人们心理状态的晴雨表，它伴随着人们日常生活的每一天。从情绪对人的影响来看，可以将情绪分为积极和消极的两种，积极的情绪令人乐观向上，消极的情绪使人悲观消沉。

不良情绪是一种消极的情绪，它是指一个人对客观刺激进行反应之后所产生的过度体验。如果警务人员出现过分强烈的情绪反应并相对持久地体验到消极、否定的情绪，那么这就是一种不良情绪。警务人员要想圆满地完成工作任务，就必须正确、合理、有效地调整与控制自己的情绪。

（一）不良情绪产生的原因

1. 压力。适度的压力能够充分调动人的积极性，提高工作和生活效率；但过度的压力则会破坏人的身心平衡，使人产生紧张情绪，造成思想困扰和心理焦虑。警务人员的外部压力源主要包括工作、社会、家庭三方面。内部压力源包括个人的心理承受能力以及对事物的应对方式等。

2. 刺激。在遇到某些事件或外界刺激时，一些警务人员往往缺乏冷静的分析和全面的思考，容易丧失理智、思维混乱、行为冲动，进而产生失望、愤怒或紧张的情绪。在此情绪下易于神情沮丧、精神不振，或为了斗一时之气、逞一时之勇不惜做出攻击、报复的行为，酿成不可挽回的悲剧。

3. 自我认知的偏差。自我认知的偏差有两种：一是自我评估过高，孤芳自赏；二是自我评估过低，自轻自贱。自我认知存在偏差容易导致各种心理冲突和不良情绪。例如，××公安局民警王×，因两次提拔都没成功，以致他对自己的前途很担忧，对自身的能力失去了信心，对工作也失去了热情，从此意志消沉、不思进取，进而产生心理焦虑，整日心神不宁。

4. 需要无法满足。作为社会成员的警务人员也有个人需要，如晋职晋衔、进修深造、情感婚恋、家属就业、子女就学等问题。如果个人需要长期得不到满足，他们的心理容易形成受挫感，这将成为他们心中挥之不去、排之不掉的困扰，从而导致不良情绪的产生。

（二）不良情绪的表现

1. 冷漠消沉。有的警务人员对人对事漠不关心，对本职工作缺乏热情和兴趣，总是敷衍塞责，得过且过；对周围的同志缺少感情，人情冷漠；在遇到困难、挫折和失败时往往意志消沉、心灰意冷，甚至不思进取。这种情绪会给周围的同事和群众带来莫大的压力和痛苦，极大地抑制了同事的工作热情，挫伤了群众的积极性和创造精神。

2. 封闭抑郁。有些警务人员因循守旧，打破不了自己的思维定势和行为惯例，唯书、唯上，被某些书本上的抽象概念、条条框框束缚起来，终日谨小慎微，做事顾虑重重，受着自我设置的种种思想藩篱的约束和禁锢，实行自我封闭。他们不愿敞开心扉与周围的人交流，工作上墨守成规，按部就班。他们说起话来吞吞吐吐、语音梗塞，有问题不敢问，有话不愿说，给周围的同事和群众造成了心理的压抑、情感的隔阂。

3. 胆怯自卑。有些警务人员胆小怕事，安于现状，不求进取，只会守摊，不能创业。对周围同事和群众的创新建议、改革意见望而生畏，害怕失去上级的信任、支持。他们对做好工作、处理好人际关系没有信心，缺少勇气和朝气。一事当前，先想失败；与人共事，总想落伍。这种情绪带给同事的是泄气、松劲。

4. 急躁粗鲁。有的警务人员情绪急躁，不论大事小情，都坐不住、站不稳，遇有棘手的问题更是急得团团转，往往会因为无关紧要的问题动辄对人发火。急性子的警务人员总觉得别人办事拖拉、行动迟缓，因而免不了过分地催促和追问别人，甚至越俎代庖。他们往往性情粗暴，语言粗野，行为粗鲁，动不动就与周围的人争吵不休，话不投机就训斥或顶撞。工作上只会强制命令，做下属的工作不懂循循善诱、因势利导，不会委婉含蓄、旁敲侧击，不善于根据不同对象区别对待、有效沟通，还自以为这样是坦率直爽的表现。

5. 抱怨自傲。有的警务人员容易产生抱怨情绪。抱怨上级领导对他不信任、不理解、不支持；抱怨同事对他不配合、不亲密、不关心；抱怨下属不靠近他、工作不卖力、能力差；抱怨群众觉悟低、出难题、乱起哄。他们抱怨别人成癖，张口就是你的不是，他的不是，这也不行，那也不行，似乎工作都是他干的，功劳都是他立的，失误都是别人的。他们傲视一切，目中无人；好高骛远，眼高手低；说起来海阔天空，无所不晓，万事皆通，做起来头脑迟钝，无计可施，事无大成。

（三）有不良情绪时的注意事项

警务人员出现情绪不稳定时应注意以下问题：

1. 提醒自己避开人际冲突。要学会体察对方的情绪，主动避开纷争。

2. 主动排除压力。压力大时，人易发怒、急躁，应主动利用休息时间为自己减轻并排除压力。

3. 把自己的情绪状态主动告诉对方。当情绪不稳定时，应主动告诉对方，在向对方表示歉意的同时，也能求得对方的理解和帮助。

4. 应有意避开敏感话题和场合，这样可以有效地避免冲突。

（四）如何自我调控不良的情绪

强行压抑不良情绪的流露是不科学的，情绪中的声调、表情，动作的变化，泪液的分泌等是情绪的“可控制成分”；但心脏和血管的活动，汗腺的变化，肠、胃等平滑肌的舒张活动等这些内在的生理变化，却属于“不可控制成分”。任何不良情绪既已产生，就不能强行压抑，否则将会更加危害自己的健康。

要想做情绪的主人，警务人员就必须学会自我调控不良情绪的方法，而不能任由不良情绪来支配我们。该如何调控不良情绪呢？首先，应当从改变自己不合理的思维习惯和行为方式入手；其次，必须了解自己的真实情绪；再次，必须弄清情绪产生的原因；最后，找到合适的方式来调控。有效地自我调控不良情绪的方式有：

1. 学习。情绪的自我调控可以通过长期的学习来实现。一个人的世界观和价值观、知识水平、日常经验、理论素养、职业特点、受教育的程度等，都会明显地影响调控效果。因此，警务人员系统地学习一些有关情绪心理学的基础知识和基本理论，掌握有效的情绪调控方法，对于维护自身的身心健康具有重要的意义。

2. 回避。警务人员如果事先预料到接触某人某事会引起极大的不快，又苦于无法解决问题，那就暂时回避一下。这种以退为进的方法或许会使矛盾自行消失，若仍需对待，可以等条件成熟后再作处理。战国时期的蔺相如以国家利益为重，不计私愤，面对老将廉颇的欺侮，他冷静地控制了自己的情绪，采取“称病不与争”、“引车避匿”等回避方式，结果感动得廉颇负荆请罪。

3. 转移。转移就是把注意力从引起情绪反应的刺激情境转移到其他事物或其他活动上去的自我调控方法。当情绪不佳时，如果一直想着让人不快的事情，会越想越生气，越想越难过。一项心理学研究结果显示，当人们产生不良情绪时，大脑会产生强烈的兴奋灶，这时如果有意识地在大脑皮质里建立另外一个兴奋灶，用它去取代、抵制或削弱可能引起冲动的兴奋灶，就会使不良情绪逐渐缓解并平息。例如，转移话题，找些开心快乐的事情干，听听音乐、做做运动都可以。

【相关链接】

唐太宗李世民每次听完谏议大夫魏征的话后都要出去散步。有人问唐太宗：“皇上，为什么魏大人每次讲完话，您都出去散步？”唐太宗说得很简单：“我怕我杀了他。”

魏征是唐太宗李世民哥哥的人，玄武门之变李世民杀死哥哥自己当上皇帝后，还重用魏征，表明唐太宗是很包容的。但是魏征更是了不起，他不因为他以前的主人是唐太宗的仇人，现在还被重用而去巴结唐太宗，他照样批评唐太宗。唐太宗知道魏征的话都是对的，只好出去散步，以控制和调整自己的情绪。

启示：唐太宗李世民之所以能成为大唐盛世的明君，就是因为他很少受自己情绪的影响。我们要善于调控自己的情绪，只有将自己的情绪调整好了，才能够虚心地采纳别人的意见，并实现有效沟通。

4. 宣泄。宣泄是通过一定的方式和方法，把自己的不良情绪体验以周围的人都能理解并接受的方式充分表达出来的情绪调节方法。情绪宣泄可以使压力得到缓解，心情变得顺畅，同时也可以消除伴随着情绪产生的生理反应。例如，当发现自己情绪不佳时，可以找诚恳、乐观的知心朋友、亲人倾诉自己的苦衷，或写诗作赋、撰写文章抒发自己的情感，或引吭高歌、高声吟咏来排遣自己的烦恼。需要注意的是，宣泄的对象、地点、场合、方式和途径要适当，要避免伤害自己、他人的身心健康。

【相关链接】

近年来，大学毕业生就业压力的骤增，学生间人际关系的复杂化以及对社会现象的迷茫等诸多因素，导致大学生心理问题比较突出。为帮助大学生舒缓压力、调适心理，确保其健康成长，大学生心理宣泄室开始出现在全国一些大学校园里。

这种心理宣泄室最早出现在欧美和日本一些企业中。学生如果心理有压力却又无处释放，可以到心理宣泄室大喊一会儿，或者把自己无法宣泄的内容在宣泄板上统统写出来；如果不解气，还可以对着沙袋拳打脚踢几分钟。实践证明，这种通过击打等"虚拟暴力"来发泄焦虑和紧张，释放心中的压抑情绪，效果较好。

启示：心理宣泄是缓解人们心理压力的有效途径之一，以适当的方式进行心理宣泄对于缓解警务人员的心理压力是很有益处的。

5. 暗示。自我心理暗示是一种心理现象，有积极暗示和消极暗示之分。当我们情绪不佳时，如果对自己采取了消极暗示，只会雪上加霜，让自己更加烦躁；如果对自己采取了积极暗示，告诫自己这是正常现象，不良情绪就会慢慢被消解。人们常说的"阿Q精神胜利法"，从心理学角度看实际上就是一种积极的心理暗示，只不过阿Q使用的方法有失偏颇罢了。应当说这种方法在特定的时期和场合是很有效果的。例如，在愤怒时默念"冷静"、"三思而后行"；紧张时告诫自己"我能行"、"我有信心"。

【相关链接】

心理学中有一个实验。以一死囚犯为样本，对他说："我们执行死刑的方式是放血使你而死，这是你死前对人类做的一点有益的事情。"这位犯人表示愿意这样做。实验在手术室里进行，犯人在一个小间里躺在床上，一只手伸到隔壁的一个大间。他听到隔壁的护士与医生在忙碌着，准备对他放血。护士问医生："放血瓶准备5个够吗?"医生回答："不够，这个人块头大，要准备7个。"护士在他的手臂上用刀尖点一下，算是开始放血，并在他手臂上方用一根细管子放热水，水顺着手臂一滴一滴地滴进瓶子里。犯人只觉得自己的血在一滴一滴地流出。滴了3瓶，他已经休克，滴了5瓶他已经死亡，死亡的症状与因放血而死一样。但实际上他一滴血也没有流。

启示："自己的血正在流淌，自己正在死去"的心理暗示置他于死地。可见，消极的自我暗示会对人产生极大的负面作用，而积极的自我暗示则能够激励人、鼓舞人。

6. 激励。自我激励是人们保持积极情绪的动力和源泉之一。在遇到困难、失败、困惑或不幸时，应学会用生活中的哲理、模范人物的先进事迹或积极的思想观念来激励自我，从而提高自信心，增强意志力，驱除自卑感，使自己保持平和的心境，勇敢地去面对生活中的艰难困苦。

【相关链接】

在古老的西藏，有一个叫爱地巴的人，每次因和人起争执而生气的时候，就以很快的速度跑回家去，绕着自己的房子和土地跑三圈，然后坐在田地边喘气。爱地巴工作非常勤劳努力，他的房子越来越大，土地也越来越广，但不管房、地有多大，只要与人争论生气，他还是会绕着房子和土地跑三圈。

爱地巴为何每次生气都绕着房子和土地跑三圈？所有认识他的人，心理都起疑惑，但是不管怎么问他，爱地巴都不愿说明。直到有一天，爱地巴很老了，他的房、地又已经很广大，他又拄着拐杖艰难地绕着房子和土地走。等他好不容易走完三圈，太阳都下山了。爱地巴独自坐在田边喘气，他的孙子在身边恳求他："阿公，您已经年纪大了，这附近地区的人也没有人的土地比您的更大，您不能再像从前那样一生气就绕着土地跑啊！您可不可以告诉我这个秘密，为什么您一生气就要绕着土地跑上三圈?"

爱地巴禁不起孙子恳求，终于说出了隐藏在心中多年的秘密，他说："年轻时，我一和人吵架、争论、生气，就绕着房、地跑三圈，边跑边想，我的房子这么小，土地这么小，我哪有时间，哪有资格去跟人家生气，一想到这里，气就消了，于是就把所有的时间都用来努力工作。”

孙子问道：“阿公，您年纪大了，又变成最富有的人，为什么还要绕着房地走?”

爱地巴笑着说：“我现在还是会生气，生气时绕着房、地走三圈，边走边想，我的房子这么大，土地这么多，我又何必跟人计较？一想到这儿，气就消了。”

启示：生活中产生不良情绪的情况很难避免，但遇事若能冷静、理智，并客观地作出分析和判断，不良情绪就可以得到缓解或平息。

在调控情绪的时候千万不要采取消极的方式，更不要走极端。有的警务人员一旦产生了消极情绪就借酒消愁，还有极少数人甚至选择以结束自己的生命或与对方同归于尽的方式来摆脱现实生活中的苦难。殊不知，无论是借酒消愁还是后者，都是一种对现实的消极逃避，而逃避是解决不了问题的。这种消极的逃避还会给自己的亲朋好友和国家造成极大的痛苦和损失。因此，调控情绪一定要采取积极的方式，要正确勇敢地面对问题，而不是消极地逃避问题。

第六章

人际沟通

人际沟通是指警务人员为了达到某种目的，通过沟通使彼此相互了解、信任并逐渐适应对方思想情感和行为方式的一种活动。警察是有组织、有管理的队伍，在日常工作和生活中必然需要沟通，只有通过沟通，警务人员之间才能减少摩擦、化解矛盾、消除误解、避免冲突，从而减少人为内耗，实现警务目标。因此，警务人员要彻底打破等级观念，建立健全有效沟通的机制和渠道，树立全警沟通的先进理念，努力创造人人沟通、时时沟通、事事沟通的良好氛围。

第一节　与上级沟通

为了保持与上级的和谐关系，警务人员要学会如何与自己的上级领导进行沟通。工作能否顺利开展，事业能否成功，这些都与是否善于和上级进行有效沟通密切相关。因此，我们有必要掌握如何有效地与上级沟通这门颇为实用的学问。

【相关链接】

“贞观之治”，魏征有不可磨灭之功。仅贞观初年，魏征即谏奏二百余事，都被李世民所采纳。所以，唐太宗李世民说：“贞观以前，从我平定天下，周旋艰险，玄龄之功无所与让。贞观之后，尽心于我，献纳忠谠，安国利人，成为今日功业，为天下所称者，惟魏征而已。”当魏征死后，唐太宗“亲临恸哭”，并对侍臣说：“夫以铜为镜，可以正衣冠；以古为镜，可以知兴替；以人为镜，可以明得失。今魏征殂逝，遂亡一镜矣！”

然而，就是这位让唐太宗无限思念的魏征，却差点死于唐太宗之手。据《资治通鉴》记载，有一次唐太宗罢朝回宫，怒气冲冲地说：“早晚非杀了这个乡巴佬不可！”长孙皇后连忙问他要杀谁。唐太宗说：“杀魏征！因为他经常在朝中当面指责朕的过失，让朕下不来台。”长孙皇后听完以后，立刻换了一身朝服来见唐太宗。唐太宗惊问其故，长孙皇后说：“妾闻主明臣直；今魏征直，由陛下之明故也，妾敢不贺！”这一番恭维话，使李世民转怒为喜。

魏征是幸运的，他遇到了一个英明的君主和贤德的皇后，而历史上多数直臣却没有这么幸运了，下场悲惨。例如，伍子胥，这位让吴国由小而大、由弱变强的功臣，仅仅因为说了一些让吴王夫差不高兴的直话，最后竟然死在夫差的“属镂之剑”下。为了表达对伍子胥的厌恶，夫差还把伍子胥的尸体放在鸱夷革中，任其漂浮江上，让其死无葬身之所。

启示：下级与上级沟通时要讲究方法、运用技巧，否则不仅会沟而不通，还有可能祸及自身。

一、与上级沟通的原则

与上级沟通，是建立和谐的上下级关系的基础，也是下级得到上级帮助和指导，提高工作效率的有效途径。要想做到与上级的沟通有效，警务人员应坚持以下原则：

（一）尊重而不逢迎

人类生存有一条基本的行为法则，如果你遵循它，就会得到快乐；如果你违背它，就会带来不必要的烦恼。这条法则就是要尊重别人，满足对方的成就感。因此，警务人员在工作中应尊重上级，维护好上级的威信，在任何时候、任何场合下都不应对上级的失误采取幸灾乐祸的态度，更不应当抓住这一点失误来大做文章，通过贬低上级来抬高自己。

尊重上级，应以事业为重，坚持组织原则。作为下级，一定要充分尊重上级，在各方面都要积极维护上级的权威，支持上级的工作，为上级排忧解难。但是，这种尊重不是表现为说话和做事故意迎合上级的心意，或瞻前顾后、畏首畏尾，或阿谀奉承、逢迎拍马；更不能卑躬屈膝、奴颜媚骨地讨好上级。谄媚必然导致美化领导、歌功颂德的陋习，这样做不仅违背了组织原则，还会滋生恶俗的上下级关系，降低自己的人格和威信，最终使自己身受其害。

【相关链接】

在南朝时，齐高帝曾与当时的书法家王僧虔一起研习书法。有一次，高帝突然问王僧虔：“你和我谁的字更好？”这个问题比较难回答，说高帝的字比自己好，怕犯欺君之罪；说高帝的字不如自己，又会使其面子搁不住。但王僧虔的回答很巧妙：“我的字臣中最好，您的字君中最好。”皇帝就那么几个，而臣子却不计其数，王僧虔的言外之意是很清楚的。高帝领悟了其中含义，哈哈一笑，也就不再提这事了。

启示：王僧虔没有正面回答问题，这一点相当聪明，既避免了冒犯领导权威，也没有给人阿谀奉承的感觉，这正是建立在坚持尊重而不逢迎这一原则基础之上的。

（二）服从而不盲从

尊重上级是一种服从，一种纪律，也是一种责任。没有服从，眼中就没有上级，必然导致一盘散沙的局面，严重削弱集体的战斗力。每个领导都希望自己的下级服从自己，这是正常的心理反应，警务人员服从上级是维护上下级关系的一个基本组织原则。但是，服从并不是毫无条件的盲目服从，服从需要辩证思考，更需要辨别是非、权衡利弊，对于那些犯原则性错误的指令，不仅不能服从，还要坚决抵制和反对。

服从要把握两点：一是大事讲原则，小事讲风格。抵制和反对的必须是原则性的错误以及涉及大是大非的问题。对于非原则性的小问题，下级要坚决服从和无条件地尊重上级的意见。二是即使对上级的决定有不同意见，也应从大局出发，无条件地服从。在服从的前提下，可以在适当的时机采取适当的方法向上级提出自己的意见，这是一个重要的组织原则。

【相关链接】

2008年9月20日，深圳市龙岗区××街道××俱乐部发生特大火灾，火灾造成43人死亡，88人受伤，其中51人住院。事故后，国务院成立了事故调查组，并邀请最高人民检察院参与调查。调查组在调查中发现龙岗区公安分局同乐派出所原所长杨××、龙岗区同乐派出所原民警刘××，两人均涉嫌玩忽职守罪、徇私枉法罪、受贿罪。

公诉机关指控刘××两大问题：一是在担任××俱乐部所在三合市场片区民警期间，明知××俱乐部存在无证无照等隐患，却在信息采集、问题上报等方面有所失职。二是在2008年8月12日，××俱乐部几位顾客与几名保安发生冲突，致使一名顾客被鉴定成轻伤，另两名顾客为轻微伤。××俱乐部老板随即联系管辖的同乐派出所所长杨××，请求调解。民警刘××被所长指定去调解此事。后经多次协调，双方以11万元的赔偿达成协议。

在辩解中，刘××表示自己作为一个普通民警，是没有能力也没有资格去对无证场所进行取缔的，而他在职权范围内，对于隐患的采集和上报已经做到位了。而在第二个问题上，他称自己只是受所长指派才去进行调解的，对整个案情并不了解，而调解也仅仅只限于给两边传话而已。刘××称并不知道××俱乐部"8·12"纠纷案件是否能进行调解，只是盲目服从领导安排，并表示这一切都是盲从的结果。

启示：服从的对象不仅仅是上级领导，更重要的是规章制度，这是一种更高层次上的服从。也就是说，作为一名警务人员，他所做的事情必须符合法律、制度和道德的要求。如果上级领导的指令不是从组织利益出发，而是从个人利益出发，甚至是以牺牲组织利益来满足个人利益，这样的指令是绝不能服从的。

（三）自尊而不傲慢

与上级沟通，应以自尊、自爱、自信为基础，态度要不卑不亢，既不低声下气、唯唯诺诺，也不傲慢自大、目中无人。我们身边就有一些人，见到上级就卑躬屈膝、点头哈腰；而看到群众、看到下级就盛气凌人、不可一世，表现出"门难进，脸难看，话难听，事难办"的工作作风，这种作风严重破坏了自身和公安机关的良好形象。

有的上级可能能力一般，资历也不如下级，对待这类上级千万不要恃才放旷、自作聪明，更不能因此而看不起上级，甚至动不动就顶撞上级。要学会欣赏上级的闪光点，多看到上级的长处和优点，在上级面前要表现得豁达开朗，乐观坦诚。

【相关链接】

陈×是××大学计算机专业的毕业生，分配到××市刑侦支队工作。由于他擅长计算机的使用和维修，一开始就很受领导的器重，并准备派他去北京学习三维动漫还原现场情景技术。但半年后，这个很让人眼红的机会却给了另一位各方面都不如他的同事。再后来，陈×在刑侦支队待不下去了，不得不申请去网管科工作。

事后，陈×也悔恨自己在刑侦支队的领导和同事面前太爱卖弄了，时不时就和领导来几句计算机术语或网络用语，所以陈×的行为很让领导和同事反感。

启示：有不少人由于年轻气盛爱出风头且恃才傲物，而处处碰壁。不管多么优秀，如果处理不好和领导的关系，只会羁绊自己事业前进的脚步。

（四）到位而不越位

公安工作的复杂性和岗位职责的明确性决定了警务人员的工作性质和明确分工。在与上级沟通时，要明确自己的角色定位，清楚自己的工作职责，积极主动、尽职尽责地做好本职工作，避免越位侵权，否则可能就会“种了别人的地，荒了自己的田”。

警务人员应努力做到以下几个方面不越位：一是决策不越位。警务人员应当根据自己的职责权限，决策自己职责范围内的事项，而不应超越自己的职责权限去替上级拍板定案，否则就会出力不讨好。二是表态不越位。在工作中，哪些事项该由上级表态，哪些问题该由自己表态，警务人员心里要有数，以做到该表态时表态，不该表态时切勿超越权限去表态。三是社交不越位。在社交场合，警务人员要遵循社交礼仪，尊重上级、突出上级，不能喧宾夺主、过分地显露自己。越位不仅会打乱上级的活动秩序，而且也是一种侵权行为，必然导致上下级关系的紧张。

二、与不同风格的上级进行沟通的技巧

由于每个人的素质、经历和受教育程度不同，不同的上级就会有不同的领导风格。与上级沟通，要注意了解不同上级的工作风格、特点和习惯，灵活对待，不可千篇一律。例如，从日常作息上看，有的上级习惯于上午集中精力处理一些重大问题，其间不喜欢有人去打扰他；而有的上级则喜欢上午看些文件，与人交谈或到处走走。像毛泽东就喜欢在深夜办公，而朱德却恪守八小时工作制。

德国心理学家勒温（P. Lewin）通过实验研究上级不同的工作方

式对下级行为的影响，把上级的领导方式分为三种极端的领导风格，即专制型、民主型、放任型。

（一）专制型领导风格的特点及沟通技巧

专制型领导风格的特点：习惯于发号施令，喜欢靠权力和强制命令让人服从，为人教条化且独断专行，主要依靠行政命令、纪律约束、训斥和惩罚，偶尔也用奖励等方式来执行公务。对下级要求严格，甚至要求下级无条件地绝对服从，注重工作任务的完成和工作效率的提高。

与专制型领导沟通的技巧：尊重其权威而不轻慢，遵守其指令而不违抗。汇报工作时，不要流露太多感情，要开门见山、简明扼要，切勿拐弯抹角、拖泥带水。

（二）民主型领导风格的特点及沟通技巧

民主型领导风格的特点：能做到以理服人、以身作则，遇事能主动地与下级共同讨论，广泛听取下级的意见和建议。分配工作尽量考虑下属的个人能力、兴趣和爱好，关心并满足下级的需要，努力营造出一种民主与平等的氛围。

与民主型领导沟通的技巧：开诚布公地与其探讨问题，不要私下议论或发泄不满情绪。开放式地提出自己的想法，尽量多设计几套方案，最后应由领导拍板决定。

（三）放任型领导风格的特点及沟通技巧

放任型领导风格的特点：主要采用无政府主义的领导方式，工作事先无布置，事后无检查，无规章、无要求、无评估，权力完全下放给下级，极少运用权力，给下级高度的独立性，让其放手去干。

与放任型领导沟通的技巧：尽可能地从领导那获取更多的工作信息，及时向其反馈、汇报最新的工作情况，特别是对关键性的细节应给予详细说明。要真诚待人，表里如一，千万不可失信于领导。

【相关链接】

××市公安局要宴请几位客人。局长把宴请的时间、地点、参加的人员、菜单、酒水等交代得十分详细，作为下级，只能按照局长的思路无条件地执行。这就是专制型的领导风格。

局长对下级说："晚上我要请几位客人吃饭，你去安排一下。"至于在哪里吃、吃什么，局长不做具体吩咐。那么，下级就有足够的权力来决定在哪里吃、吃什么等问题。这种领导风格倾向于放任型。

如果局长把下级叫来，跟他说："晚上我要请×××吃饭，你看在哪里吃，吃什么东西好?"此时，局长主动征求下级的意见，进行双向沟通。这种领导风格就是民主型。

启示：由于不同的领导风格体现在日常管理的言谈举止中，这就决定了他们平素的工作方式存在很大的不同，由此所导致的工作结果和工作效率也会产生差异。专制型领导风格能够很快地做出决定并予以实施，这要求领导者要有很高的素质和能力，但有时效率不一定就高。从另一个角度来看，民主型和放任型有利于培养下级的自身能力和创新意识，有利于鼓舞士气和激励斗志，但放任型必须考虑下级自身的素质和道德水平。因此，领导者在作出决定前，应综合考虑各种因素，有针对性地采取较为适宜的领导风格，确保提高工作效率和管理水平。

三、请示汇报的技巧

任何一个警务人员都希望自己的上级能够了解自己，因为只有被上级了解了，才能获得其信任和赏识。从上级的角度来说，也要主动与下级沟通，以期达到彼此相互了解的目的。但有的上级工作繁忙，排不开时间；有的上级爱摆官架子，不愿主动接近下级；更有甚者，有的上级根本就不想去了解自己的下级。所以，作为下级，要尽可能主动地与上级沟通，以获得上级对自己的了解与信任。汇报是警务人员获得与上级接触、取得上级的了解并对上级表示尊重的一个好机会，每位警务人员都要善于利用这种机会。但在向上级领导汇报工作情况时，要注意以下问题：

（一）选择汇报方式

汇报按不同的标准可以分为不同的种类。

1. 按工作进展的情况可把汇报分为定期汇报、中途汇报和及时汇报三种方式。

（1）定期汇报。有的单位采取早例会或周例会的方式由下级向上级汇报工作，这样可以使上级了解到工作的实情，及时对工作进行判断和修整。

（2）中途汇报。一项工作任务的完成需要很长时间，在工作的进展中就需要不断地向上级进行汇报，使上级及时掌握工作进展的最新情况。

(3) 及时汇报。工作任务完成后，要及时汇报。另外，如果在实施过程中有意外情况发生，也需要及时汇报，以便上级分析原因及时处理困难并调整工作思路。

2. 按汇报的渠道又可把汇报分为口头汇报、书面汇报和电话汇报三种方式。

(1) 口头汇报。口头汇报是指汇报者与听汇报者之间面对面的以口头表述的方式所进行的汇报。当内容比较简单或上级急于了解情况时，一般宜于采用口头汇报的方式。口头汇报要避免使用“大概”、“也许”、“估计”等意思模糊的口头词。

(2) 书面汇报。当要汇报的内容比较复杂并且很重要，需要归档或呈递报告时，通常宜于采用书面汇报的方式。

(3) 电话汇报。下级在远方执行任务或者不方便面对面向上级汇报工作时，通常宜于采用电话汇报的方式。

(二) 营造汇报氛围

向上级汇报工作要善于营造轻松、和谐、融洽的氛围。汇报之前，可先就一些轻松的话题做些简单的交谈，这不但是必要的礼节，而且可以让汇报者稳定自己的情绪，理清汇报的大致脉络，打好腹稿。这个环节看似平常，却大有裨益。

(三) 把握汇报时机

向上级汇报工作要把握好时机。一般来说，当上级心情不好，要外出或准备开会时不宜向上级汇报工作，否则可能会让上级产生不悦。下级假如把握不住上级的心理状态，可以先问一句：“现在向您汇报某某事情，可以吗?”

【相关链接】

新调任来的局长为了尽快熟悉工作环境，到任后的第二天就到该局所管辖的二层所、队领导办公室调研。局长来到一位科长的办公室，该科长为了在新局长面前表现一下自己，特别是自己非凡的口才以及本科室在他的带领下所取得的成绩，在和新任局长客套了几句后，就滔滔不绝地讲起了他本人光荣的工作经历和自己所在科室自他任科长以来所取得的辉煌成绩。局长因为忙着要到其他所、队调研，几次想打断科长的讲话，但科长却没有意识到这一点，甚至没有看到局长脸上已有明显不快的表情。

启示：汇报工作或展示个人能力和成绩应当注意时机和场合，否则将会适得其反。

（四）突出汇报中心

汇报工作要抓住主要内容，主题鲜明、中心明确，不宜长篇大论、面面俱到。汇报的内容要与上级原定的计划或原有的期望相一致，不要掺加虚假的内容，对自己的工作要有喜报喜、有忧报忧。不宜把汇报工作看成是“诉苦”的机会，公事、私事全部端来。有些人对上级好察言观色，两个口袋都分别放有一套材料，上级喜欢听什么就汇报什么，这种曲意逢迎上级的做法，更是为人所不齿的。

（五）把握汇报次数

上级交办任务后，汇报工作进展是必要的。汇报少了或者完全不汇报，上级就会认为你目中无组织、无上级；但如果汇报工作的次数过于频繁，又会招致上级厌烦。所以，应把握好向上级汇报工作的次数，也就是“度”的问题。不能经常以汇报工作的名义找上级聊天，或汇报一些家事、小事、无中生有的事。当然，如果自己与上级的私交很深，这个“度”可以适当放宽些；假如只是泛泛之交，切要把握好这个“度”，做到适度、不过分。

（六）汇报时应注意的礼仪

1. 遵守时间。下级向上级汇报工作，应按约定的时间到达。过早抵达，会使上级因准备未毕而难堪；迟迟不到，则又会让上级等候过久而失礼。如果因故不能赴约，要有礼貌地尽早告知上级，并以适当的方式表示歉意。即使因故迟到，也要向上级致歉并说明原因。

2. 敲门进入。到达上级的办公室门口切不可急于破门而入，应轻轻敲门或喊“报告”，待听到上级招呼后再进门。即便办公室门敞开着，也要以恰当的方式使领导知道有人来了，切勿贸然进入。

3. 举止文明。汇报时要注意自己的言谈举止，做到站有站相、坐有坐相，文雅大方，彬彬有礼。在标有“无烟区”牌子的办公室内切勿擅自吸烟；即使在没有标有“无烟区”牌子的办公室内，想吸烟也要征得领导的同意。向领导递烟时，要把开口的烟盒递上去，让对方亲手取烟，然后才自己取用。

4. 结束汇报。一般情况下，结束汇报应由上级提出，上级未作结束表示前，下级不可频繁看表、打哈欠以示焦急或不耐烦。下级告辞时，如有可能，应顺手把茶具和桌椅等摆正。还要注意勿把属于上级的材料、物品等误放入自己的包中。另外，刚一出门便和他人议论上级的举止表现是不妥的，也是很不礼貌的行为。

四、向上级提意见和建议的技巧

【相关链接】

第二次世界大战期间，美国的一批科学家要试制原子弹，他们把这项工程命名为“曼哈顿工程”。核物理学家西拉德草拟了一封信，由爱因斯坦签署后，让美国经济学家、罗斯福总统的私人顾问亚历山大·萨克斯面呈给总统罗斯福，信的内容是敦促美国政府要抢在德国前面研制原子弹。

1939年10月11日，萨克斯同罗斯福进行了一次具有历史意义的交谈。

萨克斯先向罗斯福面呈了爱因斯坦的长信，继而又朗读了科学家们关于核裂变发现的备忘录。可是罗斯福听不懂那深奥的科学论述，因而反应十分冷淡。

罗斯福对萨克斯说：“这些都很有趣，不过政府若在现阶段干预此事，看来还为时过早。”萨克斯讲得口干舌燥也无济于事，只好向总统告辞。罗斯福为表示歉意，邀请萨克斯第二天共进早餐。

鉴于事态和责任的重大，未能说服罗斯福总统的萨克斯整夜在公园里踯躅，苦苦思索着说服总统的良策。

第二天早晨7时，萨克斯与罗斯福共进早餐。萨克斯尚未开口，罗斯福就先发制人，他说：“今天不许谈爱因斯坦的信，一句也不许谈，明白吗？”

萨克斯望着总统含笑的面容说：“我想谈一点历史，英法战争期间，在欧洲陆地上不可一世的拿破仑在海上却屡战屡败。这时，一位年轻的美国发明家罗伯特·富尔顿来到这位法国皇帝面前，建议把法国战舰上的桅杆砍掉，撤去风帆，装上蒸汽机，把木板换成钢板。但是拿破仑却认为，船若没有风帆就不能航行，木板换成钢板船就会沉没。他嘲笑富尔顿：军舰不用帆？靠你发明的蒸汽机？哈哈，这简直是想入非非，不可思议！结果富尔顿被轰了出去。历史学家们在评论这段历史时认为：如果当初拿破仑采纳了富尔顿的建议，19世纪的历史就得重写。”萨克斯讲完后，目光深沉地注视着罗斯福总统。

罗斯福沉思了几分钟，然后取出一瓶拿破仑时代的法国白兰地，斟满了酒，他把酒递给了萨克斯，说道：“你胜利了！”萨克斯顿时热泪盈眶，他为自己说服了总统而激动，更为总统的这句话揭开了美国制造原子弹历史的第一页而高兴。

启示：直接表达反对性的意见，可能会激起上级的不良情绪，挫伤上级的自尊和颜面，甚至造成不必要的冲突和摩擦；而迂回的手段则会为上级接受下级所提出的意见或建议提供一个和平的环境。

智者千虑，必有一失。上级领导也是人，是人就不可避免地会产生偏见或做出错误的决定。一名有责任感的警务人员应当做上级的好参谋，善于向上级提出合理的意见或建议。由于彼此地位、职务的差异，警务人员的意见和建议能否被采纳，不仅要看警务人员是否真诚与和善，还要看提意见和建议的方法与策略运用得是否恰当。

（一）准备充分

检验一个意见或建议好坏的标准应当是：是否从大局出发，是否对广大人民群众有益，是否有利于任务的完成。向上级提意见或建议前，自己应当对意见或建议的合理性和可行性有一个清醒的认识，所要提的意见和建议一定要准确、有根据，不要把道听途说的东西当成意见提。对上级可能会提出的一些疑问，要有充分的思想或资料准备，这是向上级提意见或建议的前提条件。

（二）角色置换

由于地位、职务的差异，认识问题的角度和高度也不可避免地存在差异和分歧。如果自己能站在上级的立场上来观察、思考和分析所涉及的问题，就能使自己与上级在情感上相融和，认识上相一致，这样的意见和建议就容易被上级所采纳。记住，大部分意见或建议不被采纳的原因是下级没能站在领导的高度和立场上来思考问题。因为上级是要统管全局的，他需要考虑和协调的事情也许我们并不完全明白。

（三）选择时机

提意见或建议要选择适当的时机，最好是上级也在思考这个问题而又百思不得其解的时候；或是领导时间充分，心情又很舒畅的时候。如果上级心情不太好，再好的意见或建议领导也难以细心静听。另外，要尽量避免在大庭广众之下提出过于激烈或者使上级感到为难或难堪的意见，要注意维护好领导的自尊。

（四）态度平和

提意见或建议时要保持友善的态度，不要表露出愤怒、不耐烦的情绪。声音要保持温和，语言要简明，逻辑性要强，同时要让领导对自己的意见或建议有思考和决策的时间。不要以刻意表达不同的见解来证明自己高人一等，不可抱着让领导改变主意的目的和他争论，不要逼迫领导立即表态，不要掺杂个人私怨和成见，更不要贬低他人。

【相关链接】

西安事变前夕，张学良的实力比杨虎城大得多，且又是蒋介石的拜把子兄弟。张学良和杨虎城都有心对蒋发难，但杨虎城担心把自己的观点摆在张学良的面前，如果张学良不赞同，后果实在堪忧。

眼看时间越来越紧，杨虎城选择了一个很好的场合，利用手下一名叫王炳南的共产党员与张学良认识的事实，在一次与张学良晤面中，便对张学良说道："王炳南是个激进分子，他主张扣留蒋介石！"张学良及时接口说道："我看这也不失为一个办法。"于是两个聪明的将军开始商谈行动计划。

启示：杨虎城借了并不在场的第三者之口传出心声，即使不成也可全身而退另谋他策。这种沟通很好地注意了场合，把握了时机，最终谱写了一段惊心动魄的光辉历史。

第二节 与同事沟通

同事关系是指在同一层次的警务人员之间存在的一种横向人际关系。在公安机关内部，它大致可以分为以下四种类型：一是政治领导与业务或行政领导之间的关系，如局长与政委之间的关系。二是副职与副职之间的关系，如副局长与副局长、副局长与副政委之间的关系。三是科所队长之间的关系，如刑侦大队长、治安大队长、派出所所长之间的关系。四是一般民警之间的关系。

不论是哪一种关系，同事之间既有共同的目标，又有各自的分工；既需要相互支持、相互帮助，又蕴涵着相互竞争。要想处理好同事之间的关系，努力构建融洽和谐的同志关系，增强团队凝聚力，提升队伍战斗力，加强同事之间的沟通是必不可少的。

一、与同事沟通的原则

同事之间的沟通存在着直接、经常等特点，又存在在合作中彼此竞争、在竞争中渴望合作的复杂心理。同事之间如果缺少真诚的沟通，就会相互猜疑，互挖墙脚，只看重自己的价值而忽视他人的价值，整个集体就会变得无生气。因此，无论是执法办案还是服务群众，同事之间都应当加强彼此间的沟通。与同事沟通应坚持以下原则：

（一）尊重而不轻蔑

人际交往的黄金定律是：你想要他人怎样对待你，你就要怎样对待他人。要想得到同事的尊重，首先就必须尊重同事。如果自己目中无人、孤芳自赏、刚愎自用，不尊重同事，我们又有什么资格和理由要求同事来尊重我们自己呢？

尊重同事，就是不伤害同事的自尊，不贬低同事来抬高自己，不以己之长量人之短，更不能侮辱同事的人格，轻视同事的工作、劳动、意见以及同事的作用。尊重同事主要表现为以礼待人、平等待人、友善待人，尊重同事的风俗习惯，并虚心学习同事的长处。

【相关链接】

刘伯承、邓小平同志1931年相识于中央苏区，在太行山的抗日烽火中开始了他们的亲密合作。在他们共事的13年中，精通兵法的刘伯承、邓小平相互尊重，密切配合，运筹帷幄，筹策有方。他们的团结合作和真挚友情在党内、军内一直被传为佳话。

凡是在一二九师师部工作过的同志都知道，只要邓政委表过态的，你去问刘师长时，刘一定说："按邓政委讲的办。"同样，凡是刘师长表过态的，你去问邓政委时，邓也必定说："按刘师长讲的办。"

在刘邓首长的教育和影响下，刘邓大军的内部关系是非常团结的，上下级之间，各部队之间，关系都很协调。这支部队培养了大批在我党我军历史上有重要影响的军事家和高级将领，涌现了一大批英雄集体和模范人物。

启示：同事之间需要的是相互欣赏、学习、补充和尊重。只有相互尊重，才会相互信任，才能换取对方的真情实意并使彼此关系更加纯洁亲密，进而提高工作效率。

（二）宽容而不计较

俗话说：宰相肚里能撑船。对待同事要宽宏大量，豁达大度，善于包容。要多看到同事的优点和长处，并能容忍同事的缺点和不足，不去过分计较和追究同事的一些非原则性错误和缺陷。对于那些犯过错误或者直接损害过自己利益的人，不要歧视和排挤，更不能采取敌对的态度。

同事之间因工作需要而彼此来往密切，在对一些问题的看法上难免会产生分歧和矛盾。但同事之间要顾全大局，不要斤斤计较个人的荣辱得失，要相互理解、彼此宽容，做到大事清楚、小事糊涂。这是因为不能宽容则不能谅解，不能谅解则不能团结，不能团结则不能和谐。特别是同事之间发生矛盾时更要平心静气地交流情况和意见，诚心诚意地作自我批评，设身处地地为别人着想，这样才能大事化小，小事化了。

【相关链接】

第二次世界大战期间，一支部队在森林中与敌军发生激战，最后有两名士兵与部队失去了联系。这两名士兵之所以在激战中还能互相照顾、彼此不分，是因为他们来自同一个小镇。他们在森林中艰难跋涉，互相鼓励和安慰。十多天过去了，他们仍未与部队联系上，幸运的是，他们打死了一只鹿。依靠鹿肉，又能度过几日了。也许是因为战争的原因，森林中的动物四散奔逃或被杀光，除了那只鹿，他们再也没有看到任何动物。剩下的一些鹿肉，背在年龄较小的那位士兵身上。

一天，他们在森林中遇到了敌人，经过一番激战，两人巧妙地避开了敌人。就在他们自以为安全的时候，只听一声枪响，走在前面的年轻士兵中了一枪，幸运的是仅仅肩膀受了伤。后面的战友惶恐地跑过来，害怕得语无伦次，抱着伙伴痛哭不止。

晚上，未受伤的士兵一直念叨着母亲，两眼直直的。他们都以为自己的生命即将结束，身边的鹿肉也没有动。谁也不知道，他们那晚经历了怎样的心路历程。第二天，部队找到了他们。

事隔30年，那位受伤的士兵说："我知道是谁开的那一枪，就是我的战友。他去年去世了。在他抱住我的时候，我碰到他发热的枪管，但是当晚我原谅了他。我知道他是想独自占有我身上带的鹿肉活下来，我也知道他活下来是为了他的母亲。此后30年，我装作根本不知道这件事，也从不提及。战争太残酷了，他母亲还是没有等到他回家。战争结束后，我和他一起祭奠了老人家。他在他母亲的遗像前跪下来，请求我的原谅。我没有让他说下去，我们又做了二十几年的朋友，我没有理由不原谅他。"

启示：一个人，能容忍别人的固执己见、自以为是、傲慢无礼、狂妄无知，却很难容忍强加给自己的恶意诽谤和致命伤害。但是，唯有以德报怨，才能感化别人，并使我们的心灵从此获得一份宁静与平和。如果人人都学会了宽容，社会想不和谐都难。

（三）配合而不越位

自己的事情自己做，同事的事情帮着做，集体的事情大家做，人人各司其职，同时又能互相帮助、密切配合，这样既有分工又有协作，有利于工作的顺利完成。在工作中，属于同事职权范围的事决不干预，属于自己的职责也决不推卸。随便干预同事的工作，会造成许多不必要的猜疑和误解，并打乱同事的工作计划，引起同事的不满。

同事之间常会遇到一些工作上的交叉，需要共同完成某项任务，此时，同事间应当相互配合，共同协商，多听取同事的意见和想法，集思广益。不可孤行己见、擅自做主或推诿扯皮，而应主动去做，以免出现所谓“几不管”的“空白地带”。任务有了进展不能好大喜功，有了功劳不能都往自己身上揽，有了过错亦不能都往同事身上推。

（四）补台而不拆台

公安工作可以形象地比做一个舞台，每一个警务人员都是演员，戏要演得好，演员之间必须密切配合；如果各演各的戏，甚至相互刁难、暗中破坏，那将成为一盘散沙。同事间要做到补台而不拆台，其核心是从大局出发，积极维护队伍的团结。在同一个单位，要自觉遵守组织纪律，做到不利于团结的话不说，不利于集体的事不做，坚决抵制和克服自由主义思想。实践证明，团结是所有聪明人的学问，团结就是力量。补台都上台，拆台都下台，分裂必垮台。

当同事遇到困难时，要主动为他排忧解难，决不能袖手旁观，更不能喝倒彩、帮倒忙、拉倒车；当同事出现失误和差错时，应及时提醒、主动补台，不能冷眼旁观、幸灾乐祸，甚至冷嘲热讽，更不能落井下石、趁机拆台；当同事间发生矛盾时，要帮助调解，不能无动于衷，更不能挑拨离间、搬弄是非。

二、与同事沟通的技巧

作为同事，大家都处于同一层次，很容易产生“谁怕谁”的心理，这会成为大家顺利沟通的绊脚石。由于受这种心理的影响，同事间要想进行有效的沟通，不仅要遵守沟通的基本原则，还要讲究一定的方法与技巧。

（一）求同存异

所谓求同存异，就是通常所说的求大同、存小异。大同，是指同事间共同维护的重大原则以及共同追求的基本目标、根本利益；小异，是指同事之间由于对同一事物的认识不一致而产生的意见分歧。同事间意见不同时，应当努力寻找双方的共同点，扩大双方相同的地方，同事之间要包容双方的不同之处，最后积极地想方设法并逐步解决“不同”的认识和问题。只有如此，双方才有可能感受到彼此的真诚和魅力，进而产生接近和交往的欲望。

【相关链接】

2005年4月2日晚，石狮市宝盖镇雪上村亿辉超市门口一外地男子突然昏倒在地，经送医院抢救无效死亡。经初查发现被害者叫洪波，头部、胸部各有一处刀伤，身上的手机、现金尚在，其倒地现场没有发生过打斗。

对案件的准确定性是成功破获案件的关键。专案组民警在分析案件性质时出现多种不同的意见，有的说是报复杀人，有的说是抢劫杀人，也有的说可能是误杀。在案件性质不明的情况下，专案组指挥员张汉沂只能保留侦查员的不同意见，采取初步侦查措施，围绕死者洪波开展调查访问，查清死者在案发前的活动情况；另外，立足现场，围绕雪上村开展细致的排查工作，寻找目击者。

经过一天的侦查工作，专案组了解到死者是在案发前两天才从老家到石狮的，且死者在案发前没有与任何人发生过冲突或者口角，因此排除了仇杀的可能。通过对目击者的查找，查明在案发时有一部白色大绵羊和一部类似仿古的摩托车在现场出现，且进一步访问到，就是从这两部车上跳下两人对死者进行砍杀。另外，根据死者遇害的地点是在公路边，死者在通电话后短时间内遇害以及死者手机放置位置是在口袋而不是在手机套等情况。最后专案组统一认为这是一起因为飞车抢夺引起的抢劫杀人案件。

案件定性后，专案组重点以串并案工作作为切入侦查的突破口。破案后证明，正是由于案件定性准确，突破口选得准，串并案工作全面细致，此案才得以成功突破。

启示：求同存异，不仅仅是处理意见分歧的良方，也是处理好个人人际关系的良药。

（二）保持距离

无论在任何时候，只有和同事保持适当的距离，才会成为一个真正受欢迎的人。与同事相处，太远了显然不好，人家会误认为你不合群、孤僻、高傲；太近了也不好，因为这样容易让别人说闲话，而且也容易使上级产生误解，认定你是在拉帮结派、搞小团体。所以不即不离、不远不近的同事关系，才是最合适的和最理想的。

【相关链接】

在一个飘雪的冬日，森林中有十几只刺猬冻得发抖。为了取暖，它们只好紧紧地靠在一起，但因为忍受不了彼此的长刺，很快就各自跑开了！

可是天气实在太冷，它们很想靠在一起取暖，然而靠在一起的刺痛，又使它们不得不再度分开。就这样反反复复地分了又聚，聚了又分，不断在受冻与受刺两种痛苦之间挣扎。

最后刺猬们终于找出了一个适中的距离，可以相互取暖而又不至于被刺伤！

启示：距离是一种美，也是一种实现自我保护的绝佳方式。同事间相处彼此需要有一定的空间，有时太过亲近则看不清自己也看不清对方，反而更容易互相伤害。

（三）及时关怀

俗话说：危难之际见真情。当同事遭遇挫折、痛苦、孤独时，最需要的是别人的关怀和温暖。关怀是一种温情，关怀是一种鼓励，关怀就是爱。对同事多一分关怀或许会改变他平时对自己的偏见，增强同事对自己的信任，使同事更深刻地感到单位大家庭的阵阵温暖。逢年过节、重要纪念日或当同事取得优异成绩时，也别忘了向同事由衷地表示慰问和祝福。

【相关链接】

春秋时期的管仲二十来岁时结识了鲍叔牙，两人合伙做生意，由于管仲家境贫寒，他出资就少一些，鲍叔牙出资多一些。生意做得不错，不久赚了不少钱。可是有人发现挣的钱还没入账，管仲就先用这笔钱还了自己欠下的债，更可气的是，年底分红时，鲍叔牙分给他一半的红利，他二话不说就接受了。这可把鲍叔牙手下的人气坏了，有人对鲍叔牙说，他出资少，平时开销又大，年底却平分效益，显然他是个十分贪财的人，而且脸皮很厚。鲍叔牙却斥责了他的手下，他说管仲家里十分困难，比他更需要钱，这样做是应当的。后来，两人一起带军打仗，鲍叔牙身先士卒，亲冒矢石，管仲却冲锋在后，退却在前。别人都耻笑他，说他贪生怕死，领兵的人甚至想杀一儆百，拿管仲的头吓唬那些贪生怕死的士兵。关键时刻又是鲍叔牙站了出来为管仲辩护，说他这样做并非怕死，只因为他家里有80岁的老母，他不能不忍辱含羞活着以尽孝道。鲍叔牙这种宽以待人的精神，深深地感动了管仲，他说："生我者父母，知我者鲍子。"后来两人各事其主，主人之间为争王位干戈相见，管仲一箭差点射死鲍叔牙的主人公子小白。后来，公子小白也就是历史上赫赫有名的齐桓公掌握天下之后，鲍叔牙又冒着风险向齐桓公举荐管仲，说："管仲是天下奇才，你若用他，他将为你射天下。"于是管仲得以受到齐桓公的重用，帮助齐桓公以"尊王攘夷"为口号，"九合诸侯，一匡天下"，使齐国成为春秋时期第一个称霸的大国。

启示：鲍叔牙多次给了管仲无微不至的帮助，所以才会深深地感动管仲，从而成就了"管鲍之交"这一历史上的千古佳话。同事之间也应当如此，如果大家都能像鲍叔牙那样宽容、理解同事，并能无私付出而不求回报，那么同事之间的关系一定是非常融洽的。

（四）与人分享

与人分享是一种高尚的品德，是中国人传承数千年的优秀文化传统。在日常生活中，适当地与人分享，是加深同事感情的良好方式。同事之间要多分享，独乐乐不如众乐乐，自己快乐而周边的人并不快乐，这种快乐则是狭隘的，也是不能长久的。无论是物质上或精神上的分享，分享时人人都是平等的，且没有任何障碍，这十分有利于彼此进行沟通和增强情感。

【相关链接】

当你拥有6个苹果的时候，千万不要自己一个人把它们全部吃掉，因为这样你只会品尝到一种味道，就是苹果的味道。如果把6个苹果中的5个拿出来给别人吃，尽管表面上丢了5个苹果，实际上却得到了其他5个人的友情和好感，以后你得到的还将更多。当别人有了别的水果的时候，也一定会和你分享，你会从这个人手里得到一个橘子，从那个人手里得到一个梨，最后你就可能得到6种不同的水果，尝到

6 种不同的味道。

启示：分享是沟通感情的有效手段和方法。分享可以扩大自己的人际时空，拉近彼此间的距离；分享将互惠互利，让所有的分享者通过有限的付出收获无限大的利益，真正实现一本万利。

（五）学会欣赏

欣赏别人是一种美德、一种风度，也是一种沟通与理解。同事之间学会了互相欣赏，就能架起沟通、关爱的桥梁，使我们的工作充满快乐与激情。学会欣赏不仅能学到同事的长处，也会收到对方爱的回馈。所以，平时应学会欣赏同事，多留意同事的优点，多看到同事的长处。

【相关链接】

有一位老民警去一家饭馆吃饭，老板见到他就问："您还记得我吗?"老民警说："记不起来了。"老板说："20 多年前有个小偷，手法高超，作案上千次，次次得手，最后栽在您这位反扒高手手里。您在讯问这位小偷时说：'像你这样心思如此细密，手法如此灵巧，风格如此独特的小偷，做任何一件事情都会有成就的，你为什么不改行做其他事呢?'"老板告诉老民警："我，就是那个小偷，是您的这段话引导我走上了正道。如今我开了好几家饭馆，成了这里颇有名气的大老板。感谢您——恩人!"

老民警没想到，20 多年前的几句话，竟然影响了一个青年人的一生。老板说："您的几句话，打破了我生活中的盲点，使我想，为什么除了做小偷，我没想过做正当的事呢？从此，我脱胎换骨，重新做人。"

启示：连小偷身上都有可欣赏的地方，并在被欣赏者的引导下走上正路，我们周围还有什么人不能被欣赏，不能被引导呢？只要带着欣赏的眼光去看待这个世界，我们就能发现这个世界的美。

第三节 与下级沟通

实践证明，在绝大多数情况下，下级不愿意服从领导的原因是上级领导者不善于领导。所谓领导，就是"领而导之"，如果上级和下级缺乏沟通又怎能为下级指明方向呢？可见，能否建立一支和谐融洽、积极进取的队伍，在很大程度上取决于上级是否善于与下级沟通，以及上级是否善于运用沟通技巧。

一、与下级沟通的原则

上级与下级沟通的目的是使下级及时了解单位的目标和领导的意图，增强下级对所在单位的向心力和归属感，从而实现上下级行动的协调一致。要使沟通有效，上级应遵循与下级沟通的正确原则。

（一）民主而不武断

旧的家长式上级，需要的是勤勉努力、忠诚可靠、超时工作和按上级意志行事的警务人员，换句话说，就是要下级像孩子一样听从家长的安排。新型的上级则鼓励下级独立自主、方法灵活并能主动承担责任。由此可见，当今的上下级关系已不再是家长与孩子式的关系，而是完全平等的同志关系或伙伴关系。

与下级沟通时，上级应摆正自己的角色定位，转变“官”念，要从高高在上的位置上走下来，与下级和睦相处，平等交往，尊重下级的工作、人格和权利，事事以身作则，时时严于律己，对待下级要公平合理、不偏不倚。

（二）信任而不猜疑

用人不疑，疑人不用，说的就是上级对下级要充分信任，放手让他们去工作，并使其对所做工作大胆负责。信任是对下级最有力的支持，是充分发挥队伍力量并取得优异成绩的前提。第一，要相信下级对事业的忠诚，不要束缚他们的手脚，让他们创造性地开展工作。第二，要相信下级的工作能力，既要委以职位，又要授予权力，使他们敢于负责，让他们明确自己的职责并忠于职守，遇事不推诿，大胆工作。第三，对下级要以诚待人、推心置腹，不偏听偏信，不争功诿过。当下级在工作中出了问题、走了弯路时，上级要勇于承担应负的责任，积极地帮助下级总结经验，鼓励他们继续前进。

【相关链接】

战国初年，魏文侯派将军乐羊出兵讨伐中山国，正巧乐羊之子乐舒在中山国做官。两国交战，中山国利用乐羊之子，想迫使魏国退兵。为争取民心，乐羊对中山国采取围而不攻的策略。

消息传到魏国，一些官员纷纷向魏文侯告状，称乐羊之所以围而不攻，是为了保护儿子。魏文侯听了之后，非但没有相信，反而经常派使者带上礼品、酒食到前线慰问乐羊和他的部队，并在魏国为乐羊修建新的住宅。

被围困已久的中山国国君眼看已无破敌之计，便杀死了乐舒，煮成肉羹，送给乐羊。乐羊说："乐舒帮昏君做事，死如粪土。"随即下令攻城，中山国灭，国君自杀。

乐羊凯旋回朝，魏文侯高兴地为乐羊举行庆功宴。宴会之后，魏文侯命人拿来了两只箱子，让乐羊看。乐羊打开之后，发现全是揭发他围城不攻的奏章。乐羊什么都明白了，激动地对魏文侯说："没有大王的明察和气度，不但破不了中山国，我乐羊早已成为刀下之鬼了。攻下中山国并非我的功劳，大王排除各种杂音，彻底相信我，所以这份功劳，应当算在大王您的头上啊。"

启示：信任下属，放心大胆地让他们去完成任务是领导者优良的道德素养和过硬的心理素质的体现。只有充分信任下级，才能发挥组织内部每一个成员的作用。

（三）激励而不训斥

每个人的内心都渴望别人给予自己理想的评价，希望别人能了解自己并加以赞美。实验心理学研究表明，人在受到激励后的行为要比受到训斥后的行为更为合理，更为有效，且激励能让人释放出更多的能量，也更能显示出友好与合作的态度。身为公安机关的领导，应适时地对下级的某些能力予以鼓励、慰勉。

对于下级工作中出现的不足或失误，上级不宜直言训斥，要同下级共同分析失误产生的根本原因，找出改进的方法和措施，并鼓励他们努力做得更好。过分的训斥会使下级产生逆反心理，消极对待工作，而且很难加以平复，必然会给以后的工作带来隐患。

（四）理解而不抱怨

金无足赤，人无完人，任何人的身上都不可避免地带有某些缺点。作为上级，有责任为下级营造一个和谐的工作氛围，对下级要多一分理解与宽容，尊重下级的意见与想法，正视下级的优点和缺点，取其之长、避其之短，善于换位思考、理性分析。不要把目光只停留在下级的缺点和错误上，不要戴有色眼镜去看待下级的工作与成绩，不要盲目地以自己的主观标准去评价下级的对与错。

须知，上级要关心与爱护下级，关心下级的工作生活，关心下级的前途和未来，设身处地地为下级着想，切实解决好下级工作和生活中遇到的一些实际困难，要体会下级的感受与需要，特别是心理和情感的需要。

二、下达指令的技巧

发布指令是公安机关领导对下级特定行动的要求或禁止。上级发布指令的目的是要让下级按照上级的意图完成特定的行为或工作，它也是一种沟通，只是发布指令带有组织阶层上的职权关系，它隐含着强制性，会让下级有种被压抑的感觉。

发布指令剥夺了下级支配自我的权利，压抑了下级的创造性思维和积极负责的热情，同时也让下级失去了参与决策的机会。发布指令虽然有缺点，但它能确保下级朝着组织确定的方向与计划恪守职责。发布指令时应注意以下问题：

（一）准确下达指令

上级如要准确地下达指令，第一，要弄清楚自己的意图，不要下达一些连自己都不知所云的指令；第二，要清晰地表达指令的内容，不可语无伦次、含糊不清；第三，指令不要过于抽象、复杂，传递渠道不要太多。

一个准确无误的指令应当包含以下七个要素，即 2H5W：Who（执行者）、What（执行什么）、How（怎么执行）、When（时间）、Where（地点）、How many（工作量）、Why（为什么）。每一个要素都传递着指令内容的不同重点，只有同时具备以上要素，指令才准确无误。

【相关链接】

指挥中心给××派出所下达指令：接到群众的报案称，现在有一位 30 岁左右，穿红色 T 恤衫的形迹可疑男子，在你们派出所辖区的海滨路中国工商银行门口徘徊。请你们派警员去盘查，一定要注意安全。

Who（执行者）——××派出所。

What（做什么）——盘查。

How（怎么做）——派警员去盘查。

When（时间）——现在。

Where（地点）——海滨路中国工商银行门口。

How many（工作量）——盘查形迹可疑的男子，并注意安全。

Why（为什么）——群众报案，男子形迹可疑。

启示：此指令言简意赅，诸要素必备，不失为一条很成功的指令。

（二）确认下级是否听清指令

上级下达指令后，应当要求下级对自己的指令作出反馈，以免下级误解自己的意图。确认下级是否听清指令的最好办法是要下级复述指令，如果下级所复述的内容与自己的意图一致，就说明沟通有效；如果下级的领会出现差错，可以及时进行纠正，调整陈述方式，以免带来不必要的失误和损失。

【相关链接】

1930年4月，冯玉祥和阎锡山联手讨伐蒋介石，爆发中原大战。战前，冯玉祥和阎锡山为了更好地讨伐蒋介石，商定率军在河南北部的沁阳会师，然后集中兵力一举歼灭驻守在河南的蒋军。冯玉祥的作战参谋很快拟订了一条紧急调动部队的命令：“令某部日夜兼程直插沁阳，与阎锡山部会师。”但这个参谋在书写时将“沁阳”错写为“泌阳”，沁阳在河南北部的焦作地区，而泌阳在河南南部的驻马店地区，两地相距200公里。

那个接到命令的冯玉祥的部下，虽有怀疑，但还是执行了命令，率部向泌阳急进。这样一来，就使冯玉祥的军队误入泌阳，因而贻误了聚歼蒋军的有利战机，让蒋军争得了主动权。在近半年的中原大战中，冯玉祥军队处处被动挨打，最后导致中原大战以蒋介石胜利、冯玉祥和阎锡山联军失败而宣告结束。

启示：命令下达后，那个接到命令的冯玉祥的部下如果能对自己的怀疑及时做出反馈，就不会出现这场因“一字之差打败仗”的战役。

（三）用建议的口吻下达指令

大多数人是不喜欢被人呼来唤去，受人控制的。与其用命令的口吻来指挥下级做事，倒不如采取商量的口气或建议性的方式：“你看这样做行不行？”“你可以考虑……行吗？”用这样的方式下达指令，会使下级有一种被重视的感觉，从而乐于接受指令。

（四）授权下级承担责任

上级下达指令的目的是让下级准确理解自己的意图并去执行，但有意愿的执行与没意愿的执行所产生的结果却相去甚远。没有经验的上级在下达指令时往往会强调“按我说的办”；而有经验的上级与下级探讨事情怎么办之后，会自觉或不自觉地改变下达指令的方式，强调“按你的意思办”。“我说的”与“你的意思”在价值层面上是一致的，但后者在下级看来其责任更加重大，执行的意愿也会更加强烈。

三、激励下级的技巧

《辞海》里“激励”的意思是“激发使振作”。激励的目的是使下级的潜能得到最大限度的发挥，激励有助于提高队伍的吸引力和凝聚力，调动下级的主观能动性，强化期望行为，从而提高工作效率。激励是管理的手段之一，上级应当学会和掌握激励这种方法来激发下级的工作潜能，提高下级的工作积极性、主动性和创造性。

【相关链接】

李鸿章家有一位厨师，做烤鸭的技艺高超，可是从来没有听到李鸿章说过一句赏识的话，厨师很不舒服，整天闷闷不乐。有一次，家里来了重要客人，宴会上，只见从厨房端出一只只有一条腿的鸭子，李鸿章很奇怪，客人走后，李鸿章质问厨师：“怎么鸭子只有一条腿?”厨师不紧不慢地说：“鸭子的确是一条腿，不信可以到后院看看。”李鸿章很生气地跟着厨师来到后院。鸭子们正在午睡，果真一个个从身体底下伸出一条腿。厨师说：“看见了吧，鸭子就是一条腿。”李鸿章把手举得高高，使劲双击两手——鸭子听到声音扑棱棱一个个都站了起来。李鸿章说：“看见没有，鸭子不是两条腿吗?”厨师镇定地回答：“那是因为你给了它们热烈的掌声！鸭子是因为您的掌声才从一条腿变成两条腿的啊……”

启示：掌声不仅代表着赞美，还代表着尊重与肯定，更代表着激励和祝福。希望我们多给下级一些掌声，让他们在工作的舞台上上演更加精彩的节目。

（一）激励下级的原则

上级应当清楚，激励策略的运用有一定的风险性，如果它不能给组织带来积极的功效，就很可能带来消极的后果。所以，在制定和实施激励措施时，一定要谨慎，并遵循以下原则：

1. 因人而异原则。在日常工作中，影响下级工作积极性的因素主要有工作性质、领导行为、个人发展、人际关系、报酬福利和工作环境等。上级应根据下级的不同类型和特点有针对性地制定激励策略，并且要考虑到个体之间的差异，因人而异。例如，在文化差异上，有较高学历的下级一般比较注重自我价值的实现，既包括物质利益方面的，同时他们更看重精神方面的满足；而学历相对较低的下级首要注重的则是基本需求的满足。因此，上级在制定激励策略时一定要考虑到本单位的特点和下级的个体差异，这样做才能收到最大的激励效果。

2. 奖惩适当原则。有效的激励应根据不同的时期、内容和目的确定适当的标准，以保证奖惩实施得适度、适当。奖励过重容易使下级产生骄傲自满的情绪，影响进一步提高自己；奖励过轻则达不到应有的激励效果，或者让下级产生不被重视的感觉。在某种程度上惩罚也是激励。惩罚如果过重，会让下级感到组织冷酷无情，很容易失去对组织的认同，甚至产生强烈的挫败感，从而自暴自弃；惩罚过轻则会让下级认识不到错误的严重性，以后可能还会犯同样的错误。

奖惩都是必要而有效的管理手段，不仅直接作用于当事人，还间接影响着周围其他人的观念和作风。上级激励下级必须坚持以奖励为主、惩罚为辅的原则，应通过积极正面的激励保持公安队伍的蓬勃朝气、昂扬锐气和浩然正气，形成团结向上、奋发有为、开拓进取的良好局面。

3. 物质激励与精神激励相结合原则。人不仅有物质的需要，而且还有名誉、地位和成就等方面高层次的精神需求。物质需要是人生存的基础需要，衣食住行等条件的改善，对调动人的积极性有着极为重要的意义。物质激励是基础，精神激励是根本。在现实工作中，上级既要重视物质激励，又要重视精神激励，并把两者有机地结合起来。

4. 激励个人与激励集体相结合的原则。个人是集体的基本组成单位，处理好激励个人与激励集体的关系有助于正确发挥个人与集体应有的作用。如果只注重对集体的激励而忽视了对个人的激励，就会造成平均主义；如果长期把重心放在少数个人身上，则会影响其余大部分人的积极性。因此，在激励的顺序上，应先激励个人，再激励集体；在激励手段上，可先用单一手段，然后再采用综合激励手段；在满足激励需要上，一定要先满足低层次的需要，然后再不断满足高层次的需要。

（二）激励下级的方法

激励下级的方法多种多样，但大体上可分为以下几种类型：

1. 成就激励。美国心理学家马斯洛和波特都提出过“需要层次理论”（见图6－1），其最高层次的需要都是自我实现的需要即成就需要，他们均认为成就的需要对人的行为具有极大的激励作用。

图 6－1 马斯洛需要层次理论

成就激励来源于人们对满足自己成就需要的期望，即每个人都期望因自己比别人取得更好的工作成就而获得更大的满足，正是在这种期望的驱使下，下级总想取得更好的工作成就。而且，这种期望越强烈，下级受到的激励就越大。成就激励最重要的表现方式，是使下级得到合理的职务晋升。

2. 赏识激励。赏识是比表扬、赞美更进一步的精神鼓励，是任何物质奖励都无法取代的。任何人都有一种归属心理，希望能得到上级的承认和赏识，成为集体中不可缺少的重要一员。赏识激励就是对其工作成绩的最大肯定，能较好地满足人们的这种心理。

当下级有进步时，他最需要的是认可；当下级完成了某项工作时，他最需要的是上级对其工作的肯定；当下级获得成功时，他最需要上级给予的是赞赏。有时上级一句赏识的话会让下级刻骨铭心，受益终生。因此，上级要知人善任，不吝赞赏，应为有才干的下级实现自我价值创造尽可能好的条件。

3. 授权激励。授权是一种十分有效的激励方式。授权可以让下级感到自己担当大任，感到自己受到重视和尊重，感到自己与众不同、出类拔萃。在这种心理的作用下，被授权的下级自然会激发出自己潜在的能力和热情，甚至愿意为此呕心沥血、鞠躬尽瘁。

授权激励要求上级要充分信任下级，上级在布置好工作任务、工作原则和完成时间后就应当放手让下级去干，使下级有权决定自己的工作方式、工作进度。一般来说，具有工作自主性的下级更容易通过自己的努力来展示其个性、智慧和才干，也能更好地激发其积极性和创造性。

4. 情感激励。情感，是人们情绪和感情的反映。情感激励既不要以物质利益去诱导，也不要以精神理想去刺激，而是指上级与下级之间的以感情联系为手段的激励方式。上级和下级的人际关系既靠规章制度和社会规范去维系，更靠情感使之升华。人的情感具有两重性，积极的情感可以提高人的活力，消极的情感则会削弱人的活力。

一般来说，下级工作热情的高低同上级与下级交流程度的深浅成正比。古人说："士为知己者死，女为悦己者容。""感人心者，莫过于情。"有时上级一句亲切的问候，一番安慰的话语，都会如同春风细雨般滋润着下级的心田，成为激励下级前进的动力。因此，上级不仅要注重以理服人，更要强调以情感人。要舍得情感投资，重视与下级的情感沟通。

5. 榜样激励。孔子云："其身正，不令而行；其身不正，虽令不从。"领导者的一言一行都决定着其形象的好坏，同时也能潜移默化地影响下级的精神状态和行为方式。如果上级要求下级遵守的，自己却首先违反；要求下级做到的，自己却总是做不到，这样领导的威信和影响力就会大打折扣，下级必将阳奉阴违，整个集体也会毫无战斗力。上级以身作则、公道正派、言行一致、爱岗敬业、平易近人，就会得到下级广泛的认可和支持，就能有效地督促下级恪尽职守，完成好工作任务。因此，上级应把自己的学识水平、品德修养、工作能力、个性风格贯穿于为人处世与待人接物的过程中，以一种无形的人格魅力感染大家，激励大家。

6. 需要激励。需要是产生行为的动力，是人们产生积极性的源泉。根据需要层次理论我们可以知道，人们的需要因一个人在组织中所从事的工作、年龄以及文化背景等因素的不同而有所差异。因此，上级在激励下级时，应针对不同的对象及其不同的需要而采取不同的激励策略。是采取物质激励、荣誉激励还是精神激励，只有掌握了下级的需求，才能有针对性地选择激励方式，从而达到激励下级积极性的目的。

7. 竞争激励。竞争激励，形象地说就是"有本事就来拿"。竞争是集体前进的动力，上级应善于将竞争机制引入队伍管理中，为下级提供公平、公正、公开的竞争氛围，提高下级的自身素质，激励下级使之成为"有本事的人"。

要想营造有序竞争的良好氛围，就必须构建一整套科学的考评体系。必须坚持“以能力为本”、“以工作业绩为本”的理念，坚决消除“唯学历论”、“唯年龄论”、“唯身份论”所带来的种种弊端，为优秀人才的脱颖而出创造适度宽松的环境。

【相关链接】

澳大利亚某牧场上狼群出没，经常吞噬牧民的羊。牧民于是求助政府和军队将狼群赶尽杀绝。狼没有了，羊的数量大增，牧民们非常高兴，认为预期的设想实现了。可是，若干年以后，却发现羊的繁殖能力大大下降，羊的数量锐减且体弱多病，羊毛的质量也大不如从前。牧民这才明白，失去了天敌，羊的生存和繁殖基因也退化了。于是，牧民又请求政府再引进野狼，狼回到草原，羊的数量又开始增加了。

启示：“一团和气”的集体不一定是一个高效率的集体。公安队伍建设要引进竞争机制，把那些富有朝气、思维敏捷的年轻生力军引入到队伍的管理层，给那些故步自封、因循守旧的“羊”带来生存的危机意识和竞争求胜之心。

四、批评下级的技巧

在工作中上级发现下级有错误，加以批评和指正是很有必要的。但是，如果胡乱地批评，或批评太重，都容易使下级产生逆反心理、抵触情绪，认为上级性情暴戾，动辄发怒；批评太轻，又不足以警醒下级。批评是一门艺术，上级应当把握好批评下级的分寸，既对下级有所教育、使其有所触动，又不至于伤其自尊，并使其心悦诚服。

（一）批评下级的原则

批评的目的是让犯错误的下级改正错误，唤起他们的责任心。但是，并不是所有的批评都可以达到这样的目的，因为批评是对犯错误的下级行为的修正，是对下级的否定，没有人愿意接受批评，批评的结果或许会随之产生一些副作用。为了避免批评产生副作用，上级在运用批评手段时要注意遵循以下原则：

1. 实事求是原则。批评有错误的下级时，事实要准确，责任要分清，原因要查明，不可主观臆断、随心所欲、捕风捉影，还要避免以完美主义的心态去挑剔下级的短处，更不能以感情代替原则。批评前应对客观事实、原因等进行全方位的调查，批评过程中要允许下级解释、申辩和保留意见，批评后要帮助下级分析问题的性质和原因，并帮助其改正错误。

2. 顾及面子原则。俗话说：金无足赤，人无完人。批评犯错误的下级时，要注意体会下级的心理，考虑下级的感受，维护下级的自尊心和进取心；要使下级知道为什么被批评，不要小题大做、斤斤计较、恶语伤人；要把批评的矛头对准下级的错误行为，对事不对人，不要一味地挖苦、侮辱或动辄把问题扩展到下级的人格、品性上。批评后如果发现对下级的批评与事实有出入，应反省自我、及时改正，并找合适的机会予以解释与道歉。

3. 因人而异原则。不同的人接受批评的承受力和方式有很大的区别，有的人受到了批评满不在乎，丝毫不为所动，跟没发生过似的；有的人受到了批评会感到自己一无是处，从此一蹶不振、意志消沉；有的人自尊心强，心胸狭窄，心理承受能力差，死要面子，受不了当面批评。所以，在批评下级时应因人而异采取不同的批评方式，只要能达到纠正下级错误行为的目的就行，不要一概而论且方法简单粗暴，还要把握分寸，适可而止。

4. 善意友好原则。“惩前毖后，治病救人”是毛泽东对批评所作的精辟论述。在“以人为本”的管理环境中，这仍然是上级运用批评策略所必须遵循的原则。批评下级时，首先应当认识到批评是对下级的一种关心和爱护，是为了帮助下级认识错误、改正错误，以及对其他下级起到警示、告诫作用。所以，批评的出发点必须明确，动机必须正确，本着真诚的态度准确地批评，本着解决问题、提高单位管理水平的目的而严肃批评。

（二）批评下级的方式

上级批评下级时，只有根据具体情况选择恰当的批评方式，才能取得批评的预期效果。因此，上级应掌握以下几种批评的基本方式：

1. 直接式批评。直接式批评就是直截了当、严肃认真地对犯了错误的下级进行严厉的批评，好让下级意识到错在哪里，以及所犯错误的严重性。对于性格开朗、成就感较强的下级，或者严重违反纪律，以及多次重复不良行为的下级应采取直接式批评。直接式批评之后，一定要想办法将气氛变得宽松、和缓，使下级有一个心理缓冲的余地，这有助于消除其对立、抵触的情绪，并让下级更快更好地改正错误。

【相关链接】

1947年8月的一天凌晨3点，已经三天三夜没合眼的彭德怀刚入睡，电台就收到王震请示第二天行动的报告，机要秘书想让他多睡一会儿，所以4点半才把电报送给他。

彭德怀一看电报的收到时间和机要科的译出时间，马上脸一沉，问道："为什么晚送了一个小时？"机要秘书赶紧回答："您身体不好，胃病又犯了，又三天三夜没合眼了……"没等话说完，彭总便电闪雷鸣般地发起火来，他吼道："胡宗南10万大军压境，误了战机谁负责？"机要秘书从未见过彭德怀发这么大的火，立刻意识到自己犯的错误很严重，于是诚恳地说："我错了，今后一定改正。"

过一会儿，彭德怀缓和了态度，真诚地说道："党中央和毛主席把这样重的担子交给我们，指挥不好，犯了错误，就辜负了党中央和毛主席的重托，那就是对人民的犯罪啊！"经彭总这样语重心长的解释后，被批评的秘书心服口服。

启示：严厉的批评是必要的，但一定要做到动之以情，晓之以理。如果只是一味地电闪雷鸣、满天阴霾，而没有阳光普照、和风送暖，人的心里也会发生霉变。

2. 间接式批评。间接式批评是指不直接指出下级的缺点和错误，而是通过其他途径，用比较谦和的态度、含蓄的语言让下级认识并改正错误。相对于直接批评而言，间接批评更需要讲究方式方法，但也更有利于维护下级的自尊心和加强上下级之间的感情，也往往能产生意想不到的奇妙效果。

【相关链接】

春秋时期的晏子，是当时享有盛名的贤臣，他之所以盛名远扬，与他能屡屡成功地劝谏君主改正错误关系很大。古时候的劝谏，实质上就是臣子对君主的间接批评。

有一次，有个人不小心得罪了齐景公，齐景公气急败坏，决定将其残酷地肢解掉，同时还下令，如果有人敢谏阻，也会同样被肢解。面对这种情况，大臣们面面相觑，不知如何是好。这时，只见晏子气势汹汹地把袖子一卷，操起刀，揪住那人的头发，似乎要亲自动手给齐景公出气。对此，齐景公非常满意。正当此时，晏子却慢慢地仰起头来问了一句话，就把余怒未消的齐景公暗暗地引到了正道上来。他问：国君啊，我看了半天，实在没法下手呀。好像历史上记载的尧、舜、禹、汤、文王等要肢解杀人时，没有说明应当先砍哪一处。请问我应当先从哪里砍起，才能做到像尧、舜一样杀得好呢？齐景公听了，立刻意识到自己如果要做一个明君，不可以如此残酷地滥杀无辜，于是赶紧对晏子说："好了好了，放掉他，我错了！"

启示：对那些正处于激动、抵抗情绪中的被批评者，首先应与他进行情感互动而不是拉开架式批评对方。通过表达支持与赞同，拉近与他的情感距离，使他消除防范意识和排斥心理，进而心悦诚服地接受批评教育。

3. 幽默式批评。幽默式批评可以降低犯错误下级的心理紧张感，营造轻松愉快的气氛，拉近上下级之间的心理距离，消除彼此间的对立情绪，使下级在笑的同时，深思其内在的含义，领悟其蕴涵的道理。但是，使用幽默式批评不要牵强附会、生拉硬扯，否则将适得其反。

【相关链接】

1942年，邓小平到某基层视察工作。吃饭的时候，他在连队的伙房里拿起一块锅巴有滋有味地吃了起来。但是，锅巴里面含有沙子，吃起来"咯嘣"、"咯嘣"地不停作响。于是，邓小平一面吃着，一面对炊管人员说："米里沙子太多了，这可要不得哟。我们是小米加步枪，不是沙子加步枪哟！"邓小平的一句"沙子加步枪"让炊事兵忍俊不禁地笑出声来，但随即认识到了自己的错误，马上表示在今后的工作中一定改进。

启示：以幽默的方式对有缺点的下级进行善意和有节制的讽劝，既达到了批评的目的，又增加了几分趣味；既使下级心甘情愿地改正错误，又不会伤害其感情。

4. 三明治式批评。三明治式批评是指在批评下级之前，先对下级的相关优点表示认同，待批评完毕，再给下级希望与鼓励。例如，下级张×上班经常迟到。有一天，张×准时上班，上级对他说："今天表现不错，准点到岗。最近怎么了？老是迟到，是不是家里有事？"然后听他解释，并微笑着以信任的眼光看着他，等他解释完毕后说："好了，以后别再迟到了，如果有什么困难，请尽管告诉我，我一定尽力帮你。"

5. 商讨式批评。对于脾气暴躁、性格倔犟、容易激动的下级，宜采取商讨式批评。商讨式批评是指在批评时以商量、讨论的口气与下级交换意见的批评。这种批评方式，上级平心静气地使下级在一种平等的氛围中自然接受批评意见。上级不必一下子表明其错误，而是与其一起分析事情的过程，以商讨的口吻看其对事情的理解，适时诱导。如果下级能接受上级试探性的观点取得对方信任方可继续交流，如果下级有强烈的抵触情绪就要注意及时停止交流，换用其他时间或方式与之交流。

（三）批评下级的技巧

批评是否成功，检验的标准是下级能否诚恳地接受批评，能否改正错误行为。为了避免下级因受到批评而产生消极或抵触情绪，上级应掌握一些批评的基本技巧。

1. 责己在先。在批评下级的同时上级应认识到自身也有可能有不容推卸的间接责任。因此，批评时最好先责己，然后再指出下级的错误，使下级有和上级共同承担责任的感觉，从而引起下级心灵上的震动、情感上的共鸣，这样下级自然也就会产生负疚之感，自觉改正错误行为。

2. 先甜后苦。为了让病人更容易吃下药，药的外表常常裹上一层糖衣。批评也一样，为了使批评能达到良好的效果，最好以真诚的赞美做开头。据心理学研究表明，被批评的人最主要的心理负担是批评会伤害到自己的面子，损害自己的利益，所以在批评前帮他打消这个顾虑，甚至让他觉得上级认为他是“功大于过”是非常有必要的，那么他就会主动放弃心理上的抵抗，对上级的批评也就更容易接受了。

3. 区分场合。批评按场合可分为两种，即当众批评和个别批评。如果需要警示全体人员，则可采用当众批评，如在公开场合点名、不点名批评，把处理结果公之于众等。由于当众批评产生的副作用大，所以应当慎用。个别批评也叫私下批评，批评时不要让第三者在场，有第三者在场时会增加下级的心理负担，影响下级接受批评的态度。个别批评适用于自尊心较强的人或后果不太严重的错误行为。

4. 法不责众。法不责众是指当大多数人都犯错误时，不宜批评。受批评的人多了，下级就会无动于衷，甚至还会这样想：“大家都这样，又不是我一个人，凭什么……”这时下级会觉得上级唠唠叨叨、吹毛求疵，并且这样做的结果有时还会“犯众怒”。

5. 小错及时讲，大错过后批。小错如果不断重复势必会酿成大错，而且还会养成恶习，所以对小错应及时批评并加以纠正。当下级犯了重大或性质比较严重的错误时，若下级已经清醒地意识到错了，这时如果再遭到来自他人的批评，就会不由自主地产生逆反心理和对立情绪。所以，对于下级的大错不要急于去批评，这样他反而会觉得更加愧疚与难受。

（四）批评下级应注意的问题

当发现下级有错误时，及时地加以批评和指正是很有必要的。但批评容易导致上下级之间的关系出现裂痕，也容易使下级产生抵触情绪，从而消极应付工作。因此，领导者除了掌握批评的方法和技巧外，还应当注意以下问题：

1. 不怒发冲冠。下级不是上级宣泄情感的对象，而是并肩作战的战友。下级做错了事、犯了错误，上级难免会生气，但生气归生气，作为上级要把握好自己的情绪，要有气度和涵养，批评时不要怒发冲冠、声嘶力竭。当然，上级也不是圣人，批评人难免有不当之处，如果批评与事实有出入，应当允许下级申辩，并有责任予以澄清，不应当让下级代人受过。

2. 不言辞尖刻。批评是一种说理，而不是言语逞强；批评是一种关怀，而不是人身攻击；批评是一种友爱，而不是盛气凌人。批评时态度上的严厉不是靠言辞尖刻、恶语伤人来实现的，批评应是一种对话，一种交流，一种感化。俗话说：有理不在声高。精诚所至，金石为开，批评要动之以情、晓之以理，批评最忌讳恶意谩骂与诋毁对方。批评应做到不贬低对方的工作成绩和能力以及人格和优点。

3. 不背后批评。背后批评虽然照顾了犯错误下级的脸面，对其他警务人员起到了一定的警示和告诫的作用，但对犯错误的下级来讲，背后批评起不到应有的教育作用。久而久之，还会使批评这一强有力的思想武器流于一种形式。所以，背后批评是不可取的。

4. 不仗权压人。领导应反对个人主义，抑制膨胀的权力欲望。批评下级时要把对方放在与自己平等的位置上，对待每一位下级要一视同仁，并且善于发现下级的长处，不要认为下级一无是处；切勿认为一切都是自己说了算，动辄以晋升、调动、调离、扣奖金等为借口相胁迫。仗权压人常常是压而不服，并且还会加重彼此间的矛盾。

5. 不揭人疮疤。话说三遍讨人嫌。要想使一个已知的错误引起下级的注意，一次提醒就足够了，批评两次完全没有必要，而三次就成了纠缠。批评要就事论事，不要揭人疮疤，老账新账一起算，要做到不嘲笑对方身体上的缺陷，不嘲笑对方过去不光彩的历史，不嘲笑对方性格上的缺点，不嘲笑对方忌讳的事物。否则，下级就会认为上级对他抱有成见，或者别有用心。

第七章

公务沟通

公务沟通是指警务人员在警务活动中为实现警务任务，创造和谐人际关系和工作环境而与他人或组织的沟通。本章主要探讨与群众、新闻媒体、犯罪嫌疑人的沟通。

第一节　与群众沟通

学会与群众沟通，扎实做好群众工作，是警务人员忠实贯彻党的群众路线，更好地履行义务和职责的重要保障；是改善警民关系，赢得群众对公安工作的理解和支持的有效手段；是自觉接受群众监督，完善警务规范化管理，消除群众对公安工作中的某些误解或不满情绪的有效途径。

警务人员要想做好与群众沟通，首先要对群众观有一个全面深刻的认知，并在此基础上遵循与群众沟通的一些重要原则，掌握与群众沟通的技巧和方法，善于向群众学习，在实践中提高与群众沟通的能力。

一、树立正确的群众观

人民群众是公安工作的重要依托，是警务人员力量和权力的来源，也是警务人员服务的对象。做好与群众的沟通是警务工作的重要组成部分，是各项警务活动的基础和保障。公安机关在制定和执行警务活动时，要有民本意识，不能忽视民意，不能游离于群众之外，更不能站在群众的对立面。

（一）牢固树立走群众路线的思想观念

人民群众是我们党的力量之源、胜利之本。公安工作坚持走群众路线，不仅是党的群众路线在公安工作中的具体贯彻，也是对我国几十年公安工作成功经验的总结。实践证明，公安工作坚持群众路线是实现社会稳定的必由之路，是公安机关完成三大历史使命的前提和基础。抗战时期的“锄奸”运动，新中国成立初期的“镇反”、“肃反”运动，都是公安工作贯彻群众路线的典范。

（二）牢固树立权力属于人民的思想观念

公安机关是人民民主专政的重要工具，其行使的权力属于人民。我国警察名称前冠以“人民”二字，被称为“人民警察”，就充分表明我们公安机关的一切权力属于人民。这就要求我们要切实解决好“权从何来、为谁掌权、为谁执法”的根本问题，树立正确的权力观，尊重人民群众的主体地位，端正执法思想，坚定人民性立场，始终以党和人民的利益为重，为人民群众掌好权、用好权。

（三）牢固树立依靠人民群众的思想观念

公安工作涉及社会生活的诸多领域，具有广泛的社会性和群众性，离不开人民群众的支持和配合。当前我们正处在社会矛盾凸显、刑事犯罪高发、对敌斗争复杂、社会管理探索时期，公安工作比以往任何时候更需要人民群众的鼎力支持与紧密配合。公安工作中要始终坚持群众路线不动摇，探索专群结合新出路，发挥公安机关的专业优势和威力，充分调动广大人民群众的积极性、主动性和创造性，构筑打击和预防犯罪、维护社会和谐稳定的铜墙铁壁。

（四）牢固树立“立警为公，执法为民”的思想观念

公安机关是武装性质的国家治安行政力量和刑事司法力量，要让人民群众满意，最重要的是牢固树立“立警为公，执法为民”的理念。人民公安为人民，警务人员要把实现好、维护好、发展好最广大人民群众的根本利益作为工作的出发点和落脚点，努力做到权为民所用、情为民所系、利为民所谋，全力维护好人民群众的合法权益。

（五）牢固树立密切警民关系，接受群众监督的思想观念

《人民警察法》第3条规定：“人民警察必须依靠人民的支持，保持同人民的密切联系，倾听人民的意见和建议，接受人民的监督，维

护人民的利益，全心全意为人民服务。”群众工作是密切警民关系的重要渠道和载体，警务人员要廉洁自律，自觉接受群众的监督，加强与群众的沟通与联系，争取群众的支持和拥护，相信广大人民群众自己的判断力。

【相关链接】

2004年2月23日，云南大学发生一桩4名学生被杀的恶性案件，马加爵被立为犯罪嫌疑人。之后，云南省公安厅和公安部分别发出A级通缉令，发动各界群众积极向公安机关提供线索。

根据公安部统计，自马加爵出逃之日起，全国共出动170万警力围捕犯罪嫌疑人。其中，在案件发生地云南省共动员了6万名警力，而在马氏家乡广西也出动警力11万人次。调查和查控有关涉及马加爵的关系人千余人，清查公共场所4.3万多处，在犯罪嫌疑人缉捕地海南，开展了5场地毯式的查缉行动，紧急出动警力数万人次，设卡点100余处，搜查重点场所1000余处，走访群众1500余人次，全国公安机关共接到有效线索1560条。尽管警方疲于奔命，但最终促成马加爵被捕的还是群众的举报。

启示：人民群众是公安工作的重要依托和警务人员的力量源泉。没有群众的支持就没有公安工作，不懂得与群众沟通就很难得到群众的支持和拥护。

二、与群众沟通应注意的问题

做好与群众的沟通是公安工作的基础，也是警务人员的基本功。警务人员应当注意以下事项，才能保证走正确的群众路线，从而达到向群众学习、为群众服务、请群众评判、让群众满意的基本要求。

（一）力戒官僚主义

官僚主义是指脱离实际，脱离群众，不关心群众利益，不作调查研究，只知道发号施令的工作作风。官僚主义的主要表现和危害是：高高在上，滥用权力，好摆门面，官气十足，动辄训人，好说空话，办事拖拉，不讲效率，不负责任，不守信用，欺上瞒下，贪赃枉法。

与群众沟通必须力戒官僚主义。要平易近人，到群众中去，与群众打成一片，尊重、关心群众，摸准群众的情绪脉搏，找到群众的思想根源，了解群众的需求，正确对待群众批评，自觉接受群众监督。

【相关链接】

甘肃陇南"11·17"事件，起因于陇南市武都城区及东江镇折迁户担心陇南市行政中心搬迁后，其住房、土地利益及个人生计得不到保障。折迁户曾多次找政府反映问题，但始终得不到放心的答复和解释，最终在集体上访过程中演变为上千名群众参与的暴力冲突，造成干群数十人受伤，党政部门100多间房屋、22台车辆被砸烧。

这起事件分明是各级政府官员的官僚主义作风激怒了人民群众，最终升级为"群体事件"。

启示：群众合理诉求无法表达且反馈渠道不畅等问题，长期得不到党政部门的有效解决，以致干群矛盾持续累积，最终酿成冲突和对抗。

（二）力戒形式主义

形式主义是指片面追求形式，脱离实际和群众，不讲内容和效果的思想、方法和作风。形式主义的主要表现和危害是：贪图虚名，不求实效，回避矛盾，投机取巧，急功近利，劳民伤财。它从根本上颠倒了领导与群众之间"公仆"和"主人"的关系，只考虑领导高兴不高兴，不在乎群众满意不满意。

与群众沟通必须力戒形式主义，要杜绝做表面文章、搞花架子的不良作风；要广泛听取群众意见，充分尊重群众意愿，切实减轻群众负担，踏踏实实为群众办实事、办好事。

【相关链接】

近年来警察队伍开展一系列整顿教育活动，取得了一定的成效，但有一些活动却是形式主义。例如，有些地方公安机关开展"创人民满意活动"。人民满意应通过何种方式衡量呢？现在的做法无非是请人大代表、乡镇干部、村居干部等人来投票打钩。这种做法不但不科学，而且使得民警在日常工作、执法中就得有意偏向于甚至牺牲公正执法来照顾这些人，而这些人是具有一定地位的人，属于强势群体，更容易使民警执法产生偏差。

××公安局在"创人民满意活动"期间，有一次交警大队组织人员到××村抓捕一涉嫌交通肇事的批捕在逃犯罪嫌疑人时，以村干部为首的一帮村民以案件已经调解为由围住民警要求放人，尽管民警出示逮捕证，那村干部还是声称"你们抓人有没有通过我村里同意"为由肆意妨碍执法，法律意识如此之差的村干部原来竟也是派出所的人民监督员。

启示：执法为民是立警之本，人民满意是人民警察始终实践的目标。遗憾的是有些轰轰烈烈的形式主义却使民警执法产生了偏差或负面效应。

（三）力戒自由主义

自由主义是指事不关己、高高挂起，无组织、无纪律，责任心不强，相互推诿等工作作风。自由主义的主要表现和危害是：目无法纪、自由散漫。自由主义者见群众不宣传，不调查，不询问，不关心其痛痒，漠然置之；见损害群众利益的行为不愤恨，不劝告，不制止，不过问，听之任之。他们办事不认真，敷衍了事，得过且过。

与群众沟通必须力戒自由主义。要遵纪守法、坚持原则、勇于奉献，要始终把群众的利益放在第一位，把让群众满意作为自己工作的准绳。

【相关链接】

2008年7月13日上午，××杂志社总编与老伴在前往公园的路上，其老伴不慎摔倒。这时，该辖区交警大队民警柯×骑一部警用摩托车经过，被其拦下，建议他做个标志提醒路人。民警柯×听后，就对老人说：对不起，这个事警察解决不了，我也管不了，要根治这个问题，你去打市长热线反映。随后，就骑车走了。老人认为民警不管事，便向市长热线投诉。

公安机关认为民警柯×面对群众的求助及提出的建议，应认真耐心地受理和处置，即使不属于公安机关的管辖范围，也应做好相应的解释和说明，更不能有意无意地诱使当事人向有关部门投诉。最后，公安机关给柯×以纪律处分。

启示：我们警察是人民的警察，百姓有事、有困难，人民警察应给予帮助，这样警民关系才会融洽，公安工作也才能顺利开展。

（四）力戒主观主义

主观主义是指在观察和处理问题时从主观感情、愿望、意志出发，从狭隘的个人经验或本本出发，采取孤立、静止、片面的观点，使主观和客观相分裂、认识和实践相脱离的思想方法和工作作风。在实际工作中，教条主义和经验主义都属于主观主义。主观主义的表现和危害是：思想僵化，只凭主观意志、经验办事，听不进不同意见，特别是来自群众的意见，忽视客观事物的具体特点，盲目地下决定和处理问题。

与群众沟通必须力戒主观主义思想。一切工作都要从客观实际出发，实事求是，开拓创新，善于调查研究，善于倾听群众呼声，公平、公正地执法。

【相关链接】

2009 年 5 月 7 日晚，年仅 20 岁的“富家子弟”胡×驾驶红色三菱跑车在杭州繁华的街头与朋友“飙车”，将看完电影、正在穿过斑马线回家的 25 岁青年谭×当场撞死。警方在新闻发布会上称，当时的车速为 70 迈。

不足一天，在众多网民的责问下，警方又再次召开发布会，就社会舆论普遍关注的有关问题进行了解答，并就“70 迈”说法向公众道歉。经鉴定机构出具的鉴定结论，当时的车辆速度为每小时 84.1 公里至 101.2 公里，肇事车辆被改装或部分改装。

启示：面对敏感话题不是依据客观事实进行解答，而是信口开河、指鹿为马，这种做法不仅被群众嘲讽，而且还会被怀疑另有不可告人的目的。

（五）力戒本位主义

本位主义是指一切工作皆从本单位、本部门、本人的利益出发，不顾大局，不考虑他人利益的工作作风。本位主义的表现和危害是：协调观念差，集体主义观念淡薄；个人主义思想严重，一切工作不是以群众利益为重，而是以上级意识和自我利益为中心。

与群众沟通必须力戒本位主义思想。要有集体观念和团队意识，能顾全大局，善于协调；要想群众之所想，办群众之所需，坚持维护群众利益高于一切、关心群众疾苦重于一切、解决群众困难先于一切的原则。

【相关链接】

2009 年 6 月 17 日中央人民广播电台“中国之声”《新闻纵横》报道：河南省郑州市须水镇西岗村原本被划拨为建设经济适用房的土地上，竟然被开发商建起了 12 幢连体别墅和两幢楼中楼。记者就这一问题向时任郑州市城市规划局副局长的逯军提问，这位领导竟质问现场采访的中央人民广播电台记者："你是准备替党说话，还是准备替老百姓说话?"

启示：逯军理直气壮地质问"替谁说话"的逻辑背后，体现了个别领导干部特权傲民的态度和官本位思维。

三、与群众沟通的方法

有些警务人员在与群众沟通时往往会感到"老办法不管用，新办法不会用，软办法不顶用，硬办法不能用"，于是面对群众便无所适从，不知从何着手，说话颠三倒四、磕磕巴巴，一旦"说不过"便出口不逊，以权代理、以势代言。这样既影响了工作效率，又损害了警务人员的形象和威信。要想与群众有效地沟通，除了学会沟通理论的基本知识和技巧外，还必须掌握以下方法：

（一）以诚感人

诚之所感，触处皆通。与群众沟通时应当把对方摆在与自己平等的位置上，尊重对方，坦诚相待，消除群众的戒备心理和拘谨心态，努力赢得群众的信任与支持。反之，如果对待群众盛气凌人，高高在上，只会引发群众的逆反心理，群众见到警务人员就会敬而远之，甚至避而不见，与之沟通更无从谈起。

【相关链接】

2008年10月赵×因卖淫被漳州市公安局收容教育。赵×进入收教所后情绪低落，经常暗自流泪。经管教民警调查后了解到赵×离婚后带着两个双胞胎女儿（12岁）来漳州芗城打工，误认发廊，为了生计被迫卖淫。被收教后两个女儿在家没人管，只好打电话委托一个同乡帮忙照看，因担心女儿的生活、学习没人照顾，所以情绪低落烦躁。

管教民警了解情况后，立即到赵×租住的房子看望赵×的女儿，赵×女儿因母亲被收教，惊慌失措，没到学校上学已有一周了，赵×的同乡受托照看，但因自己也要打工，提供的帮助有限。根据这个情况，管教民警首先找到赵×的同乡顾×，顾×对管教民警怀有敌意和疑心，态度生硬，且指责公安机关没有人性，虽没有将管教民警拒之门外，但与他沟通有一定的困难。

为了能尽快得到顾×的理解和支持，所里派一名与顾×同一籍贯的民警与之沟通。顾×见到同乡后态度发生转变，民警将自己希望能更好地帮助赵×及其女儿们的愿望告诉顾×，并提出由公安机关出面协调孩子上学，让孩子定期到所里与母亲相聚。顾×被民警的真诚所感动，也对公安机关对赵×的处罚表示理解和赞同。之后，顾×不负赵×的托付，仔细地照顾她女儿的生活、学习。赵×因为解决了后顾之忧，心情也慢慢好转起来，并能主动与管教民警交流思想，表示要改正错误，出所后好好找个工作，为女儿们做好表率。

启示：以诚感人者，人亦以诚而应。真诚是开启他人心扉的钥匙，是奠定理解与信任的基石。

（二）以情暖人

感人心者，莫先乎情。对群众怀有深厚感情，把群众当做自己的朋友、亲人，自然就会时刻把群众的安危冷暖挂在心上，想群众之所想、急群众之所急。真诚关心群众，真心对待群众，从群众切身利益出发，为群众办好事、办实事，终究会得到群众的尊敬和拥护。反之，如果对群众缺乏真情实意，抱着敷衍了事和消极应付的态度与群众沟通，就很难体会到群众的需要和愿望，很难了解到群众的所想所盼。

【相关链接】

2009年5月初，某地公安机关对两年前阻碍民警执行公务的行政违法人黄×处治安拘留5天的处罚。在执行拘留的过程中，黄×向办案民警提出能否让他在杨梅季节过后再去拘留。考虑到黄×系其家中主要劳动力，此时又系杨梅收获季节，当地农村主要经济收入多半来源于此。办案民警将情况向大队领导汇报，经大队集体研究并征得分管局领导的同意后决定对黄×暂缓执行拘留。杨梅季节一过，黄×又提出，他家虾池也到收获季节，再次要求暂缓执行拘留。办案民警调查情况属实，大队再次研究同意黄×的要求。2009年8月，黄×在忙完家中的“经济大事”后，主动找办案民警要求执行拘留。

公安机关两次同意黄×暂缓执行行政拘留的申请，在当地群众中造成极大的正面影响。黄×从为别人的事情而故意阻碍公安机关执法，到自愿主动找公安机关要求执行拘留，达到了行政处罚的社会效果与法律效果的良好统一。

启示：真情发自内心，真心滋育真爱。警务人员对群众投入多少感情，就能从群众那里获得多少支持和认可。

（三）以理服人

动之以情、晓之以理。警务人员在执法过程中不仅要能说“法理”，更要善于说“情理”。与群众沟通必须有理有据，循循善诱。理离开了情，就没有谁愿意去听了，只有情理结合，才能使沟通双方达到通情达理的目的。

【相关链接】

蔡×和庄×原为同厂同事，三十多年来，交往甚密，形同姐妹，后双方因买卖股票分红一事引起纠纷，进而反目成仇。蔡×因嫌少分几千元钱萌生了报复庄×的念头。一天，庄×在外出路上，蔡×乘其不备把事先准备好的粪便泼到庄×身上，庄×随即报警。依据《治安管理处罚法》的规定，蔡×应受到行政拘留处罚，但蔡×极不配合办案民警的调查，且言辞激烈不服处罚，声称如果受到处罚一定要再找庄×的麻烦。

为了确保行政处罚能够真正对蔡×起到教育和警示作用，泉州市公安局水上派出所分管治安的副所长黄秩翔主动找蔡×交流。首先黄副所长与蔡×一同回顾了她与庄×三十多年来建立起的友情，让蔡×充分体会到这友情多么的珍贵。而后严肃指出蔡×为了几千元钱，就做出了触犯法律和伤害友情的事情是多么愚蠢和不值得，两者孰轻孰重，让蔡×自己判断。蔡×思考一阵后，终于流下了悔恨的眼泪。见到蔡×有悔过迹象，黄副所长趁热打铁，翻开相关法律条文，明确告诉蔡×其行为应受到的法律处罚和如果继续扩大事态的严重性。通过合情、合理、合法的劝导，蔡×终于认识到自己行为的错误，坦然接受了行政拘留的处罚，在被送往拘留所之前，蔡×一再叮嘱其丈夫要买些慰问品到庄×家看望，并对庄×表示自己的歉意。蔡×从拘留所出来那天，黄副所长陪庄×到拘留所门口迎接，双方再次见面时抱头痛哭，从此两人又和好如初。

启示：中国有句古话：有理不在声高。群众都爱讲理，在执法中警务人员只要有理有据，必然会得到群众的支持和爱戴。

（四）以公信人

公生明，廉生威。警务人员与群众沟通既要入情、入理，更要坚持求实、公平、公正的原则，依法办事，这样我们的执法才有说服力和公信力，才能得到群众的认可和拥护，许多矛盾和问题也会迎刃而解。可就有个别警务人员对所谓的“大款”趋之若鹜，对一般群众的态度却消极冷漠。目前，有些群众反映警务人员执法不公，实际在很大程度上正是由于一些警务人员在执法时缺少“公正”之心所致。

【相关链接】

何老师的爱人和他的儿子、儿媳妇三人开车到某购物广场逛街购物，由于该广场是一个比较热闹的购物中心，想找个停车位是比较困难的。当他们好不容易找到一个车位，他儿子正在他母亲的引导下准备将车倒进车位时，来了另一辆汽车，驾车人为占这个车位迅速将车开进这个车位，这个过程险些撞到何老师的爱人。见到这种情况，何老师的儿子就从自己车上下来与该驾驶员理论为何不讲先来后到而且还如此蛮横无理。不料对方下车后不仅不听反而挥拳就将何老师的儿子打倒在地，并且连续将欲上前讨个说法的何老师爱人、怀有身孕的儿媳妇先后打倒在地。之后，不顾何老师家人的报警扬长而去。

事后，当地派出所在查清事实的基础上，根据何老师家人的伤情鉴定为轻微伤的情况，双方经过沟通同意接受派出所的治安调解。到了调解的当天，何老师一家比约定时间提早了10分钟到派出所准备接受经办民警的调解。但接下来发生的事情让何老师决定不接受民警主持的调解了。问题就出在经办民警身上，在何老师提前到派出所的10分钟内，民警没有几句热情的话语，把他们一家人晾在一旁埋头处理自己的事。等对方到派出所时，时间比约定的时间整整迟了半小时，对于对方的迟到经办民警不仅没有批评教育，由于是相熟的朋友反而又是让座又是递烟，很是热情。看到这一幕，想想自己家人受到的待遇，加上事先了解到对方是做生意的“大款”，何老师觉得经办民警厚此薄彼，一开始就不公平，当即决定不接受民警的调解，愤而离去，选择了通过法律途径，提出要将对方治安拘留并民事赔偿的诉求。

启示：任何让人感到不公的工作细节都可能影响到警务工作的正常开展，影响到群众对警务工作是否公正、阳光的判断。

（五）以智导人

攻心为上，攻城为下。有时候，情感朴实的群众可能会站在很小的圈子里看问题，思维过于简单化，对问题的思考和认识比较肤浅或情绪化，这时警务人员要善于分析利弊，一点一滴地引导群众接受自己的观点和要求，从而妥善解决问题。

【相关链接】

在俄国伟大的十月革命取得胜利之初，象征沙皇反动统治的皇宫被革命军队攻占了。当时，俄国的农民们打着火把叫嚷，要点燃这座举世闻名的建筑，将皇宫付之一炬，以解他们心中对沙皇的仇恨。一些有知识的革命工作人员都做过劝说，可是没能起到一点儿作用。

列宁听说这个消息后，马上赶到了现场。在面对那些义愤填膺的农民时，列宁态度恳切地说："农民兄弟们，皇宫是可以烧的。但你们在点燃它之前，我有几句话要说，你们看行不行呢？"

农民们听了这话，认为列宁并不反对他们烧，于是便答道："行。"

列宁问："请问原来是谁住在这座房子里的？"

"是沙皇统治者。"农民们大声地回答。

列宁又问："那它又是谁修建起来的？"

农民们坚定地说："是我们人民群众。"

"那么，既然是我们人民修建的，现在就让我们的人民代表住，你们说，可不可以呀？"

农民们十分认同地点点头。

列宁再问："那还烧吗？"

"不烧了！"农民们齐声答道。

就这样，皇宫保住了。

启示：面对激愤的群众，列宁的几句循循善诱的话理清了群众的思路，保住了这座举世闻名的建筑。

（六）以量容人

海纳百川，有容乃大。古今中外成大器者，大多是很有胸怀的人。与群众沟通要有宽容的心胸，要有谅解、克制、包容的襟怀。有些群众遇到一些棘手的问题情绪可能会很激动，甚至说一些过头的话，这时，警务人员要容忍对方的唐突和过失，语言要平静和缓，要尽量采取冷处理的办法，待对方冷静后再来解答和处理，这样就能避免与群众发生正面冲突或激化矛盾。

【相关链接】

有一位群众因为他上初中的孩子在户口本上登记的名字错了，便怒气冲冲地找到潢川县公安局彭家店派出所，质问正在值班的派出所民警周自力怎么把他孩子的名字打错了，并要求周自力将其孩子的名字改好，否则就找派出所领导评理。放在以前，遇到这种人，周自力会直接跟他说我又不认识你孩子是谁，姓啥叫啥，你凭什么说是我把你孩子的名字搞错，之后就不会再答理他。当然，当事人就会以周自力的态度不好为由对其进行投诉。虽然周自力没有错，但是也会造成群众与民警之间的矛盾，对以后工作的开展也是有害处的。现在，周自力是这样答复的："那这样吧，我先查一下你常住人口登记表上的信息材料。"在查档案的时间内周自力主动跟当事人闲聊，问他孩子原来叫什么名字，现在叫什么名字，聊聊一些他感兴趣的问题，拉近了他们之间的距离。等周自力将常住人口登记表找出后，说："没有错啊，你孩子登记的就是这个名字，这还有你妻子签的字呢。"这时他不好意思地对周自力说："那是小名，现在学名不叫这个名字，想改一下。"周自力很诚恳地对他说："这也不是我们弄错的，你要是想变更名字的话，可以写出申请，提供证明来，我们给你办就是了，没必要动那么大的火。"刚才的闲聊，已经缓解了周自力与当事人之间的紧张气氛，而当事人也自感理亏，不好意思再跟民警提出无理的要求，对周自力也没了抱怨。就这样成功地化解了一次民警与群众的冲突。

启示：遇到情绪激动或无理取闹的群众，只有以宽容的度量、热忱的姿态对待，才能圆满地化解矛盾，融化彼此间的冰冻。

（七）以礼赢人

人无礼不立，事无礼不成，国无礼不宁。礼仪是敬人之道，是沟通的技巧，是交往的艺术。礼仪的目的与作用在于使彼此的关系变得更加融洽而不至于僵化。警务人员能否与周围的人进行有效沟通，这和他的仪表风度、待人接物所表现出的礼仪都有很大的关系。警务人员在工作中应处处展示自己谦恭有礼的形象，努力提高自己的亲和力和公信力，赢得群众对我们的信任和支持。

【相关链接】

2008 年 7 月，44 岁的瓦房店人钟×在得利寺镇一家小卖店打扑克时与高×发生争执，钟×用啤酒瓶将高×头部打伤后潜逃，钟×被警方立为网上逃犯。

公安机关开展大走访期间，辽宁省瓦房店市得利寺派出所民警郭万旭来到钟×的父母家走访，发现钟×父母身体都很差。郭万旭关心地跟他们唠家常，了解他们的身体和生活情况。听到钟×是家中最小的一个儿子，非常孝顺父母，现在到外地“打工”，民警意识到这是钟×家人对老人撒的一个善意谎言。为了不让老人受到突如其来的打击，民警接着老人的话说：“我是您儿子的朋友，他在外地打工各方面都很好，他叫我来看看您。”就这样，民警在两位老人面前也说了个善意的谎言。

第二天，民警来到钟×的哥哥家走访，其哥哥得知民警没有将实情告诉其父母，非常感动，立即答应民警做钟×的工作让其投案自首。钟×在其哥哥和郭万旭通过电话的规劝下，于2009年3月5日，回家看望父母后到得利寺派出所投案自首。

启示：尊重别人所表现出的力量是巨大而深刻的，稳定而持久的。这种力量可以震撼人的灵魂，温暖人心中的冷漠。

（八）以细化人

老子曾说：“天下难事，必做于易；天下大事，必做于细。”这句话精辟地指出了要想成就一番事业，必须从简单的事情做起，从细微之处入手。细微之处最能检验警务人员的能力和水平，从小事做起、事事认真到位是一种素质。警务人员面对群众必须改掉心浮气躁、浅尝辄止的毛病，提倡注重细节，把小事做细、做好的优良作风。

【相关链接】

2007年3月，牡丹江市老黑山边防派出所民警李雅智在下碱村走访，发现村民李廷仁见到警察总是躲躲闪闪的，几次走访都吃了“闭门羹”。李雅智没有灰心，反而多次深入他家走访，与他推心置腹地交谈，慢慢地取得了李廷仁的信任，弄清了他害怕警察的原因。

原来，李廷仁的妻子刘艳霞是个孤儿，流浪多处后到下碱村和李廷仁结婚，户口一直没落，也没办理结婚证，计划生育部门认为他们是违法生育，要罚款5万元，胆小怕事的小两口一直东躲西藏，两个孩子都十多岁了他们也不敢到派出所给孩子落户。

情况查清后，李雅智立即将走访的情况向县公安局领导进行了汇报，最终顺利地为李廷仁的两个孩子办理了落户手续，刘艳霞到派出所领取户口本时激动地两眼含泪，跪在地上久久不起，村民们也都为李雅智竖起了大拇指。

之后，李廷仁再也不躲着警察了，民警每次来下碱村他都会主动上前打招呼，村民们也更加接受并喜欢上这个真心为百姓办实事的民警。

启示：群众利益无小事。只有踏踏实实为民办实事、办小事的警务人员才能赢得群众的理解和信任并受到群众的爱戴。

第二节　与媒体沟通

国务委员、公安部党委书记、部长孟建柱同志在县级公安局长第五期培训班上明确提出："要加强和改进舆论引导工作，实现公安机关与媒体的良好合作，着力提高驾驭复杂局势能力，切实担负起维护一方平安，确保一方稳定的重大政治责任。"孟部长的讲话为公安机关提升与媒体的沟通能力指明了方向。

长期以来，公安机关和公安工作由于其自身的特殊地位和性质，一直是社会各界和新闻媒体关注的"焦点"和"热点"，公安机关尤其是基层公安机关被媒体胡乱炒作或恶意攻击的舆情危机时有发生，这些都严重影响了公安机关的声誉和形象，损害警民关系，甚至引发了一系列群体性事件，严重影响和谐社会的构建。警务人员应当学会与媒体沟通，努力为公安工作和队伍建设营造和谐的舆论环境。

一、不可忽视的新兴媒体

新兴媒体是指以新的传播技术为支撑，相对于报纸、广播、电视等传统媒体而言新近兴起的媒体。人们按照传播媒介的不同，把新闻媒体的发展划分为不同的阶段：以纸为媒介的传统报纸被称为第一媒体，以电波为媒介的广播被称为第二媒体，基于屏幕图像传播的电视被称为第三媒体。伴随着科技日新月异的发展以及一些新的通信传播技术对媒体的作用，当下又出现了一些新兴媒体，主要有以下两种：

（一）第四媒体

1998 年，时任联合国秘书长的安南在联合国新闻委员会上提出，在加强传统的文字和声像传播手段的同时，应利用最先进的第四媒体——互联网（Internet）。至此，人们将网络媒体称为"第四媒体"。

网络媒体具有个性化、互动性、即时性、容量大、多媒体化和易于检索等特点。网络媒体的出现使每一个公民都成为了新闻的传播者和提供新闻的载体，即网络时代是“公民记者”大量涌现的时代。

胡锦涛总书记在十六届四中全会上通过的《中共中央关于加强党的执政能力建设的决定》中强调：“要高度重视互联网等新型传媒对社会舆论的影响，加快建立法律规范、行政监管、行业自律、技术保障相结合的管理体制，加强互联网宣传队伍建设，形成网上正面舆论的强势。”2008年6月20日上午，胡锦涛总书记来到人民网，通过强国论坛同网友们在线交流。2009年2月28日下午，温家宝总理通过中国政府网和新华网与网友在线交流，回答了海内外亿万网友所共同关注的近三十个问题。胡锦涛总书记和温家宝总理的这一共同做法，无疑向世人发出了一个强烈的信号：中央领导对网络媒体是高度重视的，对网民的生存状态亦是热切关注的。

【相关链接】

原南京市江宁区房产管理局局长周久耕，对媒体发表不当言论而激怒广大网民，于是网民“抓住不放”进行谴责并开始“人肉搜索”，进而发现他抽1500元人民币一条的“南京”牌“九五至尊”香烟、戴售价10万元人民币的名表“江诗丹顿”，有多处住房等问题。一时间他成为网络、媒体关注的焦点，最终引起当地党政机关的注意和重视，并进而被查出涉嫌受贿等罪责。

2009年11月江苏省南京市中级人民法院作出一审判决：周久耕犯受贿罪，判处有期徒刑11年，没收财产人民币120万元，受贿所得赃款予以追缴并上交国库。

启示：此案例说明当前网络公众的反腐热情特别高涨，也证明了“网络纪检”本身的积极意义，还说明网上舆情已受到了各级党政机关的重视。可见作为“第四媒体”的网络在揭露社会腐败这一问题上已显示出强大的力量，对社会风气的肃清起到了积极的作用。

（二）第五媒体

随着3G时代的来临，以手机为视听终端、手机上网为平台的个性化、即时化信息传播的“第五媒体”正在崛起。

手机媒体是一种以大众传播信息为主、兼具个人通信、互联网传播等职能的创新型的大众传播媒体。手机媒体具有传播速度快、范围广、成本低，传播的内容简洁、明确，监管难度大等特点。当谣言通过手机短信散布后，由于它是在同一时间集体公之于众的，不明真相的受众即使只有一小部分人信以为真，它所激发的集体恐慌和集体愤怒也是非常危险的，甚至是毁灭性的。

【相关链接】

2007年5月下旬，厦门市流传一则手机短信："翔鹭集团合资已在海沧区动工投资项目，这种剧毒化工品一旦生产，意味着在厦门全岛放了一颗原子弹，厦门人民以后的生活将在白血病、畸形儿中度过。我们要生活、我们要健康！国际组织规定这类项目要在距离城市100公里以外开发，我们厦门距此项目才16公里啊！为了我们的子孙后代，见短信后群发给厦门所有朋友。"此手机短信迅速引起厦门市民的恐慌。

短信中提到的项目是PX化工项目，又称对二甲苯，属危险化学品和高致癌物。PX项目是2006年厦门市争取来的重大外资项目，预计投入金额高达108亿元人民币，投产后每年可为厦门市增加800亿元人民币的工业产值。该项目中心地区距离厦门市中心只有7公里。

2007年5月30日，厦门市政府召开新闻发布会，宣布缓建"海沧PX项目"。

启示：手机和互联网一样都已成为人们难以驾驭的传播媒介，它的传播对社会公众的生活和社会治安的稳定都发挥了越来越重要的作用，因此我们不能等闲视之。

二、公安机关与媒体沟通的作用

由于媒体具有引导舆论的功能，对社会环境的长治久安和人民生活的安定团结具有举足轻重的意义。作为社会生产和人民生活守护者的公安机关，就很有必要与媒体进行沟通，以便更好地履行职责。

公安机关与媒体沟通实质上是通过媒体实现与公众的沟通，也就是说，媒体是公安机关与公众沟通的纽带与桥梁。媒体对公安工作所起的积极作用主要有以下几种：

（一）发布警情，有效打击和预防犯罪

【相关链接】

马加爵在云南大学制造的连环杀人案，只是近年多起连环杀人案中的一起。但与以往的连环杀人案不一样的是，马加爵没有再次制造

新的血腥。由于从案发到缉捕归案仅仅29天，马加爵即使想再次作案其可能性也不大。

为了迅速抓捕马加爵，公安部门对追捕过程进行了不少的创新。

第一，下达了A级通缉令，为罪犯信息迅速传递到全国各地提供了前提。A级通缉令会在1小时内发至各地区公安厅，而抓捕命令会在12小时内传达到派出所、治安、巡察、监所等基层部门的每一名警员手中，从而在最短时间内对案犯涉及的关系、可能隐藏的落脚点完成架网布控、摸排设卡盘查和巡逻蹲守等工作。

第二，通过中央电视台这样覆盖面极广的媒体播发了对马加爵的通缉令，使得马加爵的"形象"迅速为千家万户所知悉。尽管公安部以前也发过一些A级通缉令，但这些通缉令与其他级别的通缉令一样只在《人民公安报》、《法制日报》和"全国公安信息网络"等覆盖面较窄的渠道上发布。

第三，给举报人高额悬赏。举报马加爵的三亚市民最终获取了25万元的奖金。

启示：马加爵连环杀人案件之所以能被迅速侦破，得益于政府部门在事发后及时、有效地向全社会公布他的犯罪信息。这不仅立即在全国范围内形成了让罪犯插翅难逃的天罗地网，而且有效避免了人民群众在不知情的情况下可能会受到的新的伤亡。

及时发布警情的作用：

1. 发布警情有助于公安机关打击犯罪。公安机关不破不报的做法其实是害怕一旦案件或者犯罪嫌疑人的信息被公开了就会打草惊蛇，使得犯罪嫌疑人及时逃脱而增加破案的难度。从马加爵案我们可以看到，随着公安部A级通缉令的散发，全中国人民都知晓了马加爵令人发指的案情，记住了其面孔，使得犯罪嫌疑人陷入了一场"人民战争"的泥潭中而难以自拔，即使是逃到了天涯海角，最终还是难逃公安机关的法眼，落入了恢恢法网之中。

2. 发布警情有利于引起公众的注意，减少或避免罪犯的连续侵害。例如，2007年归案的"杀人恶魔"杨新海，横跨皖豫鲁冀4省杀人作案26起，杀死67人，伤10人，时间跨度长达3年。但是直到他落网归案，群众才知晓有此"杀人恶魔"的存在。如果公安机关能像马加爵案一样及时通过媒体发布犯罪嫌疑人和案件的相关信息，群众就可以提高警惕并及时预防，或许就不会有这么多的无辜生命被戕害。

3. 发布警情可以起到警示作用，让心存歹念的人不敢轻易实施罪恶。莫伸手，伸手必被捉。如果胆敢作恶，就会像马加爵一样无处藏身，最终必然受到法律的严厉制裁。

（二）舆论监督，保障公众的知情权

【相关链接】

2003年3月20日，湖北青年孙志刚因未带证件，在广州收容所被打致死。4月25日，《南方都市报》率先对此进行披露。5月13日，涉案犯罪嫌疑人全部被缉捕归案。此后，《中国青年报》等媒体又对收容遣送制度进行了深入反思。6月20日，实行多年的收容遣送制度被废止。

启示：媒体客观、公正地报道是保证公众知情权、实现社会舆论监督的重要途径，同时也有助于推动社会的进步与发展。

无论报道的是成绩、经验还是问题、偏差、错误，乃至少数警务人员违法犯罪的事实，媒体都是在履行舆论监督的职责，其最终目的还是为了促进公安机关的工作。因此，各级公安机关都要高度重视舆论监督的作用。

1. 舆论监督有利于增强办案效果，提高公众的法律意识和法治理念。媒体对公安机关查办的具体案件进行深入报道，一方面扩大了执法效应和社会效应，另一方面可以向公众宣传法律知识和培育法治理念。

2. 舆论监督能有效提高办案的透明度，促使警务人员依法办案、认真办案、文明办案、办成“铁案”；能有效提高警务人员的业务水平和执法能力。

3. 舆论监督有利于促进警务人员廉洁自律。媒体的关注和介入，能促使警务人员加强自我约束，遏制腐败，廉洁执法；能使警务人员以更加认真的态度、严谨的作风和高度的责任心来办理案件。

4. 舆论监督有利于警务人员公正执法、热情服务。在媒体的有效监督下，警务人员可以排除各种不良因素的干扰，正确适当地运用法律规定，依法对案件做出公正的处理。

（三）传播警讯，促进警民信息交流

【相关链接】

“王局长您好！现在公交车上有许多以抱腿方式在偷窃的小偷，

您知道吗?”“我们已经掌握，不久前已成立便衣队进行专项的整治，相信一段时间后就会有成效。”这是2009年3月13日，福建省公安厅副厅长、福州市委常委、政法委书记、市公安局局长王鑫，在福州市公安局网站“万警大走访公安局长与您在线交流”专栏在线走访网友时作出的开场回答。

在“万名民警大走访”爱民实践活动中，福州市公安局推陈出新，出台亲民爱民、互动交流的走访新举措。王鑫局长通过网络，就网民普遍关心的治安、出入境管理、交通管理等问题与广大网民进行了交流。

两个小时的交流活动，网民的访问量达到2105次，福州市公安局在线交流系统共受理网民提出的咨询、意见、建议和诉求871条，现场解决网民提出的问题142个。

启示：利用媒体与公众互动交流，把公众与公安局长的距离拉得越来越近，这是大众传媒时代公安机关走群众路线的新形式。

近几年，各地公安机关通过报纸、电视、电台、网络等传播途径，向公众传递警务信息、便民措施，并提供了一个让公众咨询有关警务信息、反映社会治安问题、提出批评建议的信息交流平台，有效地加深了警民鱼水情。此举措主要有以下意义：

1. 加强沟通的好平台。公安机关领导可以直接听到人民的呼声，切实站在人民群众的角度想问题、办事情、做决策，同时也是人民群众了解公安机关实际困难的好平台。

2. 服务群众的好渠道。通过媒体传播便民信息，具有及时、受众面广等优点。

3. 赢得支持的好做法。及时地向社会传播群众关心的热点、焦点警讯，是公安机关赢得人民群众理解、信任的好做法，人民群众只有理解了才能信任和支持公安机关及其工作。

4. 获取警情的好途径。公安机关只有与人民群众保持密切的信息交流，才能更好地打击和预防犯罪，维护社会的和谐稳定。

（四）树立典型，塑造公安良好形象

【相关链接】

2009年2月20日20时许，当歹徒手持利刃在街头行凶时，涪陵区敦仁派出所民警周鑫英勇地挡住了行凶者的去路，被刺数刀后仍紧咬牙关穷追不舍，他人生的最后40米是一条长长的“血路”。

重庆市各大媒体通过实地采访现场见证人以及周鑫的家人、同事、亲戚朋友，结合各自媒体特点，找准报道切入点，细心挖掘捕捉其生动的片段、感人的细节，发掘英雄朴素的情感和高尚的精神。一时间，周鑫的英雄事迹在重庆广为流传。

2月23日上午，周鑫的追悼会现场涌来了5万多名群众。而从追悼会现场到殡仪馆6公里的路程，灵车在送行的群众中间艰难前行，走了1小时。送别英雄，群众一共来了10多万人。

启示：积极宣传公安机关执法为民的正面典型，充分发挥典型示范作用，让公众看到公安队伍的主流，这是塑造公安良好形象行之有效的方法。

公安机关是一个特殊的群体，成千上万的警务人员在为公安事业默默无闻地奉献终生。1981年以来，全国公安机关因公牺牲的民警总数达8682人，其中2002年至2006年五年间，全国公安机关因公牺牲民警2275人，平均每年就有455人牺牲，可以说每天都有警务人员以身殉职。大力弘扬这种无私奉献的模范精神，能更好地唤醒社会的良知和公众的良心，让群众真正地了解公安、理解公安、支持公安。新闻媒体是公安机关赢得公众满意率的裁判员，公安机关利用媒体多形式、多渠道、大张旗鼓地宣传公安机关的正面典型，理直气壮地讲主流和成绩，是塑造公安良好形象、正面引导舆论的有效途径。具体体现在：

1. 具有示范作用。一个典型就是一面旗帜，通过大力宣传正面典型，弘扬“忠诚可靠，秉公执法，英勇善战，无私奉献”的新时期人民警察精神，可以震慑违法犯罪，密切警民关系。

2. 具有带动作用。“点亮一盏灯，照亮一大片”，正面典型可以产生巨大的影响力，激发其他民警的士气和斗志。

3. 具有导向作用。大力宣传正面典型，积极展示人民群众最亲、犯罪分子最怕的人民警察新形象，可以产生凝聚人心、弘扬正气、催人奋进的作用。

（五）宣传教育，提高公众的防御能力

【相关链接】

为进一步揭露犯罪分子的诈骗伎俩，福建省公安厅联合通信部门、金融行业从2008年11月1日至30日开展“猎狐行动”宣传月活动。凡在该月将收到的虚假信息发送到警方提供的报警平台“10639110”的手机用户均可参加抽奖得话费活动。

近期又出现“利用网易博客系统发布虚假中奖信息”、“虚构网络游戏中奖、QQ中奖”、“虚假出售手机充值卡”、“购房退税”等新型诈骗犯罪形式，以及虚构3D彩票、“六合彩”全特码信息分号段发送的诈骗犯罪手段。

警方吁请公众登录福建公安公众服务网，浏览《反虚假信息诈骗攻略》，并提醒固话、手机、小灵通、互联网、银行卡用户：不要轻信来历不明的信息；不要贪小利而受虚假信息诱惑；不要轻易拨打来历不明信息提示的联系电话；不要泄露电话号码及个人信息；不要轻信他人电话诱导在ATM机上操作转账；发现虚假信息诈骗，请将虚假信息发送到“10639110”或拨打110报警。

启示：为对付散发虚假信息诈骗作案手段的不断翻新，各地公安机关均利用多种形式和途径发布典型案例和防范建议，为加强群众预防犯罪、举报犯罪和打击犯罪的意识和行动起到了积极的促进作用。

媒体的宣传教育对公众的作用主要体现在以下几个方面：

1. 媒体的宣传教育不受时间、空间的限制，而且所传授的知识内容新颖、生动、实用，更容易满足现代人工作和生活的需求。

2. 媒体通过案例分析、还原，以及对新颁布的法律、法规的宣传，对公众起到了警示教育和普法的作用。

3. 媒体通过现场演示、专家点评等方式向公众传授有关自卫、防盗、逃生等安全防范的知识和窍门，对提高公众防御各种侵害的能力具有积极的作用。

三、与媒体沟通的基本原则与技巧

公安机关与媒体的关系，是十分重要的外部公共关系，是公安机关与外界沟通得以实现的重要工具、桥梁和渠道。警察公共关系需要将警务信息准确、及时、有效地传递给公众，实现公众的知情权、参与权、表达权、监督权，提高公安工作的透明度和公信力。接受新闻采访，运用新闻报道为公众提供信息，是警察公共关系传播中最常见的一种方式。因此，有效地与媒体沟通是公安机关实现良好公共关系的基本功。

各级公安机关要想营造有利于自身的社会舆论氛围，创造良好的执法环境，确立和维护自身在公众中的良好形象，就应当要求警务人员在与媒体沟通时遵循一定的原则，并掌握一定的技巧。

（一）与媒体沟通的基本原则

1. 尊重原则。警务人员和媒体工作者应当相互尊重，这种尊重是一种对对方人格的尊重，是建立在人格基础上的平等。警务人员要想与媒体工作者建立良好的伙伴关系，就必须了解媒体工作者的职业特点和职业心理，尊重他们的职业尊严。当遇到有记者采访时，应尽力帮助他们了解事实真相，尽可能地为他们提供各种便利条件，尽量满足他们的合理要求，热情主动地为他们服务。做到不干涉他们的报道角度或报道时机，尊重他们个人的见解和风格。

2. 坦诚原则。坦诚原则，简单地说就是不说谎。不说谎，是警务沟通中最基本的要求，也是对与媒体沟通最核心的要求。公安机关要想赢得公众和媒体的信任，就必须采取真诚、坦率的态度，实事求是地向媒体提供真实可靠的材料和数据，告诉媒体事件真相，决不遮遮掩掩，决不有意或无意地作假和隐瞒，或施加任何形式的压力，以避免媒体对事件的无故猜测和炒作。精诚所至，金石为开，只有提供真实可靠的信息，才能打动公众、感召公众、赢得公众。

3. 守纪原则。2005 年，公安部已先后发出了《关于进一步加强和改进公安舆论引导工作的通知》和《关于加强和改进案件采访报道管理工作的通知》。这两个通知进一步规范了舆论引导工作，特别是对案件采访报道管理工作提出了明确要求。公安机关特别是领导干部应当切实增强保密意识，严格公安新闻宣传纪律。未经公安新闻主管部门同意，任何单位和个人不得擅自对外提供新闻线索、新闻稿件，或发布评论或私自接受新闻媒体记者的采访。未经公安纪检监察部门或公安宣传部门批准，任何单位和个人不得向新闻媒体提供涉及民警违法违纪案件内容的文字和音像材料。

警务人员接受媒体记者采访时，不得介绍侦查手段，不得过细介绍作案手段；不得渲染凶杀场面和涉及色情内容的案件过程和细节；不得公开未成年犯罪嫌疑人的姓名、地址及肖像；在未征得侦查单位或被害人、检举人、证人同意之前，不得公开他们的姓名、住址、工作单位、电话号码及肖像；不得泄露当事人的个人资料和隐私；不得提供卖淫妇女以及被拐、骗的被害人的照片（正面）、姓名及肖像；

不得擅自对案件定性；不得介绍审讯方法、策略、技巧；不得介绍偷渡者前往的国别和遣返情况。

4. 平等原则。我们面对的媒体，有中央驻本地的新闻单位，有省级媒体，有市级媒体，有大报、小报，有平面媒体、电子媒体等；面对的媒体记者，有资深人士，也有初出茅庐的新手。面对各新闻媒体单位和媒体记者，不论其名气大小、级别高低，都应一视同仁、以礼相待，决不能厚此薄彼。因为每个记者都代表着一家媒体，他们的社会身份是平等的，我们不要人为地制造出高低贵贱的差距。有重要新闻应同时通知各主要新闻媒体单位，尽可能使他们获得平等采访的机会和相等的信息量，不允许哪家新闻媒体单位独自垄断采访权和新闻信息。

5. 谨慎原则。与媒体沟通时并非是我们讲什么，他们就报道什么，也不是我们想要他们报道什么，他们就报道什么。公安机关要严肃宣传报道，接受媒体采访要逻辑严密，本着科学严谨和对公众负责的态度，严禁笔误和口误，尤其要避免前后矛盾，话出多门，甚至难以自圆其说，如果发现错误要及时更正。

【相关链接】

2009年1月28日，云南玉溪北城镇24岁男子李乔明因涉嫌盗伐林木被云南晋宁县公安局刑事拘留，羁押于晋宁县看守所。

2月12日，经送医院抢救无效的李乔明死亡。晋宁县公安局的闫副局长对李乔明家属说李受伤源于“躲猫猫”游戏。

2月12日下午，记者前往晋宁县公安局进行采访，遭到晋宁警方的拒绝。

2月13日上午，晋宁县公安局向李乔明的亲属通报情况，会上闫副局长说李乔明是死于“瞎子摸鱼”游戏，而非“躲猫猫”游戏，“躲猫猫”一词源自与李乔明同监室的一名犯罪嫌疑人之口，并非民警所说。晋宁县公安机关给出的答案是，李乔明受伤是由于其与同监室的狱友在看守所天井里玩“躲猫猫”游戏时遭到狱友踢打并不小心撞到墙壁而导致。

“躲猫猫”事件最早见于《云南信息报》2月13日刊登的题为《玉溪男子盗林木　被拘半月后死亡》的报道。2月13日下午，云南网、网易等各大网站跟进报道。“躲猫猫”立即成为流行词语。

2月13日晚11时，晋宁县公安局调查组连夜通报事件进展。根据通报，调查组在事件发生后，经过连续两天的走访调查并提取了死者同监狱友的口供后，初步认为死者受伤原因为：当天下午放风时，死者与狱友在天井玩“躲猫猫”游戏，由于死者抓到同监狱友普××而引其普××不满，最终两人发生争执。争执中普××先踢了死者一脚，随后又朝其头部击打一拳，死者由于重心不稳摔倒后头部与墙壁和门框夹角碰撞，最终受伤。

2月19日，云南省委宣传部发布公告，征集网民参与调查“躲猫猫”事件真相。

2月20日，网友调查委员会发布调查报告，称查看监控录像和会见当事人的要求都被拒绝，探寻真相还是要靠司法机关。

2月20日，晋宁县公安局向网友、媒体代表组成的调查委员会公布对“躲猫猫”事件的调查结果，称是游戏中的意外事件。该县检察院副检察长韩红兵表示，没有发现公安机关存在严重失职渎职现象。

2月27日17时，云南省政府新闻办召开新闻发布会，公布检察机关调查结论：2月8日17时，张×、普××等人以玩游戏为名，用布条将李乔明眼睛蒙上，对其进行殴打。其间，普××猛击李乔明头部一拳，致其头部撞击墙面后倒地昏迷，经送医院抢救无效死亡。

启示：“躲猫猫”事件，云南晋宁县公安局与媒体的沟通存在三大败笔：第一，违背尊重原则。事件发生后，晋宁县公安局无动于衷、束手无策，并拒绝媒体采访。等到网上炒作了，已成为全国关注的焦点后，才在半夜做出所谓的“通报事情调查进展”的结论。第二，违背坦诚原则。晋宁县公安局缺乏真诚、坦率的态度。公安机关应坚持实事求是的原则，及时并如实地向媒体、社会通报情况，不应弄虚作假以致弄巧成拙、欲盖弥彰。第三，违背谨慎原则。死者受伤源于“躲猫猫”游戏的解释，太过草率和不负责任。

6. 统一口径原则。公安机关应由新闻发言人或指定的警务人员统一对外表态，或用统一的文字通稿对外发布。无论是表态或者是文字，所传达的内容前后必须一致，要尽量“用一个声音说话”。对非本部门的问题尽量不要回答，应当让记者去咨询主管部门。对外发布新闻时，要坚守口径意识，不要随意发挥，不要多说一句话。

（二）与媒体沟通的技巧

与媒体沟通，始终要关注的问题是怎么帮助媒体达到目标，而不是媒体能为公安机关做些什么。如果我们帮助媒体实现了他们的目标，他们也会帮助我们达到我们的目标，这就是共赢。公安机关与媒体沟通的目的是通过媒体树立公安机关的良好形象，赢得公众的理解和支持，促进公安工作的顺利开展。媒体与公安机关沟通的目的是获取有价值的新闻，扩大自身的影响力，增强其经济和社会效益。沟通双方的目标不同，必然会存在种种的沟通障碍。因此，与媒体沟通更需要讲究技巧。

1. 电话采访。警务人员尽量不要接受媒体记者的电话采访，因为在电话中无法确认对方的身份，效果也难以控制。即使同意接受电话采访，也应注意以下问题：

（1）不要立即同意或拒绝采访。可答复对方说："对不起，我现在不便接受采访，请留下您的姓名、单位和联系方式，稍后我跟您联系。"然后准备相关材料或向上级请示。

（2）了解对方采访的目的以及准备报道的角度。

（3）对方的电话机肯定会有录音或摄像设备在旁，接受电话采访时态度始终要友好、礼貌、诚实。

（4）尽量缩短电话采访时间，只谈一些总体性的框架，不要深入到细节。语气要保持职业化，不要说任何自己不想见报或被播出的话。

（5）遇到名称、术语、有歧义的词语等，要告诉对方怎么写，以免产生不必要的误解。

（6）如果不能接受对方的采访，要有礼貌地告诉对方不能接受采访的原因，并主动地向对方推荐其他潜在的信息来源或能够接受采访的人。

2. 面对面采访。

（1）采访前与媒体记者沟通的技巧。在采访前，应尽力查明媒体记者的议程安排，研究他的刊物或广播电视节目的类型、记者的采访风格、新闻受众群体等问题。除此之外，还需要向欲采访的媒体记者提出以下五个问题：

第一，报道的意向？了解这个问题，可以使自己收集、参考适当的资料，保证自己列举出的数字和事实论据可靠并具针对性。大多数媒体记者是允许自己有所准备的，但也确实有一部分记者或者制片人不直接给自己这一问题的答案。如果是这样，不管他是否会有意设计一些带有陷阱的问题，自己都需要了解该记者的先前工作并在同意接受采访前了解他的名声和风格，必要时可以要求对相关新闻稿件进行审核。

第二，是否还采访其他人？如果记者还要采访自己所在单位的几位领导，那么就应当对自己的回答作出相应的调整。例如，“您可以向吴副局长了解这个问题，在我们单位里他分管这项工作，他是回答这个问题的权威。我主管的领域是……”

第三，需要占用多少时间？了解这一问题可以让自己对采访的长度作一个设计。如果记者说采访一个小时，那自己就可以说：“恐怕我只能抽出30分钟的时间。”之后如果采访进行顺利的话，那自己可以完成一个小时的采访。因为记者们常常低估采访要花费的时间——他们相信采访对象可能会不好意思而主动结束采访。如果自己事先告诉他们拥有多少时间的话，那么主动权就掌握在自己的手中了。

第四，文章篇幅或广播电视报道的时间是多少？这一信息可以为自己的回答建立合适的框架。如果篇幅或时间不多，那就要言简意赅地回答问题；如果篇幅或时间较为充裕，那就需要给出一个更长的、经过深思熟虑的答案。

第五，需要什么档案、照片或录像资料吗？事先准备一些有助于采访的档案、照片或录像资料，一方面可以给自己一些提示，另一方面在必要时可以呈现给媒体记者。

（2）采访时的言语沟通技巧。回答媒体记者的提问，要使自己的语言符合“三六九”原则的要求。三，是指发言要短——时间控制在30秒左右为宜；六，是指六年级的小孩都能听得懂；九，是指语速最好保持在30秒90个字。针对媒体记者采访的特殊方面，还应掌握以下沟通技巧：

第一，表达数字的技巧。数字是非常有说服力的论据，在面对媒体记者采访时要十分注意表达数字的技巧。如果要表达数字，就要告诉记者这些数字的意义是什么。例如，福建省把福州市平潭岛作为“海峡西岸经贸合作试验区”，一位领导在介绍平潭岛时说：“平潭岛是我国的第五大岛屿，陆域面积371.9平方公里，海域面积6064平方公里，面积相当于香港本岛面积的5倍，澳门陆地面积的10倍。”“面积相当于香港本岛面积的5倍，澳门陆地面积的10倍”的说明立刻使前面所举的数字变得更加形象具体并容易理解了。

第二，回答生疏棘手问题的技巧。当媒体记者提出一个自己不知道答案的问题时，千万不能撒谎，更不能猜测，应当如实告诉对方自己不知道，并主动提出愿意帮对方进行查询。例如，当媒体记者问："这起案件总共花费警方多少资金?"应当回答："我现在还不能确定，不过我可以帮您查一查。"

【相关链接】

2007年5月31日，国务院新闻办举行新闻发布会，请国家质检总局副局长魏传忠以及海关总署、国家食品药品监管局有关负责人介绍巴拿马药物中毒事件、巴拿马牙膏中含二甘醇问题的调查结果等方面情况。合众社记者问："我的问题是：第一，在中国的食品药品监督管理系统和中国的海关系统，到底有多少人因为腐败和失职而被捕?我们都知道有一些涉及高职位官员的案子。我想知道在整个系统当中，这个数量到底是多少？第二，在中国食品药品监督管理局这个单位，有多少人负责药品？并且这个部门的预算是多少?"

发言人颜江瑛答："第一个问题，在中国食品药品监督管理局有多少人因为腐败而被捕，这个问题属于司法部门管，建议向司法部门询问。第二，国家食品药品监管局管理食品的有多少人，管理药品的有多少人，今天的数据我不敢核定，因为我在政策法规司工作，我会核定这个数据以后跟您联系。关于预算也是一样，我核定好了以后会告诉您。"

启示：将记者提出的自己不便回答的问题转移到以后或他人回答是常用的技巧。中国人常常好面子，不太愿意说我不知道，如果不知道答案，一定不要冒失地去猜测。须知：诚实要比搪塞高明得多。

第三，回避机密敏感问题的技巧。当媒体记者提出一个自己知道答案但却不能说的问题时，要委婉地说明原因，表明对记者的信任，而不要简单地采取"无可奉告"的态度。这种情况可以直接回答记者："对不起，案件正在调查，我现在还不能回答您的问题。"或："抱歉，我没有权力回答您的问题。建议您到市级公安机关新闻发言人办公室询问准确情况。"

当媒体记者提出一个敏感问题时，要委婉地回避，回答问题时宜简不宜繁，不纠缠细节，不具体应对，不直接评论。

【相关链接】

有一媒体记者在××市公安机关"打黑除恶"专项行动新闻发布会上采访新闻发言人。

问：目前，在“打黑除恶”专项行动中，发现有多少公安民警作为黑恶势力的“保护伞”？

新闻发言人：我不能保证我们的每一位民警都没有参与充当黑恶势力的“保护伞”，但我可以保证，我们公安机关对这个问题是严肃对待的，发现一个查处一个，绝不宽恕。

启示：对这个问题的回答有很大的风险，要是说没有，可这方面的信息可能又恰恰被记者所掌握，就会当众说谎话；要是说有，接下来记者会穷追猛打，“他们是谁”等问题便会接踵而至。回答敏感问题的技巧之一是只谈原则，不谈细节。

第四，应对恶意刁难问题的技巧。如果能够确认媒体记者完全是出于恶意刁难和故意诋毁的动机而向我们提问，我们必须予以适当的还击，否则对方不会因为我们的仁慈而在媒体上替我们美言，相反会把我们丑化得一文不值。对于恶意刁难的问题可以简单地回答：“我非常尊重你，但我不尊重这个问题。”

【相关链接】

1999年5月16日，李肇星来到美国全国广播公司（NBC）《会见新闻界》节目的演播室。这是他自北约袭击中国驻南联盟大使馆以来第三次接受美国全国性电视台采访。《会见新闻界》是美国全国广播公司的王牌专题节目，主持人拉塞特同样身经百战。

拉塞特：“在美国，现在有许多关于中国反应的议论。让我念几段《华盛顿邮报》的社论：‘中国对这次轰炸的反应就像一个极权主义国家。国家控制的媒体用不真实和不全面的报道煽动老百姓的怒火，政府为示威者提供汽车、布告和事先批准的口号……’”

李肇星：“自5月7日那个黑色的星期五以来，我一直在读这类东西。”李肇星已不屑于回答拉塞特转述的类似诽谤的、荒谬的无稽之谈，“在那一天，中国人民受到了伤害，中国的主权遭到侵犯。那一天，将作为以美国为首的北约破坏国际法的日子而被载入历史……”

拉塞特：“中国政府是否在煽动老百姓？”

李肇星：“只有精神变态和扭曲的人才会说出这样糟糕的话。”

启示：面对拉塞特尖刻、刁钻的提问，正义在身、真理在手的李肇星沉着应对，毫无惧色。李肇星对拉塞特别有用心的提问虽说很恼火，但是他仍能不失风度地进行斥责。

（三）与媒体沟通应注意的问题

1. 不要激怒记者，制造敌人。警务人员中有相当一部分人对媒体记者存有偏见和误解，认为媒体记者把持着话语权，始终在与公安机关“作对”，始终在找公安机关的茬。其实，记者从事的是一份十分艰辛的职业，深刻理解记者的职业会使我们更懂得尊重记者，特别是那些优秀的记者。警务人员应把媒体记者当做自己工作中的伙伴，任何时候都要尊重记者、善待记者，不要激怒记者而人为地制造敌人。

【相关链接】

2008年3月17日凌晨3时许，深圳市公安局罗湖分局黄贝派出所民警在处置一宗自杀案件现场。民警在进行现场勘查时未拉警戒线，《南方都市报》记者进入现场中心区域近距离采访拍照。

经过数次劝阻，记者坚持不肯离开，并指责民警没有拉警戒线，由此双方引发争执。民警将其拦住并戴上手铐后带回派出所。

尽管市公安局宣传处、罗湖分局及黄贝派出所主要领导前往《南方都市报》深圳记者站，就民警的处置不当行为向记者站领导及当事记者表示歉意，但该报还是进行了炒作报道。

启示：此案例中民警在履行现场保护工作职责时，执法态度粗暴，违反有关规定随意对记者使用手铐，造成了极坏的影响。千万不要和媒体记者发生冲突尤其是肢体冲突，对待“死缠烂打”的媒体记者要做到有理有据、依法依规处理冲突。

2. 不要内心空虚，缺乏勇气。在面对记者采访时，有些警务人员不知所措，或闪烁其词，或紧张得满头大汗，或干脆将记者拒之门外，这些行为都是内心空虚，缺乏勇气的表现。遵守公安机关新闻宣传的相关规定，说自己知道的，说自己可以说的和应当说的话，以真诚的态度对待记者，永不说谎，是面对记者采访的法则。

【相关链接】

台资企业深圳富士康集团2010年以来连续发生13起员工坠楼事件，共造成11死2重伤，在海峡两岸和海外引起普遍关注。

在5月26日下午富士康举行的新闻发布会上，富士康公司企业集团董事长兼总裁郭台铭对接连出现的员工跳楼自杀事件表示道歉。道歉时，郭台铭说，“首先我要以非常诚挚而且非常慎重的态度向所有的社会大众、我们所有的员工还有家属，致以最高的歉意”。“大家产生冷漠才造成这些心理因素，而这些呢，我们是没有做得很好，我们也没有在这方面有效地来防止。”不过郭台铭也表示，初步结论认为，跳楼事件与员工天生的个性和情绪管理有关，工厂管理并无问题，并呼吁媒体多进行正面报道。新闻发布会之后，郭台铭带领媒体记者参观厂区与员工生活设施。

启示：富士康遇到突发性危机时反应迅速，态度积极诚恳，在一定程度上缓解了舆论的指责，也避免了事态的进一步扩大。

3. 不要漫不经心，官气十足。在面对记者采访时，有些警务人员漫不经心、目中无人，或高高在上、好摆门面，或墨守成规、好说空话，这些都是官气十足的表现。面对记者要做到服饰得体、举止端庄、谈吐优雅；忌讳摆架子、说空话套话，更忌讳说谎话和官话。

【相关链接】

2010年6月21日晚，央视《24小时》报道江西抚河汛情，央视主持人邱启明连线江西防总办公室副主任平×。平×强调唱凯堤历史上曾多次决口，在介绍江西省委书记、省长的指示之时，主持人打断说：“平主任你告诉我，决口有多大？下游的群众有没有转移？”但平×又开始介绍国家防总副总指挥、水利部部长、国家防总秘书长、水利部副部长、江西省防总副总指挥、水利厅厅长的“重要指示”。主持人再次打断，问：“平主任，我是非常想了解下游的群众有没有转移。”

启示：长期以来，官腔官调和官样文章之所以有着强大的“生命力”，只因为官场中只对上级负责的生存法则牢不可破。

4. 不要无可奉告，逃避采访。“无可奉告”这四个字有一个不成文的特定含义，即“此事确实有，我本人也知道，但我不愿意证实，也不愿意评论”。如果明明不知道却又故弄玄虚，或该奉告时不奉告，胡乱地把“无可奉告”用做挡箭牌，这就是滥用了。警务人员面对采访，如果只是简单地采取排斥、拒绝、回避等不合理手段，就会使其他人认为我们在试图隐瞒什么。其后果不只给人以平庸无能的印象，更重要的是还可能对外传递了错误的信息，会被少数别有用心的人所利用以混淆视听。

【相关链接】

2010年3月31日下午，南昌市上调管道煤气价格，有关部门为此召开新闻发布会。但是整个发布会仅仅持续了160秒即宣布结束，连记者提问的环节都没有，一些摄影、摄像记者甚至还没有来得及开机，发布会就结束了。

2009年6月22日，武汉市就经济适用房6连号问题召开的新闻发布会，用时仅55秒，连一分钟都不到。

2010年3月13日，温州有关部门就"金賭城"购房关系户名单曝光事件的新闻发布会，用时也只有300秒。

而震惊世人的福建南平"3·23"凶杀惨剧发生后，有关部门举行的新闻发布会只用了7分钟。

启示：貌似积极、实则消极的超短新闻发布会，只会让人产生"应付了事"、"走走过场"的感觉，是另一种"无可奉告"。

第三节 与嫌疑人沟通

警务人员与嫌疑人沟通的目的，不仅是获得所涉及案件的真实信息，还要通过思想和情感的交流，达到教育、劝降嫌疑人，核实、完善证据，协助侦破案件，扩大战果等目的。因此，与嫌疑人的沟通不仅体现在讯问环节，还体现在谈判、抓捕、取证和侦破案件等环节。

【相关链接】

2007年6月28日，福州福清市一废品收购站老板因为经济纠纷被人绑架，警方接到被绑架者家属报案后立即展开侦查。民警经排查很快发现两名犯罪嫌疑人，而且了解到目前被绑架者很可能被关押在海边的一座山头上，通往山头的关押地只有一条狭小的山路，只要有人上山，关押地就能看得一清二楚。如果采取强攻方式解救人质，犯罪嫌疑人一旦采取极端手段，人质安全就无法保证。

分管刑侦的副局长林心淦决定不采取强攻手段，他派一组民警在下山必经之路秘密守候，他和另一组民警去查找犯罪嫌疑人家属。很快找到了犯罪嫌疑人的妻子，经做思想工作，犯罪嫌疑人的妻子用她的手机与犯罪嫌疑人通话，她哭着规劝犯罪嫌疑人放了人质，接着，林心淦副局长接过手机说："我是福清市公安局分管刑侦副局长林心淦，你所做的事情我们都一清二楚，不要因为经济问题而采取这种过激行为，这只会连累你的全家。请你为家人考虑，快放了人质下山自首。”

犯罪嫌疑人接完电话心神不定、乱了阵脚，丢下人质仓皇而逃，结果被守候在山下的民警逮个正着，人质被安全解救。

启示：“不战而屈人之兵”是中国古代军事思想的最高境界。在处置危机时，如果“不战”就可以合理地解决危机，何乐而不为呢？

一、与嫌疑人沟通应注意的问题

（一）尊重人格

嫌疑人也是人，他们也有自己的思想、感情、人格尊严并依法享有公民的基本权利，他们也需要被别人尊重、理解和关怀。对待嫌疑人不能采取居高临下、盛气凌人的态度，不能有特权和唯我是从的思想，不能实施辱骂、讽刺、挖苦、威逼、引诱等行为，更不应当采取刑讯逼供等非法手段。只有与嫌疑人缩短心灵上的距离，达到心理上的相融，才能建立起有效沟通的平台；否则，很容易使嫌疑人产生抵触情绪和自暴自弃的颓废心理。

【相关链接】

××公安局治安大队抓了一名卖淫女，因卖淫女是××大学在校大学生，讯问时民警问：你的文化程度？

卖淫女：大学本科。

民警：哪个学校，什么专业？

卖淫女：××大学，××专业。

民警：哦，不是卖淫专业。

结果这名卖淫女不但不交代问题，还与讯问民警大吵大闹，使讯问工作陷入了僵局。

还有一女犯罪嫌疑人与其情夫合谋杀死丈夫，讯问民警说了一句“你又想做婊子又想立牌坊”的话，导致其以沉默来对抗讯问长达三个月之久。

启示：对嫌疑人辱骂、讽刺、挖苦，只会招致嫌疑人以更不配合的态度进行反抗，或孤注一掷，针锋相对；或沉默到底，一言不发。

（二）实事求是

实事求是是我们党的基本路线。坚持实事求是依法办案和与嫌疑人沟通的最基本的出发点和准则，是有力打击犯罪、防止冤假错案发生的保证。与嫌疑人沟通时，要从实际出发，尊重客观事实，以事实为根据，不主观臆断，不戴有色眼镜看人，不文过饰非、涂脂抹粉，不虚报浮夸、装腔作势，更不允许以欺骗、威胁或者指供、诱供、引供等方法来达到自己的目的。尽管对嫌疑人撒谎是合法的，但一旦被嫌疑人发现警务人员在撒谎，沟通便会因失去信任而终止。

【相关链接】

一盗窃嫌疑人被讯问后回到监房便对同监房的其他嫌疑人说："刚才那个警察说，当时有人看到我在盗窃，而且还不止一个人而是好几个人看到。呵，警察在忽悠我，如果当时有人发现为什么大家不出来阻止我呢？我个子这么小，又没带刀，不出来阻止最起码也会喊一声对不对？所以这说明警察根本就没有证据，他们在吓唬我。"

启示：与嫌疑人沟通应尊重案件的客观事实，保持沉着冷静的心理，运用随机应变的方式与其沟通，否则将适得其反。

（三）依法原则

与嫌疑人沟通务必要严格遵守相关的法律规定，严禁知法犯法，否则，轻则口供无效，重则产生冤假错案或误使嫌疑人或人质死亡。法律对讯问人员讯问嫌疑人做出的规定主要有：讯问人员的资格；讯问人员不得少于两人；讯问时限；讯问未满18周岁、聋哑嫌疑人的规定；严禁刑讯逼供和以威胁、引诱、欺骗以及其他非法的方法收集证据。采取非法手段造成冤假错案和嫌疑人死亡的案例很多，这给整个社会、许多家庭都造成了极大的伤害，警务人员本身也要为此付出沉痛的代价。

【相关链接】

1994年4月11日，湖北省京山县雁门口镇吕冲村堰塘发现一具无名女尸。县公安局经过排查，认为死者为张在玉，其丈夫佘祥林有故意杀人嫌疑。同年10月，佘祥林被原荆州地区中级人民法院一审判处死刑。佘祥林上诉后，湖北省高院认为此案疑点重重，发回重审。1998年6月15日，经市、县两级政法委协调，京山县人民法院以故意杀人罪判处佘祥林有期徒刑15年。

2005年3月28日，"被杀"的张在玉突然返回家乡，此时佘祥林已服刑11年。从佘祥林提供给媒体的申诉材料看，在他被刑警队扣押后，审讯持续了10天11夜，一天只吃两顿饭，不让喝水，不让睡觉。

连续10天11夜的“突击审讯”，施加给一个人无法承受的肉体痛苦和精神折磨，使被拷问者陷于极度疲劳、极度困乏和极度恐惧的状态中，使其产生一种生不如死的感觉，屈从拷问者的意志，承认原本并未犯过的“罪行”。

2010年5月，河南省商丘市柘城县老王集乡赵楼村村民赵作海，服刑11年洗冤，被称“河南佘祥林”。

启示：古今中外的无数实例都证明：几乎所有的冤假错案，都是由严刑拷打造成的，刑讯逼供和指供、诱供是造成冤假错案的总祸根。

（四）谨慎承诺

警务人员对嫌疑人不得乱许愿、乱承诺，如“你交代问题立马让你出去、立马让你见亲人”等，在这种许愿的诱惑下一旦嫌疑人供述后没有达到预期目的，事后就会翻供而且还会控告办案人员。对于嫌疑人提出的条件和要求，警务人员能做到的，要用坚定语气承诺他；如果做不到的要告诉他在努力，让他心存希望。例如，嫌疑人经常会问：“我交代了算立功吗”、“会不会判死刑”等，对这种问题我们要告诉嫌疑人他所交代的情况及认罪的态度是否被采信由法院判定，但作为办案人员我们会如实向法官反映，努力为他争取。这样犯罪嫌疑人就会心存希望，认为说了比不说好，往往会把犯罪事实交代清楚。

【相关链接】

2007年至2009年期间，福清市公安局通过做犯罪嫌疑人家属工作，成功动员6起8名未成年犯罪嫌疑人投案自首，节省抓捕费用达二十多万元。根据法律对未成年犯罪嫌疑人的保护，福清市公安局承诺犯罪嫌疑人家属提出的以下自首条件：

犯罪嫌疑人家属：我小孩会不会被判死刑？

民警：根据我们目前所掌握的材料，如果你小孩投案自首，法院就不会判你小孩死刑。

犯罪嫌疑人家属：能保证我小孩不会被刑讯逼供吗？

民警：根据法律规定，我们讯问未成年犯罪嫌疑人时，家长可以在场旁听，并且我们还会全程录像，可以保证我们绝对不会动你小孩一根毫毛。

犯罪嫌疑人家属：小孩回来路上如果被抓，算不算自首？

民警：只要你保证在三天内到公安机关自首，这期间如果在回程的路上被抓也算自首。

犯罪嫌疑人家属：我小孩在看守所里会被打吗?

民警：我们看守所有条件把你小孩与未成年犯罪嫌疑人关押在一起，并且可以向你保证绝对不会被人殴打。

启示：承诺的力量是巨大的。承诺可以让失望的人不至于绝望，可以让熄灭的希望之火再度燃烧。

(五)因人因案而异

与嫌疑人沟通的方式方法不能一成不变、墨守成规，要根据嫌疑人的年龄、文化、性别、智力、经历和社会地位以及所涉案件的性质等区别对待。例如，对待初犯、偶犯、未成年、女性、高学历的嫌疑人，要多一点尊重、多一分耐心，要晓之以理，动之以情，避免使用生硬、刺激性的语言，否则嫌疑人很容易产生抵触心理。为这一类嫌疑人保留尊严，可以让其体会到警务人员的人格魅力，感受到重树生活的希望和力量。对待暴力型、“几进宫”的嫌疑人，由于这类嫌疑人善于欺骗，不会轻易屈服，所以与其沟通要讲究策略、攻心夺气，采用刚柔相济、避实击虚、利用矛盾等办法，用客观事实迫使其认罪。

【相关链接】

2008年8月25日，福州边防支队长乐大队阜山边防派出所根据线索在阜山村抓获一名藏毒人员彭×，在民警对其毒品来源进行深入调查后于次日上午在长乐市金峰镇××饮料厂抓获向彭×提供毒品的张×(女，43岁，重庆渝北区人，曾因贩毒被判过有期徒刑)。张×与彭×是情人关系，因受彭×的引诱鼓动而再次贩毒。

在抓获张×后，民警立即对其展开审讯，由于张×属“二进宫”，所以比较老油条。在几位民警轮番审讯中张×软硬不吃，抵触情绪强烈，死活不肯招供。看到这种情况，阜山边防派出所副所长杨景恒提出要与犯罪嫌疑人张×单独谈谈。他安排了一个安静的场所，搬来两张椅子与张×促膝长谈了两个多小时，从她第一次不幸的婚姻生活，第一次走上贩毒的犯罪经过，聊到她重庆老家70多岁的老母亲和刚成年的儿子，以及她目前的感情生活。在谈话中，张景恒副所长发现张×的防备心理在逐渐减弱，对立情绪逐渐消失，并对他开始产生了信任。于是他将话题围绕她的情人彭×如何背叛她而展开，使张×感到绝望，然后又鼓励张×重新燃起对生活的希望。最后，张×的心理防线彻底崩溃，痛哭流涕、后悔不已。张×要求让她给家里打个电话，交代她母亲要把她儿子管教好后才会交代她的犯罪事实，张景恒副所长请示了上级领导，同意让她给家里打电话，之后张×就把其犯罪事实交代清楚了。

启示：对女性犯罪嫌疑人，要多一点尊重、多一分耐心，晓之以理，动之以情，分化瓦解其对抗心理的讯问策略往往会收到意想不到的效果。

二、与嫌疑人沟通的技巧

（一）赢得对方信赖

警务人员与嫌疑人之间是一种特定的法律关系，双方法律地位的不同，自然会使嫌疑人把警务人员视为“天敌”，并采取敌对态度进行对抗，从而导致警务人员与嫌疑人之间关系恶化或沟通出现僵局，而大多数刑讯逼供事件的发生正是由于警务人员与嫌疑人之间关系恶化或沟通出现僵局的结果。因此，与嫌疑人沟通之初，警务人员就要想办法使其认识到我们是有血有肉、有感情、负责任的人，让对方感到我们对他的同情、关怀、帮助与挽救，从而让嫌疑人对我们产生依靠感、信赖感，认为我们是在帮他，是他的“救命稻草”。尽快打消嫌疑人的敌对情绪，赢得对方的信赖，这是实现与嫌疑人有效沟通的基础，也是达到与嫌疑人沟通目的的有效途径。

【相关链接】

有一次，一个贵州人杀害一名玉环县人，贵州籍犯罪嫌疑人被玉环县刑侦大队抓获后，就是不开口招认。刑侦大队打黑除恶中队中队长罗俊杰亲自审讯，他用贵州话与犯罪嫌疑人沟通，了解了犯罪嫌疑人的身世，也谈了触犯法律的后果。后来，贵州籍犯罪嫌疑人痛哭流涕，一五一十地供认了杀人事实，并拱手作揖，对罗俊杰说：“我佩服你，如果我被判死刑，就要求阎王爷把我没活的岁数给你这位老乡，让你这样能干的老乡活得更长寿。”

从警20年来，罗俊杰破案追逃犯罪嫌疑人到过全国各地，尤以云贵川三地最多。每到一地，他都注意学习当地土话。他练就的各地土话，在他主侦或参与的500多起重特大刑事案件中发挥了特殊的效用。

而破案的战绩，也为他带来了“全国优秀人民警察”荣誉、两次获得个人三等功。

启示：罗俊杰学习各地土话的目的是尽快以老乡的身份接近犯罪嫌疑人，缩短与犯罪嫌疑人之间的心理距离，打消其敌对情绪，赢得犯罪嫌疑人的信赖。

（二）捕捉对方心理

嫌疑人面对警务人员时都有畏罪、侥幸、恐慌、抗拒和戒备等心理，并且这些心理随着沟通的展开和深入而在不断地发生变化。警务人员只有捕捉到嫌疑人的心理变化，才能有针对性地与其进行沟通。例如，对待有畏罪心理的嫌疑人，要缓解其压力，让对方明白害怕是无济于事的，自己的不良行为自己必须要承担后果，只有早交代才能早解脱；对待持侥幸心理的嫌疑人，让其感觉到我们已经掌握了充分的证据，即使“零口供”也能定案，不如实交代案情的结果就是加重处罚；对待存有抗拒心理的嫌疑人，要充分收集嫌疑人的有关信息，找准其产生抗拒心理的原因，然后以坚定强硬的态度有针对性地进行攻心。

【相关链接】

2008年3月，龙岩市武平县平川镇河东新村发生了一起故意杀人案，一名发廊女被勒死在租住的房间里。通过现场勘查后发现死者身上的物品没有任何损失，现场搏斗的痕迹也不明显，因此可以判断应当是熟人作案，且很可能是仇杀或情杀。刑侦人员通过对死者生前手机通话情况进行分析后，迅速锁定死者的情人郑×生有重大作案嫌疑。经与内侦部门领导会商后，决定对犯罪嫌疑人郑×生进行抓捕，并在郑×生老家中山成功将其抓获。犯罪嫌疑人郑×生被抓获后，刑侦部门立即进行讯问，但狡猾的犯罪嫌疑人郑×生自信地认为其反侦查意识很强，现场处理得也很干净，不可能留有痕迹，拒不交代，审讯工作陷入了僵局。

审讯民警由于耐心不够，信心也不足，技侦获取的证据又不能直接被采用，所以就开始浮躁，动辄辱骂犯罪嫌疑人，甚至威胁说要殴打他。然而这种不自信的审讯方式，反而助长了犯罪嫌疑人的自信心，使其更加坚信自己将事情处理得天衣无缝，审讯工作根本无法继续进行。

武平县刑侦大队向市局技侦部门请求支援，希望能寻找到突破口。市局技侦支队任支队长带着技术人员赶到武平县，开始协助刑侦大队进行审讯。首先，任支队长很礼貌地向犯罪嫌疑人郑×生介绍了自己的身份，当犯罪嫌疑人听说是市局领导，而且还能这么礼貌地向他做自我介绍时，顿时惊呆了，抵触情绪顿时少了许多。任支队长之前掌握到犯罪嫌疑人平时爱看科技书籍，特别是刑事科学技术类的，于是任支队长就以此为突破口，根本不提案件，而是与他一起探讨刑事科技知识。经过不断的引导，犯罪嫌疑人开口了，他说："你们刑侦民警的技术水平还不如我!"并表现得相当自信，简直有点狂妄。正是由于这种自负，任支队长认为是一个绝佳突破口。在交流过程中，犯罪嫌疑人郑×生甚至忘记了自己现在的身份，竟滔滔不绝地讲了起来。在与他探讨手机存储器时，他说将内存储器删除是不行的，还可以恢复，必须格式化，格式化后就无法恢复了。任支队长见火候已到，就开始"收口袋"了，说："手机内存储卡即使格式化也能完全恢复，就连所有通话记录、短信记录都能恢复。"犯罪嫌疑人郑×生很自信地说："那是绝对不可能的!"任支队长挑了一张他早在2005年存入的黄色图片给犯罪嫌疑人看，犯罪嫌疑人顿时傻了，半天不出一声，长叹一口气，低下了头。

原来在案发前，被害人曾多次借钱给犯罪嫌疑人，但两人感情近期出现了危机，被害人发短信要求郑×生还钱，若不还钱，将找其老婆要求还钱。在短信中两人发生争吵，并互相辱骂，很可能是犯罪嫌疑人被逼急了，这才将受害人杀死。但狡猾的犯罪嫌疑人郑×生在作案前作了详细而又周密的策划，如制造不在现场的证据，在途中会朋友、看打麻将等，再迅速到现场将受害人勒死后又逃回朋友家中，造成没有作案时间的假象。正是这么严密的策划和作案准备，才使得他相当自信。然而当被刑侦人员击垮后，他就溃如烂泥了，自然很快就交代了作案过程，案子被成功破获。

启示：在没弄清犯罪嫌疑人的心理特点、生活爱好及犯罪动机之前，审讯民警就匆匆上阵，用劈天盖地的训喝去代替沟通，其结果是引起了犯罪嫌疑人强烈抵触，甚至是藐视。

（三）运用情感感化

人非草木，孰能无情。人类的情感主要有亲情、友情、爱情等，尤其是亲情更是人性中最永恒、最稳固的感情。任何人在情感上都是很柔软的，都难以拒绝情感的抚慰，即使那些城府很深、非常狡猾、自制力很强的人也是如此。在与嫌疑人沟通的过程中，要努力去寻找和发现嫌疑人情之所在，适时对嫌疑人施以情感刺激，调动嫌疑人的感情，唤醒嫌疑人的良心，解除其精神上的武装。但是，情感感化不是任何时候都能起作用，如果盲目运用不仅达不到效果，反而会让嫌疑人误认为我们另有企图，结果事与愿违。因此，警务人员应根据嫌疑人的不同来具体把握和运用情感感化策略。

1. 通过关心嫌疑人的身心和生活将其感化。大多数嫌疑人第一次与警务人员沟通时都会紧张、恐慌，感到孤立无援，此时，如果警务人员能够理解嫌疑人此时的行为和处境，并对他们的身心和生活表示出关心，哪怕只是一杯水、一根烟、一个笑脸、一句贴心的话，都足以让他产生感激之情，让他感受到社会并没有抛弃他们。

【相关链接】

2008 年 1 月 9 日 14 时许，瓦房店驼山乡大巍村海边一海参育苗室的几个工人发现有一男子盗窃电线，他们就开始追，盗贼被追得走投无路，只好往海里跑，岸上的群众越喊，盗贼越往里走。下午 2 时 30 分，驼山派出所民警迟秀忠等人赶到现场，远远望去，距岸边 50 米左右的海里，有一个人正向海里走去，海水已经没到了他的脖子。当时天气寒冷，风大浪高，岸边喊话，对方根本听不见，时间长了被追男子在海里会有危险，再说岸边群众不撤离，该男子还会往深处走。迟秀忠立即让群众赶紧离开。20 分钟后，盗贼确定岸边无人，终于上岸了。盗贼一上岸，就被守候在岸边两侧的民警逮个正着，此时该男子已经冻僵。

在派出所里，这名 30 岁左右的男子脸色发紫，浑身哆嗦，冻得说不出话。民警帮他脱下湿透的衣服，找来干爽的衣服给他穿上。晚上，民警给他端来了热气腾腾的饺子，并专门为他煮了姜丝可乐驱寒。暖和过来的男子望着饺子和姜丝可乐，迟疑了，眼泪顿时流了出来，一再说“谢谢警察！是你们救了我！”还没吃完晚饭，他就主动交代了自己的犯罪事实。

启示：人性关怀，如同姜丝可乐一样散发着温暖，对消除嫌疑人的抵触情绪和防范心理具有重要的作用。

2. 通过关心和帮助嫌疑人的家庭将其感化。有的嫌疑人是由于家庭困难等客观原因才走上犯罪道路的，对于这类嫌疑人如果我们能给予他们的家庭以适当的帮助，这将会使嫌疑人的内心受到强烈的震撼，而且这对嫌疑人的教育和帮助比其他任何手段都更行之有效。

【相关链接】

2005年8月26日晚，丹东巡警五大队民警在丹东市一家超市门前，抓获一名偷自行车的中年男子。偷车人老吴承认了偷车的事实，当得知将被拘留3天后，他流下了眼泪，对民警说：他答应给孩子买辆自行车，家里穷，钱不够，实在没办法才这么干的。他央求民警千万不要告诉他孩子。

民警根据实际工作经验，感觉这个人不像在撒谎，为了弄清真假，第二天早上，民警李进雄和李兴松就前往老吴家。当身着便装的民警坐了两个小时的公汽赶到吴家时，他们惊呆了，十几平方米的小棚子，光线暗淡，屋里没有任何家具，炕上黑乎乎的棉被已经看不出本色，一个明显营养不良的小男孩正在炕上学英语。两个民警假装是老吴的朋友，与孩子闲唠才得知，老吴离婚多年，儿子从小和他相依为命，家庭生活异常拮据。孩子学习很刻苦，考上了离家10公里远的一所中学，由于路途太远，孩子央求他给买一辆自行车。老吴囊中羞涩又爱子心切，于是发生了此前的一幕。

两个民警在思考："依法办事，必须惩戒，但如果让这个孩子知道了爸爸偷车，幼小的心灵一定会受到伤害！能不能在不违反法律的原则下，温和、温情一点处理这件事呢?"

回去后，两个民警的汇报使全队民警深受触动。经过深入交流，民警们达成一致，决定每个人捐10元钱，给老吴的儿子买一辆自行车。考虑到孩子就要开学了，大队请示提前释放老吴，并在8月29日那天特意送他回家，为了不让村里和孩子知道这件事，民警们把车停在村口，让老吴自己骑车回家。

面对民警的善待，偷车人老吴痛哭流涕。他说，长这么大无论受到什么挫折都没有落泪，这是第一次。他还说，今后要自食其力，靠诚实的劳动养活儿子。

启示：一个美丽的谎言，一次人性的救赎。惩罚并不一定是打击和预防犯罪的最好手段，情感感化有时更有利于维护社会稳定和改造犯罪嫌疑人，实现社会和人际关系的和谐。

3. 利用嫌疑人与受害者之间的感情将其感化。人是有感情的动物，有些案件的嫌疑人对受害者造成了伤害，一般来说，嫌疑人的内心都有悔罪心理。此时，警务人员如果能帮助嫌疑人回忆以前他与受害者之间的情谊，调动嫌疑人的内心情感，使其内疚感加深，自责感加剧，会让其更加悔恨自己的犯罪行为。

【相关链接】

2008年10月2日，泉州晋江市公安局安海派出所接到袁×报案称：在安海镇东大街某出租房内其表姐袁明×和男友黄×倒在血泊中。民警到达现场后发现袁明×已经死亡，黄×流血过多生命垂危，民警迅速将黄×送往医院。

经现场勘查和尸检后确定袁明×为他杀，黄×有重大嫌疑。10月3日，黄×脱离生命危险，但情绪不稳定，并且不愿意配合民警工作。民警了解到死者袁明×与犯罪嫌疑人黄×于2007年5月认识至今虽发生过几次吵嘴，但两人感情很好。民警以此为突破口，耐心与黄×沟通，让其回忆两人一年多的恋爱过程，最终黄×流下了忏悔的眼泪，交代了其犯罪事实经过：案发当晚，死者与黄×外出喝酒后回到死者出租房，死者告诉黄×她已与他人定有婚约，并表示要与黄×断绝来往，黄×便起凶念将死者杀害，并企图以自杀来逃避罪责。

启示：受情绪情感支配而导致犯罪的犯罪嫌疑人，与其沟通时动其情感将其感化，往往会收到良好的效果。

4. 通过嫌疑人的亲情将其感化。亲情是情感感化的最重要内容，因为亲情在人的一生中占有绝对重要的地位，是人社会需要的重要组成部分。警务人员若能在不违背法律的基础上尽可能满足嫌疑人的情感需要，便可以使嫌疑人心存感激，并赢得嫌疑人的充分信任，缩短与嫌疑人之间的心理距离，从而达到顺利沟通之目的。

【相关链接】

2000年9月8日，福州市鼓山凤坂叶宅一出租屋内发现一具已腐烂的尸体，死者为一名20来岁的男性，身份不明，因头部多处被钝器击打破裂致死。警方了解到，该出租屋前段时间刚住进两个自称是厨师的外地人，死者是其中一人，另一人去向不明。经现场勘查，除了发现一本西双版纳原始森林公园奖给先进工作者的影集外，没有其他任何有价值的线索。

次日，福州市刑侦支队探长郭伟民和民警严为民受命前往西双版纳景洪市调查。在西双版纳刑侦支队的协助下，郭伟民很快查明了死者的身份并锁定了一名犯罪嫌疑人。犯罪嫌疑人为死者的朋友潘××，男，曾与死者同在森林公园任过厨师，半年前其老婆跟别的男人走了，他与女儿一起艰苦度日，他女儿现在在景洪市江北一所小学读书。

9月14日中午，犯罪嫌疑人在其家中被抓获，审讯中犯罪嫌疑人拒不承认自己杀了人。郭伟民不动声色地拿出死者的相片说："这个人你认识吗？我们是福州来的。"犯罪嫌疑人的脸"刷"地白了，但他仍抱着侥幸心理。

"如果你好好交代，我们可以让你与女儿见个面；否则，即使你不交代，我们也要带你回福州审查，你将再也见不到女儿。"

听到"女儿"两个字，犯罪嫌疑人的心理防线崩溃了，他供认了所有的犯罪事实。

交代完了，郭伟民兑现诺言，接其女儿到派出所见父亲最后一面，并帮助犯罪嫌疑人处理好其女儿今后生活、学习等事宜。

启示：犯罪嫌疑人定有用情最深的人，或自己最尊重、最在乎的人，这便构成了犯罪嫌疑人的情感弱点，而且感情越深，弱点越明显，也就越容易被感化。

5. 利用嫌疑人的前途与命运将其感化。大部分嫌疑人都将面临法律对他的惩处，所以他们对自己所面临的处境以及今后的前途和命运极为关切。警务人员如果能刺激其对人生和亲人的眷恋，激发其面对现实并争取光明前途的信心与勇气，往往会使其认罪态度和抗拒心理发生改变。

【相关链接】

2005年12月26日，石狮市××小学一名二年级学生在校遭绑架。犯罪嫌疑人在电话中向其家人勒索赎金20万元，否则撕票！接警后，石狮市公安局刑侦大队大队长张汉沂立即带领专案组展开了紧张的侦查。12月28日下午，事发48小时后，专案组获悉，犯罪嫌疑人在安溪火车站出没。张汉沂立即带领专案组成员火速驾车赶往安溪，可到达安溪火车站时火车已经离开了车站。张汉沂紧急联系到火车上的乘警及沿途警方，要求对在安溪上车的男青年进行排查，特别注意身边带有小孩的乘客。当晚9时许火车乘警在漳平路段抓获一名犯罪嫌疑人，但他身边没有孩子。张汉沂一边赶往漳平，一边请求当地警方立即审讯犯罪嫌疑人，查找人质下落，可犯罪嫌疑人什么也不说。12月29日凌晨2时，在押解犯罪嫌疑人返回途中，张汉沂加紧审讯。直至6时回到石狮，犯罪嫌疑人依旧拒不交代有关情况，解救人质工作一时陷入僵局。

时间一分一秒过去，孩子的生命越来越危险。张汉沂决定改变策略，他们了解到，犯罪嫌疑人比较孝顺父母，于是，审讯工作围绕亲情展开了攻心战。民警从孝敬父母的角度出发，细数其父母的悲伤与担忧，并要他将心比心，理解被绑架孩子父母的心情。同时，民警告诉犯罪嫌疑人如果人质安全，他的罪刑就会减轻，他也会早日与他的父母团聚，否则只能是白发人送黑发人了。一番饱含温情的亲情感化使犯罪嫌疑人的防线彻底崩溃，他当场哭了，交代了绑架勒索的作案事实和人质关押地点。

张汉沂立即带队赶到人质所在学校，在教学楼顶层隔热板夹层中救出了孩子。此时，距离孩子被绑架已经整整三天三夜了。孩子手脚被绑，满脸伤痕，手臂紫青，手掌发黑，奄奄一息。如果再迟几个小时，孩子的生命就有可能停止。

启示：从犯罪嫌疑人的现实处境出发，设身处地地为其考虑、着想，必能唤起其良心的苏醒。

6. 通过警务人员的人格魅力将其感化。警务人员要以实事求是、公正执法、廉洁无私的高尚品质，不畏邪恶、维护正义的斗争精神，以及服务人民、爱国敬业的人格魅力来感化嫌疑人，博得嫌疑人的尊重和信任。

【相关链接】

重大犯罪嫌疑人银×在其他团伙成员都已供述的情况下，十多次提审仍死不开口。临颍县公安局刑侦二中队指导员李全成就利用星期天的时间与银×一整天一整天地泡，吃饭时买来饭一起吃，银×要烟抽，平时一根烟不抽的老李就买来香烟和火机，看到银×患皮肤病，又专程给他送去红霉素软膏等药物。看到李警官实实在在地关心自己，银×最终交代了盗窃变压器70多台、机动车5部的犯罪事实。

每次带犯罪嫌疑人到外地指认现场，李全成总是主动要求留在车上陪着犯罪嫌疑人，让战友们带回饭后与犯罪嫌疑人一起吃。用李全成自己的话说："不少刑事犯罪嫌疑人罪行重，反侦查能力强，我们除去要斗智斗勇侦破案件外，重要的是要唤回他们沦丧的人性。"

启示：人格魅力的力量远远胜过权力和威信，它对犯罪嫌疑人人性的回归具有强烈的感召力。

（四）营造沟通氛围

气氛有正常气氛、严肃气氛、紧张气氛、宽松气氛等，不同的气氛给嫌疑人带来不同的心理感受。

1. 场所。警务人员在办公室里与嫌疑人面对面地谈话，显示出警务人员的平易近人，给嫌疑人一种轻松感；在宾馆里的促膝而坐，显示警务人员的和蔼可亲，给嫌疑人一种亲近感；审讯室里的居高临下，则显示出警务人员的凛然正气，给嫌疑人一种压抑感；高大宽敞的审讯室增加空旷、庄严的感觉，给嫌疑人以孤独、紧张感；狭小、低矮的审讯室，缩短了讯问的距离，增加了嫌疑人的心理压抑感；而安装有监控设备的审讯室，带给嫌疑人以严肃、恐惧之感。

2. 颜色。审讯室墙壁的不同颜色刺激感官也能产生不同的心理倾向。例如，红色引起兴奋、激动；蓝色使人冷静、沉着；绿色使人平和、悠闲；白色使人轻松、平静；黑色则使人感到沉重、恐怖。讯问场所过分宁静可使人的注意力高度集中，产生寂寞、难耐之感；强烈的噪音刺激使人注意力分散，产生焦躁不安之感。

3. 光线。审讯室光线的明暗强弱能引起不同的心理反应。嫌疑人身处黑暗中会产生安全隐蔽之感；强烈的光线刺激，则有无处藏身，惊恐不安之感；长时间强光刺激，会严重影响嫌疑人的情绪稳定与控制，使其难以忍受，出现心理失态、疲乏，其心理承受能力大为降低。

因此，警务人员应根据案件的不同性质和嫌疑人的心理特点而选择适当的审讯、谈判地点。

【相关链接】

2004年7月7日上午，长春市北安路发生一起犯罪嫌疑人劫持人质事件，一名犯罪嫌疑人用刀挟持了开着红色宝来车的郭女士，警方在与犯罪嫌疑人进行了近三个小时的对话，满足了其提出的要钱要求后，提出用女民警甚至市公安局副局长替换被劫人质，但最后仍未奏效，情绪失控的犯罪嫌疑人用刀扎向人质颈部时，警方开枪将其击毙。案件的最后结局是人质抢救不及而死亡、犯罪嫌疑人被击毙，不能不说这是一次失败的解救，所有民警和人质亲属、群众一样深感痛心、惋惜。

从公布的现场图像看（见图7－1），围观群众和警察围得过近，有时几名警察甚至同时趴在车窗上同犯罪嫌疑人谈话，这无疑会加剧犯罪嫌疑人的紧张心理，加剧他的心理崩溃进而逞凶。

图7－1

启示：围观群众使犯罪嫌疑人产生巨大的心理压力，因为在众目睽睽之下投降会让犯罪嫌疑人颜面尽失，这往往是犯罪嫌疑人所难以接受的；而现场群众的议论或叫喊声也会造成犯罪嫌疑人情绪的波动。

（五）运用情境暗示

情境是让人产生暗示信息的源泉。人们从情境中得到多种多样的暗示，特定的情境或环境可以使嫌疑人触景生情得到某些暗示信息，从而促使其心理、生理或行为发生改变。例如，审讯嫌疑人时，适当地将一些卷宗放在桌面上，嫌疑人自然会产生联想，将桌面上的卷宗与自己的犯罪联系在一起，越看越觉得自己的犯罪事实已经暴露。如果嫌疑人看见审讯人员只带着几张纸，他会感到公安机关还没有掌握多少他犯罪的证据，就会产生相对稳定的心理并与审讯人员周旋到底。

【相关链接】

2008年8月19日，正值奥运会期间，龙岩市发生一起煤矿矿区2200枚雷管被盗案件。该案引起公安部和福建省公安厅领导的高度重视，龙岩市迅速成立以郭绍翔局长为组长的专案组，抽调各警种两百余名警力分组轮流工作，对整个矿区及周边乡镇开展全面排查、走访，并利用当地的广播电视进行法律宣传和表示公安机关破案的决心。迫于压力，犯罪嫌疑人在案发后的第四天夜里将盗走的雷管一枚不少地偷偷放在当地镇政府门口，案件虽然还没破，但对社会及奥运会的影响已排除。最后，专案组继续开展群众工作，在案发后的第 87 天就成功破获此案。

启示：暗示是一种“无声胜有声”的方式。大批警力的投入给嫌疑人施加了巨大的心理压力，使嫌疑人乱了阵脚而慢慢浮出水面。

第八章

冲突沟通

警务冲突，是指他人因不满警务人员执法或直接干涉、妨碍正常的警务活动而引起的警民之间相互排斥、抵触、争执、对抗甚至暴力等现象。随着社会经济的进一步发展，各种社会不安定因素已凸显，社会各阶层之间矛盾的复杂性、激烈性将加剧，危害社会治安的不可预见因素将增多，警务冲突也会随之增加。警务冲突的发生固然是不利的，但有些警务冲突若能顺利化解，反而有利于改善冲突各方的关系，有助于公安机关落实科学发展观，构建新时期和谐警民关系。

第一节　认识警务冲突

警务人员要想有效地化解冲突，首先要正确认识警务冲突，了解警务冲突产生的原因及其类型，才能根据具体情况选择合理的处理策略和应对方法。

一、警务冲突发生的原因

引发警务冲突的原因是多方面的，宏观上有执法环境的好坏，微观上有公众和警务人员自身的条件以及素质的高低等问题。

（一）执法环境

当前，我国正处于社会转轨变型时期，各种矛盾冲突日益突出，这使得处于矛盾冲突最前沿的警务人员与公众之间的关系尤为紧张。

但现有法律对危害警务人员的违法犯罪惩处的力度还不够，无法对不法分子起到应有的震慑作用；公安机关所强调的“文明执法”、“人性化执法”的理念被许多人误解为“软弱执法”；警务人员的职业特点让越来越多的公众产生了对立情绪等。

（二）内部原因

公安机关警力不足，装备相对落后，且对警务人员权益的保护、管理、监督也相对滞后；少数警务人员素质低下，法律意识淡薄，专业技能和实战经验欠缺，且态度生硬，语言不当，执法不规范；警务人员缺乏有针对性的训练，致使化解矛盾、调解纠纷、自我防卫能力欠佳等。

【相关链接】

2000年，××市为了迎接文明地市检查，开展了整治未戴安全帽驾驶摩托车的专项统一行动，并对未戴安全帽驾驶摩托车者处扣车一个月、罚款100元的处罚。交警部门连续几个月在城区内开展集中整治行动并取得比较明显的效果，之后就转移到城乡结合部的公路上进行整治。

一天上午8时许，村民陈×驾驶摩托车未戴安全帽横穿公路，被正在执勤的民警当场拦停，民警要查扣陈×的摩托车并按相关规定进行处理。陈×向民警解释自己驾驶摩托车是要到公路对面的农田干活，而且他的摩托车上面还绑有干农活的农具，他希望民警能原谅他一次，但执勤民警不听他解释，也不与他沟通或宣传相关的法律规定，就是坚持要扣车并按照规定处理。陈×这时急了，他与民警理论：“我是在自家门口驾驶摩托车为什么要戴安全帽，我是要去干农活，戴安全帽合适吗?”陈×坚持不让民警扣车，双方就在公路上发生了争执。这时附近村民过来围观，围观村民也要求民警不要处罚陈×，但执勤民警强行把陈×拉开，并把陈×的摩托车拉上警车准备离开，围观的村民见状认为民警暴力执法随即拦住警车不让离开，并打电话聚集了二三百名村民围攻民警，愤怒的村民推翻了警车，投掷石头攻击民警，使民警身上多处受伤。

启示：一起普通的交通违章案件竟演变成一场群众性事件，这种执法结果让我们不得不拷问少数民警的素质和执法能力。

（三）外部原因

个别群众的法律意识淡薄，习惯于采取吵闹和围攻的方式解决问题；少数群众对社会若干方面的不满致使他们对整个社会产生抵触情绪，这样很容易误解警务人员的执法动机并产生仇视和报复心理；极少数媒体热衷于渲染、炒作公安队伍中出现的反面案例，丑化了警务人员在人民群众心目中的形象等。

二、警务冲突的类型

按冲突公开程度来划分，警务冲突可以分为直接冲突和间接冲突；按卷入冲突的人数多少来划分，可分为个体冲突和群体冲突；按冲突的表现形式来划分，可分为消极应对、语言冲突、肢体冲突、暴力抗法。

（一）消极应对

消极应对是指个别群众不与警务人员正面发生冲突，而是采取举报、投诉、信访、网络发帖等方法揭露警务人员违法乱纪的行为，有的甚至不惜歪曲事实真相，捏造事情经过，诬告或诬陷公安机关和警务人员。

【相关链接】

2009 年 2 月 15 日，网民“莫西干发型”在国内××网站论坛上发表题为《河南三门峡交警公然抢劫过路司机财物和现金》的帖子，在短时间内新华网、网易、中华网、大河网等数家国内网站相继转载，引起广大网民和媒体关注。2 月 20 日，公安部副部长刘金国，政治部主任蔡安季，部交管局局长杨钧、副局长刘钊等领导分别作出批示，要求调查核实，查清真相，追究责任。

经调查，当事人在互联网发布的帖文中反映三门峡交警“公然抢劫过路司机财物和现金”的问题并不存在，不符合实际情况；执勤民警在执勤执法过程中对违章车辆京 N66G26 和豫 CN6095 的处罚，事实清楚，证据确实，处罚有据，不存在执法过错；个别执勤民警在执勤时，举止不端、警容不整，有损公安机关形象，也确有不当之处。

事情的基本情况是这样的，2 月 5 日下午市交警支队六大队开展集中统一行动，组织 4 台警车、19 名民警到连霍高速公路三门峡服务区南区入口处查处违法车辆。15 时 30 分，民警发现由西向东驶来的一辆挂外地牌照的轿车有故意遮挡号牌的违法行为，即示意其停车接受查处。经交警认真检查后，告诉司机有 3 项违法行为，对其“非紧急情况下占用应急车道”的违法行为处以 200 元罚款、记 6 分的判罚，当事人接受了处罚并将罚款交到银行。意想不到的是，当事人回去后，在网上发布歪曲事实的帖子，丑化三门峡交警。

2月21日，三门峡市公安局召开新闻发布会，向社会公开事实真相，并在主要网站跟帖，讲明事实，公之于众，以正视听，有效地挽回了形象。同时，三门峡市公安局依照法律程序起诉网民“莫西干发型”并让其承担诽谤罪的责任。

启示：个别网民利用互联网，出于恶意炒作、诽谤、泄愤、报复等心态肆意捏造事实，与公安机关和警务人员进行消极对抗，若不及时予以澄清，必然会混淆视听，危害警务人员的良好形象。

（二）语言冲突

语言冲突是指个别群众因误解、抵赖、醉酒或提出的合理与不合理要求得不到满足时，利用语言向警务人员进行抗议、挑衅、辱骂甚至威胁恐吓等行为。

【相关链接】

2009年7月12日，海南省海口交警对行人随意横穿马路、翻越攀爬护栏等交通现象进行整治。16时45分，一名22岁的女大学生走出银龙影城横穿6个车道后，在首力大厦被现场执勤的海口交警拦下。当交警告知她翻越护栏横穿马路属于交通违法行为需接受处罚时，这名女大学生声称自己是第一次，身上也没带钱，随后便开始“发飙”了：“你他妈的××，我×你妈。”这名女大学生开始对交警进行辱骂。海口市交警支队一名负责摄像的工作人员对这一过程进行录像时，这名女大学生一把抓过摄像机准备砸在地上，被交警及时制止。

随后，这名女大学生召来3名朋友与交警对峙，造成该路段100多名市民围观，严重堵塞交通。这种过程一直持续了10分钟。交警只能对其采取强制措施。做了笔录之后，交警按照有关规定，以阻碍执行公务对这名女大学生做出了行政拘留5天的裁决并给予执行。

启示：语言冲突往往是引起严重冲突的前奏，警务人员应高度重视语言冲突，并及时给予合理处理。

（三）肢体冲突

肢体冲突是指个别群众或犯罪嫌疑人以推搡、抓咬、拳打脚踢甚至持械等过激手段直接干涉、阻碍警务人员正常执法，甚至对警务人员实施身体伤害的行为。肢体冲突主要发生在派出所民警、交警、巡警、刑警执行勤务、抓捕犯罪嫌疑人时的面对面接触中。

【相关链接】

2009年6月2日9时许，安阳市公安局文峰分局民警冀续东、李江涛等人在北大街一个路口巡逻时，发现一青年男子骑一辆电动车带着一妇女驶来。该男子骑车速度较快，并不时回头东张西望。凭着职业敏感，民警觉得这两个人可疑，便驱车将他们拦截，并亮明身份进行盘查。

二人一见民警上前盘查，便欲弃车逃跑。眼疾手快的李江涛首先将妇女控制，冀续东控制男子时，该男子一直反抗。冀续东将其双手抓住后，该男子竟用嘴死死咬住冀续东的左胳膊不放。民警董俊辉迅速上前帮忙，那名妇女竟也动起"嘴"来。男女两人咬得两名民警身上多处受伤。

民警将两名男女控制后经讯问得知，二人是夫妻，他们在一家服装店门前偷了一辆电动车，没想到正好遇到了民警。

启示：肢体冲突不但妨碍了警务人员正常执法，而且给警务人员及其家属的身心都造成了极大的威胁和伤害，挫伤了警务人员的工作积极性，其危害是很大的。

（四）暴力抗法

暴力抗法是指不法分子以暴力方式阻碍警务人员依法履行职责或明知是警务人员却故意实施暴力袭击的行为。例如，故意驾车冲撞警务人员，使用爆炸装置、枪支等暴力武器对警务人员实施伤害，甚至组织、煽动黑社会性质团伙公然围攻公安机关及警务人员，实施打、砸、抢、烧等犯罪活动。

【相关链接】

2006年3月17日晚11时40分，兰州市雁滩的醉仙楼餐饮有限公司员工南振亚酒后在城关区高新开发区桥头挡住一辆出租车，车行至高新开发区均家滩121号一栋6层楼下停车后，南振亚拒付车费。司机赵×讨要车钱时，反而遭到南振亚拳打脚踢。随后，司机赵×向110求救。

3月18日凌晨零时许，接到报警后，东站派出所民警连同协警员，在挨打司机赵×的带领下一块火速赶到事发地醉仙楼餐饮有限公司宿舍楼。民警上前敲门，醉仙楼员工魏立斌开门，民警出示证件，要求进楼查找殴打司机的嫌疑人南振亚了解情况。但魏立斌反而将铁门上锁后进屋睡觉，将民警拒之门外。

不久，醉仙楼其他员工下班后返回住地叫开铁门，民警亮明身份后与其一同进入该楼时，醉仙楼另一员工王生祥阻止民警上楼，并给经理苏怀伟打电话。很快，满嘴酒气的苏怀伟从楼上下来，挡在楼梯口大吼："你们干啥？"民警再次表明身份，说明来意。然而，苏怀伟却向其他员工下令，让十几名员工殴打协警员和出租车司机。与此同时，王生祥从楼上叫来40多名服务员，将楼道和铁门围住。民警急忙劝阻："不能随便打人，这是违法的！"不料，苏怀伟上前扇了民警两耳光，还捣了两拳。随后，苏怀伟让员工把打得鼻青脸肿、满脸血污的协警员和出租车司机拖到楼上，强行洗脸，毁灭证据。同时，几人把民警架到四、五层楼之间的一个平台上，苏怀伟又打了民警四个耳光，并强迫民警给其下跪。民警乘对方不备，给派出所打电话求援。

启示：暴力抗法严重阻碍了正常的警务活动，损害了公安机关的执法权威，因此应给予严厉打击。

第二节 化解警务冲突

警务冲突是警务人员在执法过程中随时都可能会遇到的，因此警务人员必须学会正确面对。要想减少、避免警务冲突，降低、消除警务冲突所造成的负面影响，就应当与当事人多加强沟通。

一、避免与化解警务冲突的方法

避免与化解警务冲突有四种典型的处理方式：

（一）回避

当我们确信我们选择回避的态度会使冲突淡化并自行消失，或问题无足轻重，或他人能更有效地解决此冲突时，我们就应当控制自己的情绪，采取回避的方法来化解。例如，对待违章者的抱怨、不雅口头语等。

（二）迁就

迁就也称圆通处世。在不影响目标实现、不违反原则的前提下，可以迁就对方合理或变通的请求。例如，在火车站路段，戴×违章逆行，民警拦车欲对其进行处罚。戴×说："我先把行车证和驾驶证给你，等我把客人送进候车室，然后再过来接受你的处罚，可以吗?”民警同意了。

（三）强迫

有时也称攻击，这是一种“我成你败”的强硬策略。在特殊情况下，这种方法不但有效，而且是非常有必要的。例如，把无理取闹者强行带离现场。

（四）沟通

有一部分警务冲突是双方都负有责任的，此时沟通是化解冲突的最佳方法。通过沟通，冲突双方才会互相尊重对方的愿望，并积极寻求令双方都满意的化解方式。

【相关链接】

2008 年 7 月 1 日 9 时 40 分许，犯罪嫌疑人杨佳，持刀闯入上海市公安局闸北分局，用刀连续捅向多名民警和保安，6 名民警送医院抢救无效牺牲，另有 3 名民警和 1 名保安受伤。

据本案犯罪嫌疑人杨佳陈述，他对上海闸北警方的仇恨源自涉嫌偷盗自行车一事。

2007 年 10 月 5 日晚，杨佳骑一辆无牌无证自行车途经闸北区芷江西路普善路口时，闸北分局芷江西路派出所巡逻民警对他进行盘查，因其拒绝出示身份证件和提供所骑自行车来源证明，造成市民围观、影响交通，被带至派出所作进一步调查。

在查清杨佳真实身份及自行车是租用等情况后，尽管杨在盘查询问过程中一直不予配合，且多次辱骂民警，阻碍民警正常执法，但民警还是对在其进行耐心教育后予以放行。事后，杨多次通过信访件、电子邮件等形式，向市公安局和闸北公安分局督察部门投诉，并提出开除相关民警公职、赔偿其精神损失费的无理要求。

盘查现场录音重现：

在一段嘈杂的喇叭声后，开始了带着上海口音的中年男子（民警）声音与操京腔的年轻男子（杨佳）声音的对话。

民警：小伙子，请你停车接受检查！

杨佳：马路上这么多人，为什么你单单挑我?

民警：我们一个个来，请你下车接受警方的调查，出示你的自行车凭证。

杨佳：这车我租的。

民警：请拿租车凭证交给我，你拿着纸这么远，我能看得见吗？

杨佳：你看不见执什么法啊？

民警：请你把车子靠靠边！

杨佳：你这个执法的为什么查我？

民警：那你有没有义务告诉你叫什么名字？

杨佳：你有什么理由耽误我的时间？

民警：大家相互尊重点吧！

杨佳：你不要说什么叫尊重！尊重什么？

民警：在法律的前提下，请你配合检查！

杨佳：法律有哪一条规定可以限制我的人身自由？

民警：那你有没有义务告诉我你是什么地方人啊？

杨佳：没有。

民警：你有没有义务告诉我你叫什么名字啊？

杨佳：你没有理由占用我的时间。你有什么理由在这占用我的时间？这是法律规定的吗？你把法律拿过来，你会背！你就这样子限制我的人身自由，你有什么理由？

民警：这叫相互尊重。

杨佳：你不要说这个。你别说什么相互尊重，什么叫相互尊重，尊重什么？

民警：在法律的前提下……

杨佳：法律？什么叫法律？你还敢跟我说法律，法律哪一条规定你临检无缘无故要这样地抢我的证件。你怎么可以限制我的人身自由？

民警：你不要吵。有什么事情你可以说，你认为我有什么不对的可以……

杨佳：你当然有不对，你看那，1342，你给我说说看，你为什么要当着这么多人的面查看我的证件，限制我的人身自由？你为什么都不拦，就拦住我一个。你也没有理由……

启示：许多警务冲突最初往往是从语言冲突开始的。如果当初双方都能心平气和地进行沟通就能有效地化解由于语言冲突所引起的对立情绪，就有可能避免这起惨案的发生。

二、化解警务冲突时应避免的行为

（一）大喊大叫

几乎没有人愿意接受大声叫嚷者的观点。大喊大叫会让对方感到被支配，容易激怒对方，让对方也大喊大叫地与之对抗到底。

（二）苛责对方

用刻薄的语言去责备别人，只会引起对方的愤怒和反感，使对方产生仇恨和不信任的情绪。规劝和教育别人要含蓄，要照顾到对方的自尊心，没有必要非要让对方面红耳赤、汗流浃背才行。

【相关链接】

一位女大学生骑自行车在交叉路口不小心轻轻撞了一下正在指挥交通的民警小汤，女大学生惊慌失措地扶起地上的自行车，没有对小汤表示道歉。于是，小汤用强硬的口气斥责说："你难道连一句'对不起'都不会说吗？"

女大学生觉得在众目睽睽之下被斥责很没面子，对小汤喊道："你后退一步把我自行车给碰了，为什么不向我先道歉？"接下来便发生了争吵，结果路人纷纷指责小汤。

启示：责备只会引起对方的羞愤，而宽容不仅是给对方机会，更是为自己创造机会。

（三）自卫反应

打断对方讲话，或对对方的观点立刻发起攻击，这种冲动而不礼貌的行为就是自卫反应。这种行为实际上已经关闭了与对方沟通的大门，极易引起冲突。

【相关链接】

2009年11月11日，广州市人大代表邓成明在广州市环保局调研时说："不管执法力量足不足，政府疏于管理，这个责任是不能推卸的。对环境问题，老百姓意见很大。例如，汽车尾气问题，我就听一些群众反映……"

这时，广州市环保局局长丁红都将手中文件往桌上一拍，说道："我反对以个别或部分群众的意见，就否定政府工作。有些情况复杂，可能有些群众并不了解，不能乱下结论。"

发言被打断后，邓成明也将手中文件往桌上一拍："我是作为人大代表来调研，你应当听我把话说完，不能因为你是局长，就以权势压人，不让我说完。如果这样，我不说了，我走了。”

说完，邓成明起身，收好文件和皮包准备离开。身旁人大代表赶紧上前劝慰，在大家的一再挽留下，邓成明拿着包勉强坐下。

坐下后，邓成明说：“你是局长，起码应当尊重人，等我说完，说错了你可以纠正我……”

对此，丁红都说：“我不是以局长身份压人，你说了你的意见，我也有权利发表我的意见，我们在人格上是平等的。”

丁红都接着说，自己也当过人大代表，都可以争论的，“如果你不习惯互动，好吧，我重新回到学校，做回学生，听老师你讲课，不再插嘴?”

几分钟后，邓成明一言不发，起身快步离开会议室。身旁人大代表劝阻未果。

启示：自卫反应的结果往往会演变成争辩或争吵。认真倾听他人的观点，便会多一分理解，多一分尊重，也多一分和谐。

（四）侮辱对方

话中带刺或语言攻击等表现都是在恶意贬低对方的人格，使对方当众蒙受耻辱，这必然会激怒对方并遭到对方的反抗，从而导致冲突。

【相关链接】

一位刘姓妇女到××派出所报案，值班民警蔡×正在看报纸，刘×对蔡×说：“警察同志，我要报案。”

蔡×头也没抬便问：“报什么案?”

刘×轻声说：“我被人强奸了。”

蔡×抬起头看了看刘×说：“你这么老了，还有人去强奸你?”

刘×听后哭着跑出派出所，不久她便带着家里老少几十个人到派出所大吵大闹。

启示：人们总是对曾经遭受的侮辱刻骨铭心、耿耿于怀。如果警务人员不注意自己的言行，语带嘲讽揭人伤疤，必然会惹火烧身。

（五）最后通牒

最后通牒，具有让人接受苛刻要求或恐吓对方的倾向，它实际上是把对方逼到毫无选择余地的境地。这种运用权力解决分歧的做法，容易引起对方的反感和敌意，会迫使对方在情急之下极有可能做出过激行为，使最后通牒产生适得其反的后果。

【相关链接】

张×从农村老家来××市打工，因张×没有一技之长，很难找到合适的工作，后经老乡介绍，并从老乡处借到6000元钱买了一部摩托车，开始从事非法营运。张×每天起早摸黑、省吃俭用想早一点还清所借的钱。

2009年9月27日，张×车上载一位客人在海滨路上逆行时，被执勤民警拦下，民警请张×出示驾驶证和行驶证，可张×哪有什么驾驶证。于是民警欲扣留张×的摩托车，并想拔掉张×摩托车上的钥匙，张×双手死死捂住自己的钥匙，民警警告说："你再这样，我告你妨碍公务。"张×听了更加害怕，他趁民警不备，加大摩托车油门冲出人群。民警见状，拉响巡逻车警笛追赶张×，张×慌张逃窜，在一路口转弯处摩托车撞到树上不幸身亡。

启示：有时最后通牒能给对方增加压力，逼迫对方让步并成功化解僵局。但最后通牒具有高风险性，使用不当会让事情雪上加霜，一般不宜采用。

三、化解警务冲突的沟通技巧

（一）寻求共识

在分歧中寻求共识，是化解警务冲突的有效方法。冲突往往是因为双方观点、立场发生碰撞而导致的，警务人员如果能理解对方的观点，尊重对方的想法，不强迫对方屈服于自己的主张和意志之下，就能找到双方分歧的平衡点。

【相关链接】

××村连续发生丢鸡案件，村民曾尝试过报警，派出所以偷鸡并不是什么大事而未给予重视，村民不满也无奈，只有靠自己的力量，全天候轮番守候，等待偷鸡贼的出现。功夫不负痴心民，这天，两名外地的偷鸡贼终于落入民网，村民们将其"教训"之后决定交给警方处理。村民将偷鸡贼交给前来处理的民警后，得到的却是民警的一句："偷几只鸡这样的小事也不算什么事。"对民警寄予厚望的众多围观村民的愤怒一下被点燃了，他们开始不信任民警，阻止警务人员带走偷鸡贼，进而发展到砸坏警车，与民警撕扯，把民警和偷鸡贼逼在村委会……在接下来的几小时对峙中，由于双方都不曾示弱，导致事态越发严重，民警只好向局长汇报，要求增加警力。

在了解了事情经过后，局长决定不增加一兵一卒，只身前往处理。到现场后，让村民意想不到的是局长第一句话竟是当场表扬这两位抓贼的年轻人："你们是村里的英雄，谢谢你们帮助警方工作。"刚才还是一脸怒气的青年一下子变得羞涩起来，红着脸连连说："哪里、哪里，我们是为自己，应当的，应当的。"此时包括两位"小英雄"在内的周边村民，情绪迅速稳定下来，开始表现出友善。接着局长又请村书记把乡亲们召集过来，大家纷纷放下"武器"靠拢过来。局长用警车上的喇叭对大家说："我今天来到这里是为了感谢这两位'小英雄'的，本来抓贼是我们警察的职责，但我们没有做好，这两位小兄弟帮我们做了，所以我代表警方感谢他们！"一片热烈的掌声之后，这场差点引发群体性事件的风波就这样被平息了。

启示："你们是村里的英雄，谢谢你们帮助警方工作"，这句话是大家的共同观点。局长找到了双方的共识，也就找到了开启双方沟通之门的钥匙。

（二）共情表达

共情表达是指抛却自己的立场与成见，设身处地地去感受对方的思想与体验，并以恰当的方式表达出我们对对方情绪与意图的感受、理解与尊重，让对方感觉到我们的思想和情感完全是立于他们阵营中的。共情表达将解决问题的方式由封闭变为公开，由强迫变为劝阻，由单方意志变为双方沟通甚至多方参与。共情表达需要双方多加沟通，在不断的互动交流中达到理解与尊重。

【相关链接】

福州市仓山区××村部分村民因住宅拆迁、分房补偿等问题与开发商产生矛盾并处于僵持状态。2007年12月17日下午，天气非常寒冷，一位流浪汉在一间已搬迁的民房内烧柴取暖，村民发现后认为是开发商让人来纵火，于是组织二十余人拿着木棍"捉拿"这名流浪汉，流浪汉见这么多人气势汹汹地要打他，便拼命地往附近派出所奔跑以求保护。流浪汉闯进派出所值班室，躲在值班民警身后，村民也冲进值班室，值班民警拦住了村民，这时部分村民认为派出所和流浪汉一样都是开发商的帮凶。村民情绪非常激动，双方冲突一触即发。

派出所翁正茂所长了解情况后，立即叫民警把村民请进派出所会议室，给每个人都送上一杯热茶，然后对村民说："乡亲们，那个人放火要烧大家的房子，我们一定会为大家讨回一个公道。你们选出两个代表，和我们技术中队的民警一起去现场取证，等取回证据后，我们立即报请分局刑拘那个人。天气很冷，其他同志就在这里喝喝茶，我们很快就会给大家有个交代。"村民见所长的话入情入理，情绪平静了很多，很快就选出三位村民代表与民警一起去了现场。

到了现场，技术中队的民警给三位村民代表讲解了纵火与烧柴取暖现场的特征区别，这三位村民代表立刻意识到冤枉了派出所民警和流浪汉。三位村民代表回到派出所会议室说明了情况后，原本瞋目怒视的村民个个低头无语，好像小孩做了坏事似的偷偷溜出了派出所。

启示：本案成功化解的关键是翁正茂所长的共情表达并利用三位村民代表说明事情真相，这对事件的平息起到了事半功倍的效果。

（三）积极倾听

当分歧发生后，紧张的气氛将会加剧。此时，如果双方都能心平气和地将自己的思想和观点向对方和盘托出，并且也能积极地倾听对方的倾诉，那么将会成功地打破横亘在双方之间的坚冰。积极倾听等于告诉对方我们正在努力架构平等沟通的桥梁，也会促使对方成为成功的倾听者。

【相关链接】

2008年7月19日，普洱市孟连傣族拉祜族佤族自治县发生一起暴力冲突事件——县公安局在对孟连县公信乡勐马镇部分农村地区开展社会治安整治过程中，对勐马镇5名犯罪嫌疑人实施抓捕时，执勤民警遭到500多名胶农用长刀、钢管、棍棒等工具围攻殴打。暴力冲突中，41名执勤民警被打伤、8辆执勤警车被砸坏，危急情况下，民警被迫使用防暴枪自卫，15名胶农受伤，2人被击中不久后死亡。

"云南孟连冲突事件"发生后，云南省委常委、政法委书记、公安厅厅长孟苏铁，云南省副省长曹建方一行迅速率工作组赶赴群众聚集现场，不带一辆警车、没调派一兵一卒，而是认真与胶农直接对话，听取他们的意见和诉求。对大家提出的每一个愿望和要求，孟苏铁都耐心讲解政策、给予答复，结果赢得了胶农们的鼓掌。随后，绝大多数胶农离开现场各自回家。

“云南孟连冲突事件”的起因其实是一场旷日持久的民事纠纷。据胶民反映，橡胶制品市场价格一路攀升，而橡胶公司却还按5年前合同约定的价格收购，损害胶农经济利益没有人管，政府和民警唯一做的，就是强行劝止胶民。政府如此简单粗暴的工作方法，只能增加民怨，以致于胶农将矛盾转移到民警身上，暴力袭击民警，砸毁警车。百姓不是不通情达理的刁民！只要政府用心倾听他们的诉求，为他们的利益着想，就能为矛盾寻找到一个解决办法。

启示：倾听背后是一个个沉甸甸的期待。倾听可以化解愤怒，为问题的成功解决开一个好头。

（四）自我控制

冲突就是双方分歧的情绪化、情绪的对立化。控制好自己的情绪并感染对方，可以维系良好的对话氛围。一个巴掌拍不响，冲突至少需要双方，如果我们控制了自己的情绪，不卷入对方愤怒的浪潮中，极有可能会避免冲突。同样，达成一致意见也至少需要双方，如果我们能够适当地克制自己情感的风暴，那么双方就能心平气和地和谐往来。

【相关链接】

2008年6月18日凌晨4时许，扬州市邗上派出所接到辖区万鸿城市花园物管处报警，称该小区居民郭×酒后将轿车“堵”在小区门口，严重影响了居民出行。

值班民警詹朝龙和协警小柏赶到了现场。看到已有3位开车居民被迫在门口等待“放行”，詹朝龙等人找到郭×家，劝说其将车开到停车场。谁知郭×一看物管竟然把警察叫来了，当场恼羞成怒，连称自己是“新加坡投资商”，死活不下楼开车，并满嘴脏话，辱骂詹朝龙一行人。詹朝龙再次善意劝说，不料对方上来就是两拳，一拳打在詹朝龙头上，警帽被打掉，另一拳打在他的胸膛上。

骂不还口、打不还手，“特种兵”出身、曾两获全国散打大赛亚军的詹朝龙被打长达18分钟之久。

启示：部分群众认为警察处于强势，百姓处于弱势，于是不管谁先动手，只要动手，就会产生“警察打人”的偏见。出于对警察荣誉的维护，以及避免事态扩大，詹朝龙“骂不还口、打不还手”的做法还是值得肯定的。

（五）缓解疏导

俗称“冷却处理”，即遇到脾气暴躁、自尊心强，或刚刚受到创伤而心情不好、情绪低落的行为人，要耐心听取当事人的陈述和申辩；对拒不接受处罚、态度蛮横、出言不逊的行为人，只要对方没有明显出格的妨碍执行公务的行为，就要放慢实施处置的节奏，尽量克制自己的情绪并对其有一定限度的容忍，把他暂时搁置一边，冷其情绪，等待对方平静下来恢复理智后再予以处理。对有出格行为阻碍执法的，可果断将其带离现场，视情节再作处理，尽量避免在现场与其争辩，这样只会激化矛盾，诱发冲突。

【相关链接】

2007年2月6日8时30分，交警黄埔大队二中队中队长韩文杰驾驶摩托车在广园东路巡逻执勤时，发现有一辆粤AC3926号出租小客车违法变道行驶，即驾驶警用摩托车上前示意驾驶员停车接受检查。驾驶员不但没有停车接受检查，反而立即加速逃跑。韩文杰见此情况，立刻记下该肇事出租车车辆号牌和公司名称，报回大队电台，要求协助处理。大队长杨浩深、政委兼纪检小组组长陈卫东获悉后，立即要求电台通传各执勤民警注意拦截该肇事车辆，并通过电话通知该公司的交通安全员，要求立即将该肇事司机带到黄埔大队接受处理。10时40分，出租汽车公司交通安全员将驾驶员郭×带到黄埔大队接受处理。郭×写出了事情经过，并作出深刻检讨，黄埔大队依法对其违法行为进行处罚，并对其作出严厉的批评和警告。同时，出租汽车公司也对其作出停止营运两天，并罚款300元的处理。至此，事件得到妥善处理。

启示：交警执勤纠违时，当违法人对民警执法有异议，民警应当耐心地做好解释工作，并告知其可向有关部门投诉。遇到违法人不服纠正、强行驾车驶离现场的，少数民警如果采取强行逼停的办法是非常危险的，应借鉴黄埔大队的做法，采取暂缓处理或者日后处理的办法，这样可以避免与违法人发生正面冲突，减少对民警造成的伤害。而对当场使用暴力阻碍民警依法执行职务的行为人，民警在不能制止时应迅速请求支援，并与其保持适当的空间距离，同时采取必要措施确保自身安全，在条件允许的情况下，还应当注意保护现场，收集证据。

（六）刚柔相济

“刚”是指执法具有的严肃性、强制性、不可抗拒性，警务人员执法时必须理直气壮，敢于碰硬，语气坚定地指出行为人的违法事实、处罚理由及依据并宣布处罚决定。刚性执法，但要柔性操作。“柔”就是教育在前，以理服人，先解决其实际困难，后进行处理。要做到刚柔并济，有节有度。

【相关链接】

甘肃省甘谷县上访人张高×、张玉×（女，68岁，张高×姑母）对张高×之兄张爱×因交通事故死亡的处理结果不服，拒不领取赔偿金。为帮助解决死者家属的生活困难，当地政府免除了死者子女学费，并将其5名家属转为城镇户口享受社会低保。但是，张高×仍坚持无理要求，多次胁迫、唆使其父和死者子女四处无理闹访。2005年1月，张高×、张玉×又先后三次携死者父亲和子女在县委门口闹访，堵塞大门，张贴大字报，严重扰乱了正常的办公秩序。当民警找其谈话时，张玉×拒不配合，并谩骂工作人员。2005年1月10日，甘谷县公安局依法对张高×、张玉×2人分别作出治安拘留7日的处罚。现张高×、张玉×2人已表示悔改，并停访息诉。

启示：极少数信访人存在着“闹则有利”的错误思想，对此，我们要杜绝息事宁人、“花钱买平安”的传统观念和做法，在依法解决其合理信访诉求的同时，坚决依法打击极少数采取过激行为的信访人，以起到震慑、警示作用。

（七）温情融化

警务人员在严肃执法的同时，也应有一颗悲悯的心。要讲究执法艺术，准确分析并把握当事人的心理，有针对性地区别不同情况，因案制宜，因人施策，靠真情关爱和热诚服务打动对方，有效消除其对抗情绪。反之，如果执法方法简单粗暴，动辄拘留罚款，后果往往是欲速则不达，甚至引发暴力对抗。

【相关链接】

2000年2月27日，莆田仙游县华亭镇前黄村村民林×因挖水沟与邻居发生争执被打，事后不久，林×在自家屋内上吊自杀死亡。2001年以来，林×妻子吴×不断上访，反映其丈夫被人殴打致死的情况。六年多来，各级公安机关做了大量认真细致的工作，始终未能息诉。

华亭派出所陈喜彪所长一上任，就到吴×家走访，可吴×连家门都不让他进。过两天，陈所长又到吴×家走访，吴×觉得这个新来的所长和其他人不一样，以往都是她到省市公安机关上访后才有人来找她，这一段时间她没去上访，可这个陈所长就接连来了两次，于是她对陈所长的态度也有所改善，也答应了陈所长约访的请求。

吴×如约去派出所约访。陈所长听说吴×来了，特意从四楼办公室下来到一楼迎接，看到吴×抱着五岁的小孙子，他很自然接过吴×的小孙子，把她迎到办公室后，让座倒水，嘘寒问暖。接过吴×怀里小孙子这一举动，使这位走了6年的漫漫上访之路，忍受着深切的丧夫之痛，感到无助和寒心的妇道人家突然间感到有了依靠和寄托。这天上午她把六年来的苦衷和难处全部向陈所长倾诉出来。原来，吴×对她丈夫属自杀死亡的结论也是认同的，她的心结就在于她觉得丈夫死了却没有个说法，而她还处处遭遇冷脸。经过两个月数十次的沟通，温情最终融化了坚冰，成功使这起信访案停访息诉。

启示：一起案件导致长时间持续上访，上访的群众必定有其苦衷和难处。认真倾听群众的心声，了解百姓的忧难，并带着为人民群众服务的深厚感情为他们排忧解难，是做好信访工作的重要途径。

主要参考文献

1. 李谦．现代沟通学，经济科学出版社，2009

2. 刘墉，刘轩．创造双赢的沟通，漓江出版社，2007

3. ［美］桑德拉·黑贝尔斯，理查德·威沃尔二世．有效沟通，华夏出版社，2005

4. 李思思．沟通力，中国民族摄影艺术出版社，2008

5. ［英］亚伦·皮斯，芭芭拉·皮斯．身体语言密码，中国城市出版社，2007

6. 刘伟．肢体语言，中国时代经济出版社，2007

7. 齐忠玉，邱丽丽．沟通中的心理学，电子工业出版社，2009

8. 吴建民．交流学十四讲，浙江人民出版社，2007

9. 周光凡．领导者的媒体驾驭能力，清华大学出版社，2008

后 记

公安部孟建柱部长在全国县级公安局长“学习实践科学发展观、推动公安工作上新水平”专题培训班开学典礼上强调：要继承和发扬公安机关优良传统，积极构建和谐的警民关系，着力提高群众工作能力。要大力加强基层民警群众工作能力培训，切实做到“三懂四会”即懂群众心理、懂群众语言、懂沟通技巧，会化解矛盾、会调处纠纷、会主动服务、会宣传发动。

沟通贯穿于警务活动的全过程，警务活动实际上是警务人员与警务活动相关人进行接触、交流与沟通的过程，沟通是警务人员做好工作的基本功。本人在警务沟通教学过程中发现，目前基层民警要求掌握沟通技巧的愿望非常强烈。为了让更多的警务人员通过学习来提升自己的沟通能力，本人以授课的教案为基础，吸收大量真实的案例，同时也吸取同行的众家所长，经过长达两年之久的整理、撰写，形成此书。本书放弃传统理论教材枯燥乏味的说教模式，以小案例大道理的形式，寓教于乐，生动活泼。

本书在撰写过程中，得到国内著名学者、现代沟通专家、CEA 概念和理论创始人李谦老师的大力支持和指导，感谢耿建新、陈兰娜、马翠琳等老师为本书提出了见解独到的意见和建议，感谢刘井亮、谢金生为本书提供文字编辑上的协助，感谢福建省第二十期公安局长、政委首任培训班和多期督晋督警衔晋升培训班学员提供的精彩案例。本书参考了大量的报刊文献，吸收了专家学者最新的研究成果，在此向各位专家学者表示衷心的感谢。限于本人水平，疏漏和不当之处在所难免，真切希望广大读者提出宝贵意见，以求不断改进本书内容。

作者 E－mail：lindan1115@126.com

林 强

2010 年 8 月